CLUB MUSIK 2

Lehrwerk für die Sekundarstufe I

von
Gerhard Wanker · Bernhard Gritsch · Maria Schausberger

unter Mitarbeit von
Uwe Reiners

HELBLING

Innsbruck • Esslingen • Bern-Belp

Inhalt

Zeichenerklärung

 Arbeitsaufgabe

 Hörbeispiel

 Vokales Warm-up
auf das jeweilige Lied abgestimmte vokale
Aufwärmübungen zu den Bereichen
Lockerung, Atmung, Sprechen und Singen

 Arbeitsblatt im Lehrerband

 Multimedia-CD-ROM
Musikquiz, multimediale Spiel-mit-Sätze,
Animationen und Hörpartituren

 Videobeispiel

Die dem Lernmittel beigefügte CD enthält ausschließlich optionale Unterrichtsmaterialien.
Die CD unterliegt nicht dem staatlichen Zulassungsverfahren.

Symbole für körpereigene Instrumente und Körperaktionen

■ = mit den Fingern schnippen

| = in die Hände klatschen

↓ = mit den Händen auf die Oberschenkel klopfen (patschen)

↓ = mit einer Hand auf den Handrücken der anderen tippen

⌐ ⌐ = mit dem re/li Fußballen sanft stampfen

= zur Seite gestreckte, abgewinkelte Arme schwungvoll an den Oberkörper bringen

= auf Waden bzw. Gummistiefel patschen

= mit leicht angehobenen Schultern die Handflächen nach unten drücken

= wie eine Statue in einer Stellung verharren (Shape)

= auf die re und li Pobacke patschen

= auf die re und li Wange patschen

= mit der re und li Hand auf den Kopf patschen

= Partner mit der re/li Hand angedeutete Ohrfeige geben

= Arme vor der Brust kreuzen

V H
| | = mit gestreckten Armen vor dem Bauch (V) bzw. hinter dem Rücken (H) klatschen

Luft
| = Hände aneinander vorbeiführen und in die Luft klatschen

|| = mit beiden Händen in die Hände des Partners klatschen

R L
|| || = mit der re/li Hand in die li/re Hand des Partners klatschen

Y = beide Arme in die Höhe strecken

⌒⌒ = re/li Arm in die Höhe strecken

= re/li Hand in die Höhe, re/li Zeigefinger ausstrecken

= aufstehen

⊢ = hinsetzen

↓↑ = dirigieren

= Seitstellschritt nach re/li, auf nächstem Taktschlag li/re Fuß beistellen

= Arme schräg nach oben strecken

= Arme seitlich wegstrecken

= Arme schräg nach unten strecken

↖ = mit der re Hand auf die li Schulter tippen

↗ = mit der li Hand auf die re Schulter tippen

= einmal im Uhrzeigersinn um die eigene Achse drehen

= Kopf kurz nach re drehen

= Kopf kurz nach li drehen

= Ruheposition

▼ = mit re/li Mittelfinger auf den Tisch/Oberschenkel tippen

= mit dem rechten/linken Arm einen Halbkreis nach rechts/links beschreiben

Quiz-Box

Nach einem oder mehreren Kapiteln ist das Wesentliche des jeweiligen Lerninhalts in Form von Fragen in der Quiz-Box zusammengefasst. Alle diese und weitere Fragen können im Computer-Lernspiel Musikquiz (Multimedia-CD-ROM) beantwortet werden.

SINGING

Playback zu *Singing*

A1

Text: Gerhard Wanker, Maria Schausberger
Musik: Gerhard Wanker · © Helbling

Ev - 'ry - bo - dy's sing - ing ev - 'ry night ev - 'ry day, ___
ev - 'ry - bo - dy's sing - ing with me. ___

Clap-ping hands, stamp-ing your feet, ___ rais-ing arms, tak-ing a seat. ___

Dum dum dum du dum du dum. ___

Hinweise

- Der Kanon soll im Stehen begonnen werden, damit die Textstelle „Clapping hands … taking a seat" (klatschen … setzen) entsprechend ausgeführt werden kann.

- Der dritte Stimmeneinsatz kann als Ostinato mit einem Bassinstrument eine Oktave tiefer gespielt werden.

◆ Offbeat

Offbeat heißt „weg vom Grundschlag" (= rhythmische Akzentverschiebung). In Melodien der Popularmusik und des Jazz werden häufig sogenannte Offbeat-Phrasen verwendet.

Im Kanon *Singing* kommen einige Offbeat-Phrasen vor. In den zwei Beispielen auf der nächsten Seite ist jeweils eine Phrase aus dem Kanon *Singing* im Offbeat und zum Vergleich im Beat notiert.

5

Beispiel 1

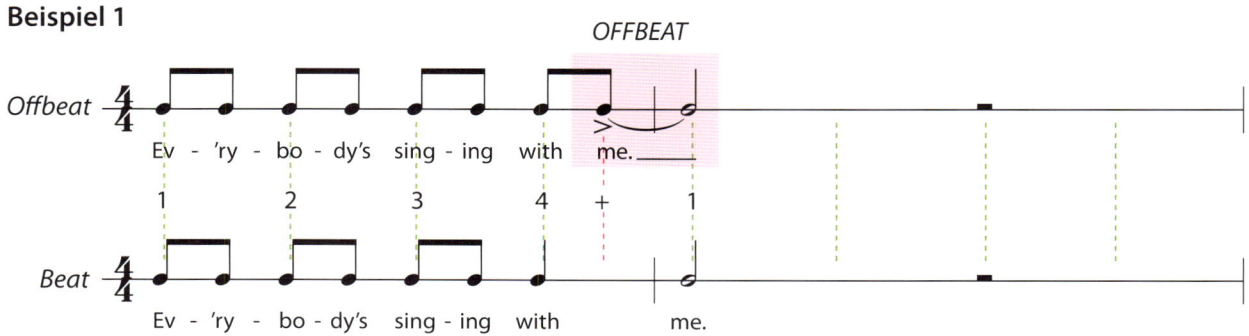

Beispiel 2

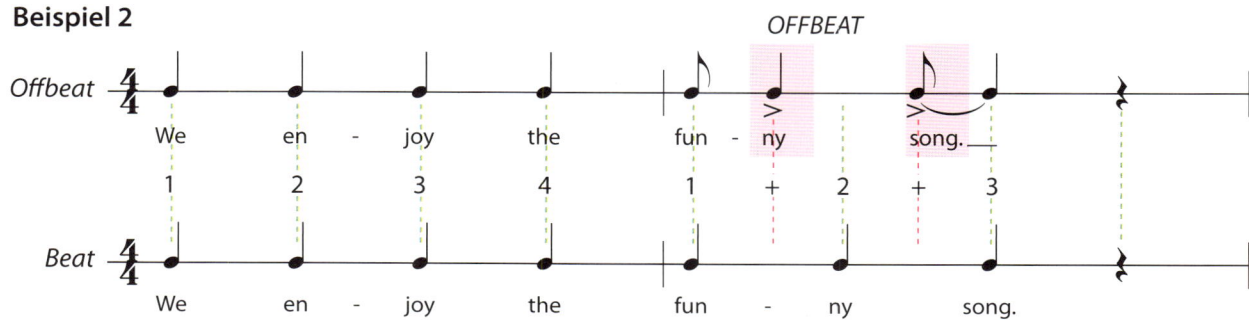

▶ Sprecht die obigen Beispiele einmal im Offbeat und einmal im Beat. Lasst dabei mit dem Fuß die Grundschläge mitlaufen.

OFFBEAT-SINGING

Playback zu *Offbeat-Singing*

Musik: Gerhard Wanker
© Helbling

Offbeat-Singing besteht aus acht zweitaktigen Phrasen (Phrasen 5 bis 8 werden wiederholt). Beim Playback (Hörbeispiel A2) wird jede Phrase wiederholt.

▶ Hört beim ersten Mal auf die Melodie und singt sie bei der Wiederholung mit. Ihr könnt dabei selbst gefundene Singsilben verwenden (z. B. Phrase 1: Dab dab du-ba du dab dah).

Quiz-Box Kapitel 1

- ▪ Wie nennt man eine rhythmische Akzentverschiebung in der Jazz- und Popmusik?

Playback zu *Klatschspiel*

Gruppe 1

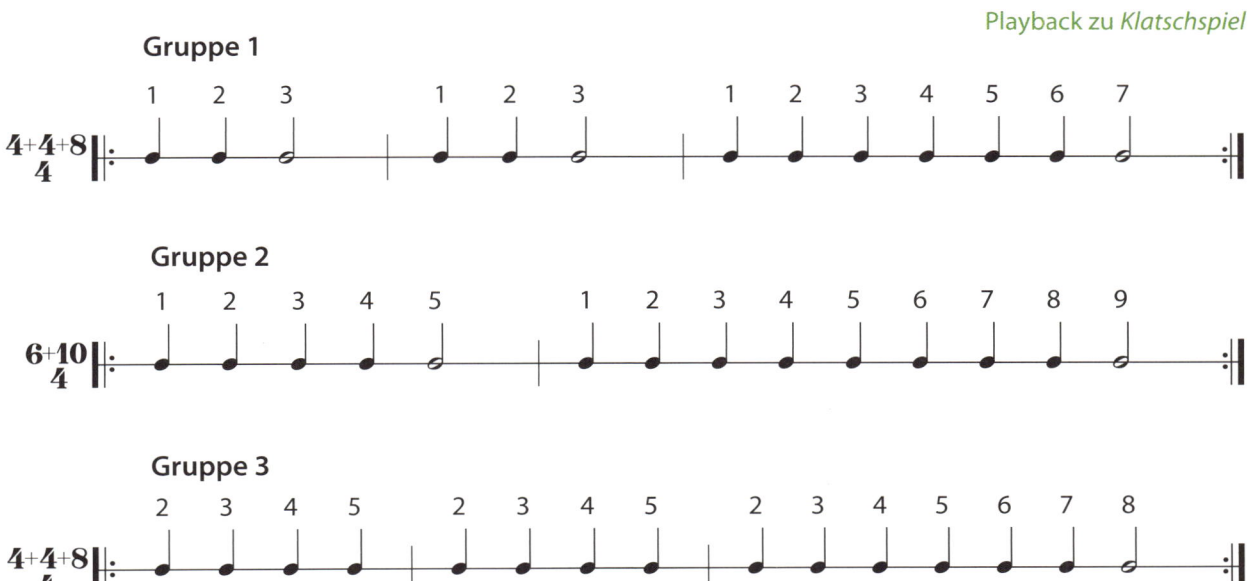

Gruppe 2

Gruppe 3

Körperaktionen

Die Ziffern 1 bis 9 über den Noten geben die verschiedenen Körperaktionen an, die ausgeführt werden sollen:

1 klatschen
2 mit der li Hand auf die Brust schlagen
3 mit der re Hand auf die Brust schlagen
4 mit der li Hand auf den li Oberschenkel schlagen

5 mit der re Hand auf den re Oberschenkel schlagen
6 mit der li Hand auf die li Pobacke schlagen
7 mit der re Hand auf die re Pobacke schlagen
8 li stampfen
9 re stampfen

▶ Führt das *Klatschspiel* in drei Gruppen aus. Gestaltet die verschiedenen Körperaktionen möglichst kontrastreich.

▶ Erfindet mit den vorhandenen Körperklängen eigene Rhythmen und kombiniert sie miteinander.

1 = klatschen

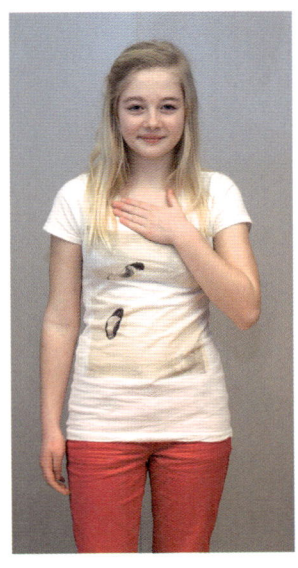

2 = mit der li Hand auf die Brust schlagen

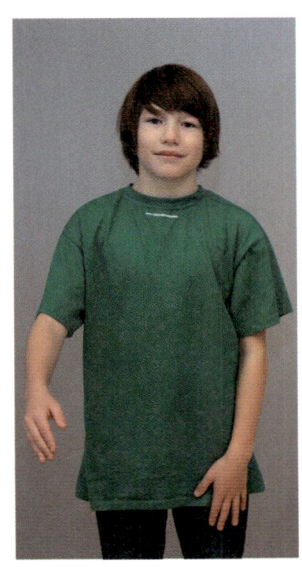

4 = mit der li Hand auf den li Oberschenkel schlagen

3 Schlaginstrumente

Bei den **Schlaginstrumenten** gibt es verschiedene Arten der Tonerzeugung.
Die Instrumente werden

- mit Schlägeln, Händen oder Fingern angeschlagen,
- gegeneinander geschlagen oder
- geschrappt (über eine gezahnte Oberfläche gerieben).

Die Mehrheit der Schlaginstrumente kann nur Geräusche produzieren. Auf einigen Instrumenten aus dieser Instrumentenfamilie kann man aber auch bestimmte Tonhöhen spielen. In den folgenden Beispielen hört ihr, wie die unten abgebildeten Instrumente klingen.

A4–21

Beispiele zu Schlaginstrumente

1 *Pauken*

2 *Kleine Trommel*

3 *Große Trommel*

4 *Bongos*

5 *Congas*

6 *Tamburin*

7 *Becken*

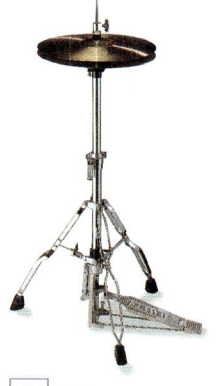

8 *Hi-Hat*

9 *Triangel*

10 Tamtam

11 Cowbell

12 Claves

13 Maracas

14 Guiro

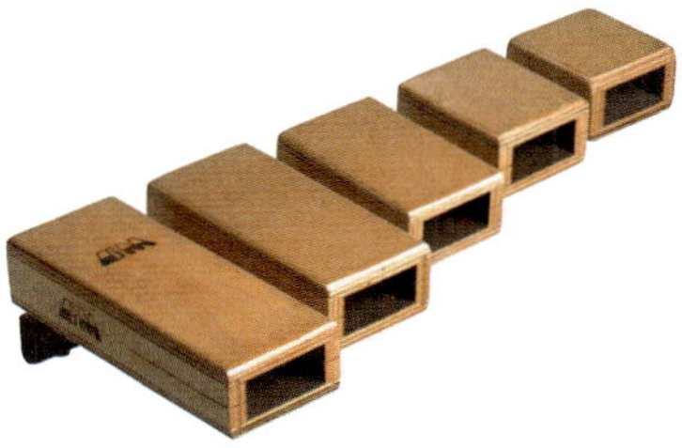

15 Tempelblöcke

16 Marimbafon

17 Vibrafon

18 Röhrenglocken

Schlaginstrumente

Schlaginstrumenten-Quiz

Beispiele zu Schlaginstrumenten-Quiz

A22

▶ Im Hörbeispiel A22 erklingen alle 18 Instrumente, die ihr oben kennengelernt habt, in einer anderen Reihenfolge. Schreibt die Nummern der gehörten Instrumente der Reihe nach in euer Heft.

▶ Welche der abgebildeten Schlaginstrumente haben eine bestimmte Tonhöhe? Schreibt die Zahlen der betreffenden Instrumente in euer Heft. (Tipp: Es sind 4 Stück!)

Schlaginstrumente

Schlaginstrumente hatten in der Musik lange Zeit nur eine Begleitfunktion. Im 20. Jahrhundert bekam neben dem Klang auch das Geräusch eine gleichberechtigte Stellung in der Musik. Aus diesem Grund gibt es heute viele Stücke, die nur mit Schlaginstrumenten (Percussioninstrumenten) ausgeführt werden. Das erste Stück dieser Art stammt vom französischen Komponisten **Edgar Varèse** (1883–1965 / 81 J.) und heißt *Ionisation*. Es stammt aus dem Jahr 1931 und ist für 13 Spieler, die 41 Schlaginstrumente und zwei Sirenen bedienen, geschrieben.

E. Varèse, *Ionisation* – Ausschnitt

▶ Lasst das Stück beim Hören auf euch wirken und versucht, einzelne Instrumente zu erkennen.

A23

Das folgende Bild zeigt ein **Drum Set**.
Mit diesen Instrumenten spielt ein Schlagzeuger in einer Rock-, Jazz- oder Big Band.

Hängebecken

Hänge-Tom

Hi-Hat

Stand-Tom

Snare Drum (mit Schnarr- saiten an der Unterseite)

Bass Drum

Drum Set

Dave Weckl, *7th Ave. South* – Ausschnitt

A24

▶ Lest beim Hören den Verlaufsplan von *7th Ave. South* mit und achtet auf die Funktionen des Schlagzeugs.

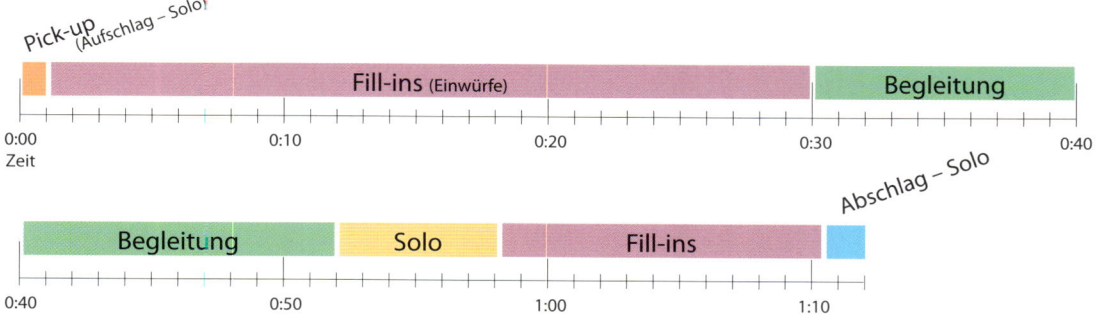

10

IDIO VON E

Idio von e ist ein Stück zum Selbermachen. Vorgegeben sind zehn Rhythmusbausteine.

▶ Diese Bausteine können:
- mit verschiedenen Schlaginstrumenten ausgeführt werden.
- mit einem Text versehen werden, der im Rhythmus gesprochen wird.
- in beliebiger Reihenfolge zusammengesetzt und hintereinander gespielt werden.
- gleichzeitig gespielt werden.
- wiederholt werden.
- …

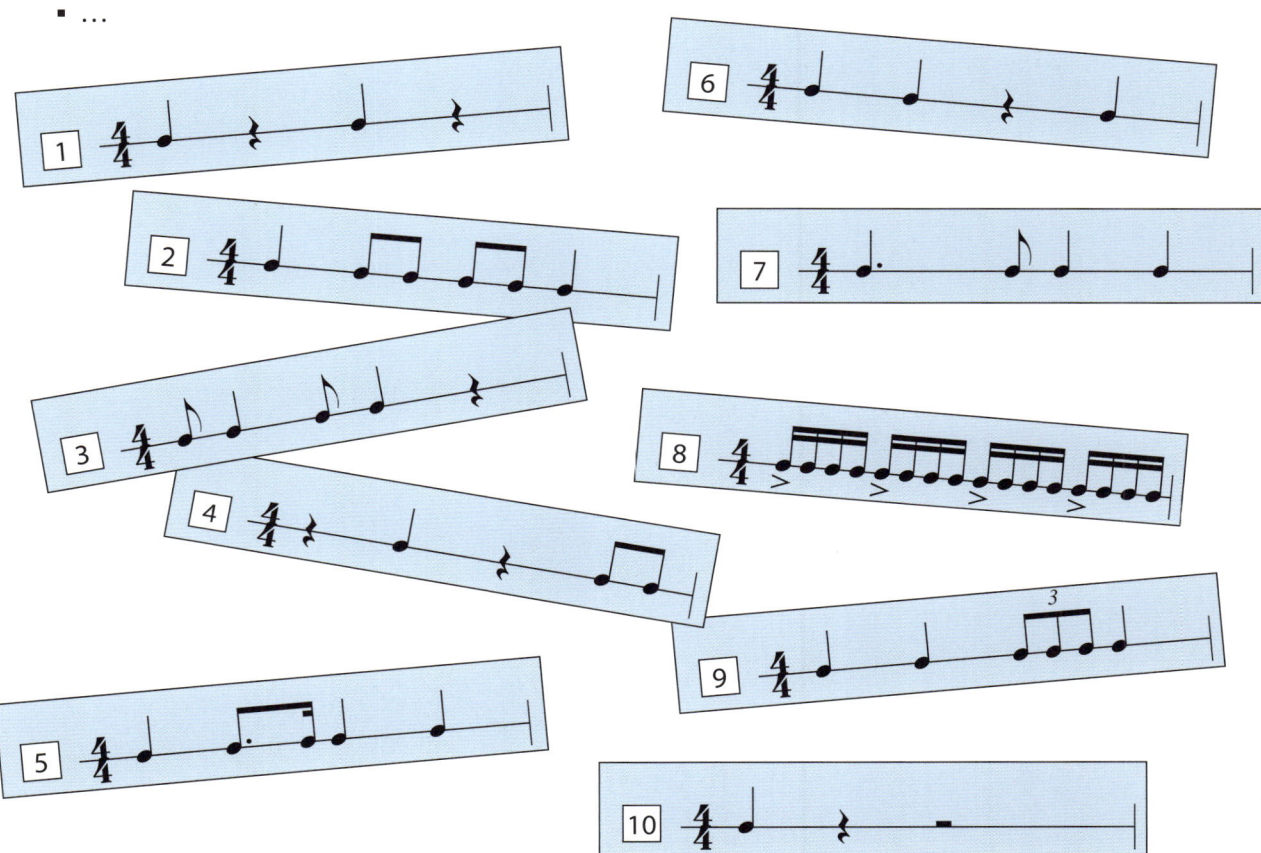

Anmerkung

Der Name des Stücks *Idio von e* leitet sich vom griechischen Wort **Idiofone** (Selbstklinger) ab. Man versteht darunter Schlaginstrumente, bei denen der Klang erzeugt wird, indem sie selbst schwingen (z. B. Becken, Triangel). Im Gegensatz dazu entsteht bei den **Membranofonen** (Fellinstrumente) der Ton mit Hilfe eines gespannten Fells (z. B. Pauke, Große Trommel).

Quiz-Box Kapitel 3

- Eine Trommel, die an der Unterseite Schnarrsaiten hat, heißt …
- Wie nennt man eine Handtrommel mit Schellen?
- Wie heißt das Instrument mit doppeltem Becken, Ständer und Fußpedal?

- Ein Schlagzeug, wie es von Rockgruppen verwendet wird, nennt man auch …
- Wie heißt der musikalische Fachbegriff für Selbstklinger?

◆ **Mehr Fragen im MUSIKQUIZ**

4 Hit aus einem Film

ALWAYS LOOK ON THE BRIGHT SIDE OF LIFE

E. Idle, *Always look on the bright side of life*
Playback zu *Always look on the bright side of life*

A25/26

Text und Musik: Eric Idle
© EMI International Music Publishing

Vorstrophe: *im freien Tempo*

C⁶   Cm⁶   G   Em

Some things in life are bad, they can real - ly make you mad,

D sus 4⁷   D⁷   G   C⁶   Cm⁶

oth - er things just make you swear and curse. When you're chew-ing on life's gris - tle, don't

G   E⁷   A⁷   D⁷

grum-ble, give a whis - tle, and this will help things turn out for the best ... and ...

Lied: *im mittleren Tempo*

G   Em   Am⁷   D⁷   G   Em   Am⁷   D⁷

Ref.: Al - ways look on the bright side_ of life ... *gepfiffen* _ _ _ _ _ _ _ _ _ _ _ _ _ _ _ _ _ _ |

G   Em   Am⁷   D⁷   G   Em   Am⁷   D⁷

Al - ways look on the light side_ of life ... *gepfiffen* _ _ _ _ _ _ _ _ _ _ _ _ _ _ | 1. If

Am⁷   D⁷   G   Em

life seems jol - ly rot - ten, there's some - thing you've for - got - ten and

Am⁷   D⁷   G   Am⁷   D⁷

that's to laugh and smile and dance and sing. When you're feel - ing in the dumps,

G   E⁷   A⁷   D⁷

don't be sil - ly chumps, just purse your lips and whis - tle that's the thing. And ...

12

2. For life is quite absurd
   and death's the final word.
   You must always face the curtain with a bow.
   Forget about your sin –
   give the audience a grin.
   Enjoy it – it's your last chance anyhow. So …

Ref.: Always look on the bright side of death,
   just before you draw your terminal breath.

3. Life's a piece of shit,
   when you look at it.
   Life's a laugh and death's a joke, it's true.
   You'll see it's all a show,
   keep 'em laughing as you go.
   Just remember that the last laugh
   is on you. And …

Ref.: Always look on the bright side of life.
   Always look on the right side of life.

Am Schluss wird bei den Wiederholungen des Refrains dazugesprochen:

Come on guys, cheer up. Worse things happen at sea, you know. I mean – what have you got to lose? You know, you come from nothing – you're going back to nothing. What have you lost? Nothing! …

- *Stellt euch vor, dass ihr traurig und niedergeschlagen seid und geht mit hängendem Kopf durch den Raum. Nachdem ihr eine gute Nachricht erhalten habt, bessert sich eure Laune, ihr richtet Kopf und Oberkörper wieder auf, nehmt eine gerade Körperhaltung ein und bleibt stehen.*
- *Hebt erst einen, dann den anderen Arm und pustet ihn säuberlich ab. Eure Probleme sind wie „weggeblasen".*
- *Singt und pfeift die ersten vier Takte des Refrains. Achtet auf einen weichen Stimmeinsatz bei „always", macht dazu beim Einatmen ein freundliches Gesicht, das ihr auch während des Singens beibehaltet.*

Deutsche Übersetzung

Vorstrophe: Ja, es gibt im Leben Dinge, die sind nun einmal nicht schön, und das kann einen wirklich manchmal verrückt machen. Aber dann passieren wieder Dinge, da schwörst und fluchst du nur, und wenn du am Knorpel des Lebens rumkaust, sei nicht sauer deswegen, nein, pfeif dir eins. Das hilft dir, die Dinge auf einmal ganz anders zu sehen – verstehst du!

Ref.: Schau immer zur Sonnenseite des Lebens.
   Schau immer zur heiteren Seite des Lebens.

1. Wenn das Leben verfault zu sein scheint, ist da etwas, das du vergessen hast, nämlich lachen, tanzen und singen. Wenn du dich schwermütig fühlst, sei nicht wie ein dummer Holzklotz, spitz deine Lippen und pfeif vor dich hin.

Ref.: Schau immer …

2. Denn das Leben ist ziemlich absurd und Tod ist das endgültige Wort. Verbeug dich vor dem Vorhang, vergiss deine Sünden – lach dem Publikum zu! Genieß es, es ist deine letzte Chance!

Ref.: Schau immer zur Sonnenseite des Todes vor deinem letzten Atemzug.

3. Das Leben ist beschissen, wenn du genau hinsiehst. Das Leben ist ein Lacher und der Tod ist ein Witz, es ist wahr. Alles ist Show! Lach, wenn du gehst! Der letzte Lacher geht auf deine Kosten!

Ref.: Schau immer zur Sonnenseite des Lebens.
   Schau immer zur richtigen Seite des Lebens.

Das macht doch alles wesentlich einfacher – findest du nicht? Was hast du schon zu verlieren? Du weißt, du kommst aus dem Nichts und du gehst wieder ins Nichts zurück. Was hast du also verloren? Nichts! …

Das Leben des Brian

Always look on the bright side of life ist das Schlusslied des Films *Das Leben des Brian* (1979) der englischen Komikertruppe **Monty Python**, die in ihren Filmen (z. B. *Der Sinn des Lebens, Wunderbare Welt der Schwerkraft, Die Ritter der Kokosnuss*) Themen humoristisch, parodistisch (scherzhaft nachahmend) und persiflierend (verspottend) aufarbeitet.

Handlung

Brian wird in derselben Nacht geboren wie Jesus. Er schließt sich als junger Mann einer Widerstandsgruppe gegen die Römer an. Durch ein Missverständnis wird er gegen seinen Willen als Messias verehrt und von zahllosen Anhängern verfolgt. Schließlich wird er von den Römern verhaftet und zur Kreuzigung verurteilt. Der Film endet nicht mit Brians Tod, sondern mit dem Lied *Always look on the bright side of life.*

Das Lied wurde auf der ganzen Welt ein Hit und erreichte noch Anfang der 1990er-Jahre Top-Platzierungen in den internationalen Hitparaden.

◆ Stuhltanz zu *Always look on the bright side of life* – Hörbeispiel A25

Ausgangsstellung

Alle sitzen auf ihren Stühlen, beide Ellenbogen sind auf dem Tisch/den Oberschenkeln aufgestützt, das Kinn liegt in beiden Handtellern.

Vorstrophe

Gelangweiltes Hin- und Herblicken, abwechselnd stützen li und re Hand den Kopf, bei der Textstelle „and" aufstehen, dabei den Stuhl mit den Beinen etwas nach hinten schieben

Refrain

Takt 1/2   re beginnend mit 8 Schritten nach re den Stuhl umkreisen, re Hand liegt auf der Lehne

Takt 3   1   wieder vor dem Stuhl stehen, mitpfeifen, dabei re Hand über die Augen heben („Weitblick", Bild 1)

       3   Kopf nach re drehen

Takt 4   1   Kopf nach vor drehen

       3   Kopf nach li drehen

Takt 5–8   wie Takt 1–4, aber in Gegenrichtung: nach li Stuhl umkreisen …, li Hand über die Augen heben …

Takt 8   4   über re umdrehen, Gesicht zeigt zum Stuhl

Bild 1

1. Strophe

Takt 1	1	re Fuß auf Stuhlkante stellen
	3	re Fuß zurückstellen
Takt 2	1	li Fuß auf Stuhlkante stellen
	3	li Fuß zurückstellen
Takt 3	1	Hände in die Hüften stützen, Becken nach re schwingen
	3	Becken nach li schwingen
Takt 4		mit 4 Schritten über re umdrehen, Rücken zeigt zum Stuhl
Takt 5		Oberkörper sackt traurig zusammen, Arme zur Brust, Kopf nach unten geneigt – „feeling in the dumps"
Takt 6	1	li Hand in die li Hüfte stützen, re Zeigefinger an die Stirn tippen
	3	re Zeigefinger zeigt schräg nach re oben – „don't be silly chumps"
Takt 7	1	Arme verschränken
	3	hinsetzen
Takt 8		pro Taktschlag mit den Knien gleichzeitig 3x wippen
	4	aufstehen

2. Strophe

Takt 1–4	wie 1. Strophe
Takt 5	wegwerfende Handbewegung mit re – „Forget about your sin"
Takt 6	beide Hände in die Hüften stützen, Oberkörper nach vorne neigen, Kopf aufrecht, Blick nach vorne: grinsen, dabei den Kopf von li nach re schweifen lassen – „give the audience a grin"
Takt 7–8	wie 1. Strophe

3. Strophe

Takt 1–4		wie 1. Strophe
Takt 5	1	zueinander neigen, mit re Zeigefinger auf Banknachbarn zeigen – „You'll see" (Bild 2)
	3	wieder nach vorne drehen – „it's all a show"
Takt 6	1	auseinander neigen, mit li Zeigefinger auf anderen Banknachbarn zeigen – „keep 'em laughing"
	3	wieder nach vorne drehen – „as you go"
Takt 7–8		wie 1. Strophe

Schluss

Bewegungsfolge des Refrains beliebig oft wiederholen, dabei nacheinander hinsetzen. Am Schluss sitzen alle wieder auf ihren Stühlen.

Bild 2

Tanzablauf

Vorstrophe	$\begin{smallmatrix}4\\4\end{smallmatrix}$ Refrain	1. Strophe	Refrain	2. Strophe	Refrain	3. Strophe	Refrain Wiederholungen bis zum Schluss

Quiz-Box Kapitel 4

- Aus welchem Film stammt der Hit *Always look on the bright side of life*?

♦ **Mehr Fragen im MUSIKQUIZ**

5 Zungenbrecher-Medley 1

Zungenbrecher sind Wortkombinationen, die bei schnellem Sprechen eine gute Sprechtechnik voraussetzen. Ein **Medley** ist eine Zusammenstellung mehrerer Musikstücke mit fließenden Übergängen.

▸ Sprecht die folgenden Zungenbrecher, achtet auf deutliche Aussprache und steigert das Tempo.

1. Brautkleid bleibt Brautkleid und Blaukraut bleibt Blaukraut.
2. Kritische Kröten kau'n keine Kroketten.
   Keine Kroketten kau'n kritische Kröten.
3. Quasselnde Quirle, wo quakt ein Quartett?
4. Lilo liebt lila und Lina liebt Luft.
5. Fischers Fritz fischt frische Fische,
   frische Fische fischt Fischers Fritz.
6. Mischwasserfischer sind Mischwasserfischer,
   weil Mischwasserfischer im Mischwasser fischen.
7. Der Flugplatz-Spatz nahm auf dem Blatt Platz,
   auf dem Blatt nahm der Flugplatz-Spatz Platz.

ZUNGENBRECHER-MEDLEY 1

Melodievorlage und musikalische Ausführung

- einstimmig oder im Kanon
- zusätzlich mit instrumentalem Ostinato (auch Vor- und Zwischenspiel)

Text: überliefert
Musik: Gerhard Wanker
© Helbling

Playback zu *Zungenbrecher-Medley 1*

A27

Braut - kleid bleibt Braut - kleid und Blau - kraut bleibt Blau - kraut.

Braut - kleid bleibt Braut - kleid und Blau - kraut bleibt Blau - kraut.

Instrumentales Ostinato (auch Vor- und Zwischenspiel)

Ausführung als Medley

- Teilung der Klasse in bis zu sieben Gruppen.
- Jede Gruppe sucht sich einen der sieben Zungenbrecher aus und passt ihn an die Melodievorlage an.
- Jede Gruppe gestaltet ihren Zungenbrecher:
     a) sprachlich (einzeln, im Kanon, szenisch, Sprechgeschwindigkeit steigern etc.) und/oder
     b) musikalisch (einstimmig/im Kanon singen, mit Vor- und Zwischenspiel).
- Die Übergänge von einer Gruppe zur anderen können instrumental mit dem Ostinato gestaltet werden.
- Eine Jury (Schüler) kann die Gruppenbeiträge bewerten (Sprechdeutlichkeit, Sprechgeschwindigkeit, Qualität der musikalischen und szenischen Gestaltung).

Vom Phonographen zur digitalen Studioaufnahme

Seit jeher war es ein Menschheitstraum, Klänge und Geräusche aufzuzeichnen, um sie dann bei späterer Gelegenheit wieder abspielen und hören zu können. Im Jahr 1877 konstruierte der Amerikaner **Thomas Alva Edison** (1847–1931 / 84 J.) den ersten Apparat, der in der Lage war, Schall aufzuzeichnen und wiederzugeben. Er nannte seine Erfindung **Phonograph**.

◆ Phonograph

Die Funktionsweise dieses Geräts war denkbar einfach: Edison befestigte zunächst an einer Membran (dünnes Schwingplättchen) eine Nadelspitze. Als er nun bei seinen ersten Versuchen durch einen Trichter gegen diese Membran sprach und sie mit den Schallwellen seiner Stimme in Schwingung versetzte, übertrug die Nadelspitze diese Schwingungen auf einen Zylinder (Walze), der mit einer Kurbel gleichmäßig angetrieben wurde. Der Zylinder war mit einer Zinnfolie überzogen.
Je nachdem, ob nun lauter oder leiser gesprochen wurde, grub sich die Nadelspitze unterschiedlich tief in die Zinnfolie ein. Mit dieser sogenannten „Tiefenschrift" konnte die Stimme aufgezeichnet werden. (Bild 1)

Bild 1: Edison mit einem Phonographen, 1878

Zum Abspielen setzte Edison den Zylinder wieder in seine Ausgangsposition zurück und brachte einen stumpfen Abtaststift und einen größeren Trichter an. Diese stumpfe Nadel tastete die unterschiedlichen Einkerbungen ab und übertrug sie zurück auf die Membran.
Über den Schalltrichter wurde die aufgezeichnete Stimme dann wieder hörbar. (Bild 2)

In den Anfängen der Schallaufzeichnung, als es noch kein Mikrofon gab, musste direkt in den Schalltrichter gesprochen/ gesungen/gespielt werden. (Bild 3)

Bild 2: Edison-Phonograph mit Schalltrichter

Bild 3

Einer der bedeutendsten Operntenöre seiner Zeit, der Italiener **Enrico Caruso** (1873–1921 / 48 J.), nützte im Besonderen die neuen technischen Möglichkeiten der Schallaufzeichnung. Die folgende berühmte Arie *Di quella pira* des italienischen Komponisten **Giuseppe Verdi** (1813–1901 / 87 J.) nahm er mit einem Phonographen im Jahr 1906 auf.

G. Verdi, *Di quella pira* (aus der Oper *Der Troubadour*)

A28

▶ Welche Unterschiede zu heutigen Tonaufnahmen könnt ihr feststellen?

◆ Grammofon und Schallplatte

Dem Deutschamerikaner **Emil Berliner** (1851–1929 / 78 J.) gelang es, Edisons Phonographen zu verbessern, indem er statt der Walze ebene Scheiben verwendete. Damit war die Schallplatte geboren. Berliner meldete seine Erfindung, die er **Grammofon** (Bild 4) nannte, am 8. November 1887 zum Patent an.

Berliners Scheiben bestanden aus Schellack, einem Naturharz, mit dem er klangliche Verbesserungen erzielen konnte. Außerdem gruben sich nun die Schallschwingungen wie eine Spirale von außen nach innen ein. Die Schnitttiefe war gleich und nicht mehr unterschiedlich tief wie beim Phonographen.

Die **Schallplatte** konnte mit einem Kopierverfahren in großen Mengen für den Verkauf produziert werden.

Ein beliebtes Stück der damaligen Zeit war die *Petersburger Schlittenfahrt*.

Bild 4: Grammofon

▶ Hört das Beispiel A29 und vergleicht es mit der Aufnahme von Enrico Caruso (HB A28). Was stellt ihr fest?

A29

Richard Eilenberg, *Petersburger Schlittenfahrt* (Edison-Orchester Berlin)

Meilensteine in der Entwicklung der Schallplatte

In der folgenden Tabelle seht ihr bedeutende historische Ereignisse für die Entwicklung der Schallplatte.

Jahr	Ereignis
1931	Die Langspielplatte (LP) wird erfunden.
1948	Die LP wird aus dem Kunststoff Vinyl hergestellt, der das Rauschen vermindert.
1960	Das Hi-Fi-Zeitalter bricht an

Hi-Fi ist die Abkürzung für High Fidelity und bedeutet hohe Klangqualität.

Remastering

Viele historische Aufnahmen werden heute von Liebhabern wegen ihrer Originalität sehr geschätzt. Da dafür spezielle Abspielgeräte (z. B. Grammofon) notwendig sind, kann nicht jedermann davon profitieren. Deshalb werden historische Aufnahmen heute vielfach technisch bearbeitet und auf CD neu herausgebracht. Dabei werden Störgeräusche, Rauschen oder auch hohe Lautstärkeunterschiede der Originalaufnahme beseitigt. Der englische Ausdruck *digitally remastered* bezeichnet genau diesen Vorgang.

Comedian Harmonists

Die folgende Aufnahme *Mein kleiner grüner Kaktus* des berühmten Berliner Männer-Vokalensembles *Comedian Harmonists* stammt ursprünglich aus dem Jahr 1934, der sogenannte „Digital Remaster" aus dem Jahr 2003 (Hörbeispiel A30). Die aus fünf Sängern und einem Pianisten bestehende Gruppe war in den Jahren 1928 bis 1935 in Deutschland und auch international äußerst erfolgreich, musste sich allerdings 1935 auflösen, da die drei jüdischen Mitglieder vom Nazi-Regime Berufsverbot erhielten.

▶ Hört zunächst die Aufnahme der *Comedian Harmonists* und singt das Lied dann selbst. Versucht, durch präzise Artikulation und leichte, humoristische Singweise den Gesangsstil der *Comedian Harmonists* annähernd zu treffen.

MEIN KLEINER GRÜNER KAKTUS

Comedian Harmonists, *Mein kleiner grüner Kaktus*
Playback zu Comedian Harmonists, *Mein kleiner grüner Kaktus*

A30/31

Musik: B. Reisfeld, A. Marcuse, Dt. Text: H. Herda
© Wiener Bohème Verlag / Universal / MCA

1. Blu-men im Gar-ten, so zwan-zig Ar-ten von Ro-sen,
2. Man find't ge-wöhn-lich die Frau-en ähn-lich den Blu-men,

Tul-pen und Nar-zis-sen, leis-ten sich heu-te die kleins-ten
die sie ger-ne tra-gen. Doch ich sag' täg-lich: Das ist nicht

Leu-te. Das will ich al-les gar nicht wis-sen.
mög-lich, was soll'n die Leut' sonst von mir sa-gen.

Ref.: Mein klei-ner grü-ner Kak-tus steht drau-ßen am Bal-
Was brauch' ich ro-te Ro-sen, was brauch' ich ro-ten

1.
kon, hol-la-ri, hol-la-ri, hol-la-ro!
Mohn, hol-la-ri, hol-la-

2.
ri, hol-la-ro! Und wenn ein Bö-se-wicht was

Un-ge-zog'-nes spricht, dann hol' ich mei-nen Kak-tus und der

sticht, sticht, sticht. Mein klei-ner grü-ner Kak-tus steht drau-ßen am Bal-

kon, hol-la-ri, hol-la-ri, hol-la-ro!

3. Heute, um viere, klopft's an die Türe, nanu, Besuch so früh am Tage?
    Es war Herr Krause vom Nachbarhause, der sagt: „Verzeih'n Sie, wenn ich frage:
(Ref.:) Sie hab'n doch einen Kaktus auf Ihrem klein' Balkon, hollari, hollari, hollaro!
    Der fiel soeben runter, was halten Sie davon? Hollari …! Der fiel mir auf's Gesicht, ob s'glauben oder nicht,
    nun weiß ich, dass Ihr kleiner grüner Kaktus sticht. Bewahr'n Sie Ihren Kaktus gefälligst anderswo, hollari …!"

◆ Compact Disc (CD)

Im Jahr 1982 kamen die ersten Audio-CDs (Audio Compact Discs) auf den Markt. Dies war eine bahnbrechende Entwicklung für die Schallaufzeichnung und -wiedergabe, denn die CD ist – im Gegensatz zur LP – keinem Verschleiß ausgesetzt. Darüber hinaus ist die Tonwiedergabe ohne störende mechanische Nebengeräusche möglich.

Compact Disc

Das Prinzip der digitalen (schrittweisen) Tonaufzeichnung besteht darin, dass Töne und Geräusche mit Hilfe eines sogenannten A/D-Wandlers (Analog-zu-Digital-Wandler) in Zahlenwerte (eine Abfolge von 0- und 1-Werten) umgewandelt werden. Diese Umwandlung erfolgt bei der CD 44.100-mal pro Sekunde. Das Ergebnis dieses Prozesses wird auf einer CD gespeichert.

Der Laserstrahl (gebündelter Lichtstrahl) eines CD-Players entschlüsselt die Zahlenwerte, die dann mit Hilfe eines D/A-Wandlers (Digital-zu-Analog-Wandler) wieder in klingende Musik umgewandelt werden.

Seit Anfang der 1990er-Jahre wurden CD-Brenner (CD recorder) auch in PCs und Laptops eingebaut, sodass auch Privatanwender Musik digital auf CDs speichern können. Dafür sind einmal bespielbare CDs (CD-R: CD recordable) und mehrfach bespielbare CDs (CD-RW: CD rewritable) verfügbar, die Speicherkapazitäten bis zu 900 MB (Megabyte) aufweisen.

Als Weiterentwicklung der Audio-CD mit verbesserter Klangqualität und größerer Speicherkapazität entstanden die SACD (Super Audio Compact Disc) und die DVD-Audio (Digital Versatile Disc Audio). Letztere wird vor allem zur Wiedergabe von Surround-Sound[1] verwendet.

◆ MP3

MP3[2] bezeichnet ein Computer-Dateiformat, das es erlaubt, Musik ohne größere Klangverluste zu komprimieren. Dadurch wird weniger Speicherplatz benötigt. Zum Vergleich: Eine Minute Musik in der Qualität einer gewöhnlichen Stereo[3]-CD-Aufnahme erfordert ca. 10 MB Speicherplatz, im MP3-Format wird nur bis zu ein Zehntel davon benötigt, also ca. 1 MB.

MP3-Player

Die Entwicklung des MP3-Formats konnte dem Wunsch vieler Menschen gerecht werden, überall Musik in guter Qualität mit kleinen Abspielgeräten (MP3-Playern) zur Verfügung zu haben. Bereits Anfang der 1980er-Jahre begannen erste Forschungsversuche. Marktfähig wurde MP3 Mitte der 1990er-Jahre mit der Entwicklung von Software zum Abspielen von MP3-Dateien am Computer und mit der Einführung von tragbaren MP3-Playern.

---

1 Surround-Sound: Mehrkanalton, der einen gleichmäßig verteilten Raumklang wiedergibt.

2 MP3 ist eine Verkürzung von MPEG-1 Audio Layer 3. MPEG bedeutet Moving Pictures Experts Group (Expertengruppe für bewegte Bilder), das ist eine Gruppe von Expertinnen und Experten aus verschiedenen Unternehmen weltweit, die sich mit Video- und Audiokompression (Kompression = Zusammendrückung, Verdichtung) beschäftigen. Audio Layer 3 ist die Bezeichnung für ein von der deutschen Fraunhofer-Gesellschaft entwickeltes Audiokodierungsverfahren (Kodierung = Verschlüsselung).

3 Stereo ist die Abkürzung des Begriffs Stereofonie. Damit meint man die Zweikanaltechnik bei der Tonaufnahme, wodurch beim Abspielen der Schall richtungsgetreu wiedergegeben wird.

◆ Digitale Aufnahmemöglichkeiten heute

Homerecording

Durch die rasante technische Entwicklung im Tonaufnahmebereich ist es heute einfach und günstig, ausgereifte Audio-Aufnahmen im privaten Bereich selbst zu produzieren und auf CD zu brennen. Dies wird mit dem englischen Begriff **Homerecording** (Heimaufnahme) bezeichnet.

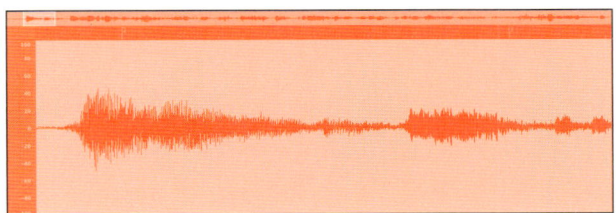

Grafische Musikdarstellung am Computer

Professionelle Studioaufnahmen

Kaum ein anderer Begriff hat die Musikwelt so nachhaltig beeinflusst wie im Jahr 1983 die vier Buchstaben **MIDI**. Sie stehen für Musical Instrument Digital Interface (dt. Schnittstelle zwischen elektronischen Musikinstrumenten). MIDI ist die Voraussetzung dafür, dass sich mehrere elektronische Musikinstrumente untereinander mit einer einheitlichen „Sprache" verständigen können.
MIDI ermöglicht aber auch die Verbindung eines Computers mit mehreren elektronischen Klang-erzeugern. Dies können analoge Synthesizer, die Töne künstlich herstellen, oder digitale Synthesizer sein, bei denen die Klänge von Naturinstrumenten digitalisiert werden. Diesen Vorgang bezeichnet man auch als Sampling (engl. sample = Muster). Wenn die geeignete Software, z. B. ein **Sequencer-Programm**, vorhanden ist, kann der Computer alle elektronischen Musikinstrumente zentral steuern.

Seit etwa Mitte der 1990er-Jahre werden MIDI-/Audio-Sequencer angeboten, die es ermöglichen, sowohl elektronische als auch Naturinstrumente oder die Stimme für die Produktion eines Musik-stücks aufzunehmen. Das Bereitstellen von Mixern und Effekten (z. B. Hall) über sogenannte **Plug-Ins** (zusätzliche Computerprogramme, die in ein bestehendes Computerprogramm integriert werden und dessen Funktionalität erweitern) macht aus diesen Sequencer-Pogrammen vollwertig ausgestattete Musikstudios.

Für Musikerinnen und Musiker besonders interessant ist bei Sequencer-Programmen die Möglichkeit, die aufgenommene Musik nachträglich bearbeiten zu können. Dies nennt man Editieren.

Ein Großteil der Pop-, Rock- und Filmmusik wird heute aus einer Kombination von elektronischen Musikinstrumenten und Naturinstrumenten (Stimme) und unter Verwendung von Sequencer-Programmen produziert.

einzelne Tonspuren

Mischpult mit Effekten

Steuerungsknöpfe

Bildschirmmaske eines Sequencer-Programms

PHONO-PLUG-IN
Playback zu *Phono-Plug-In*

M.M. ♩ = 94

Text und Musik: Bernhard Gritsch · © Helbling

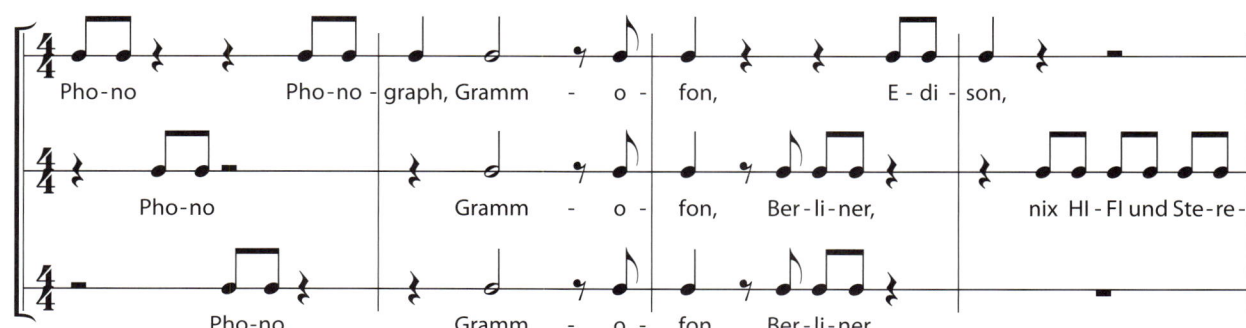

Pho-no — Pho-no-graph, Gramm — o - fon, — E - di - son,
Pho-no — Gramm — o - fon, Ber-li-ner, — nix HI - FI und Ste-re-
Pho-no — Gramm — o - fon, Ber-li-ner,

M.M. ♩ = 170   4 x

o o — mit L P — klingt's wie noch nie! Yeah! — Se-quen-cer, C-
a-ber dann — und HI - FI klingt's wie noch nie! Yeah! — Wav,
o o — klingt's wie noch nie! Yeah! — Dum tsi-ga tsi-ki dum — tsi-ga tsi-ki

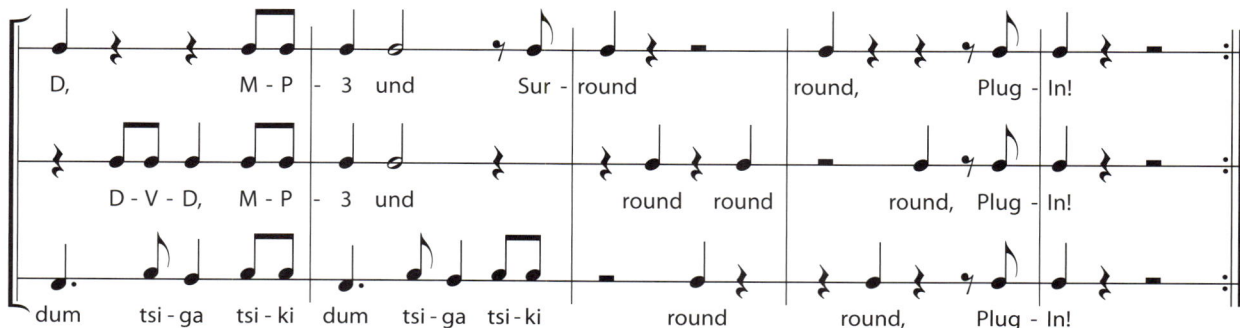

D, — M - P - 3 und — Sur - round — round, Plug - In!
D - V - D, M - P - 3 und — round round — round, Plug - In!
dum tsi-ga tsi-ki dum tsi-ga tsi-ki — round — round, Plug - In!

Hinweis

Bei diesem Sprechstück sollen die drei ausführenden Stimmen räumlich getrennt stehen, damit der Stereo- und Surround-Klang zu hören ist.

Quiz-Box Kapitel 6

- Wer war der Erfinder des Phonographen?
- Wer erfand 1887 das Grammofon?
- Was bedeutet die Abkürzung LP?
- Wofür steht die Abkürzung Hi-Fi?
- In welchem Jahr kamen die ersten CDs auf den Markt?
- Wie heißt ein Computer-Dateiformat, mit dem Musik digital in komprimierter Form wiedergegeben werden kann?

- Wie nennt man die Tonwiedergabe eines Musikstücks mit zwei Kanälen?
- Wie nennt man die digitale Schnittstelle zur Steuerung von Synthesizern und anderen elektronischen Musikgeräten?
- Wie nennt man Hard- oder Software zur Aufnahme von Audio- und MIDI-Signalen?

◆ **Mehr Fragen im MUSIKQUIZ**

Urheberrecht und Verwertung

Jedes Musikstück hat Urheber (Komponisten, Textautoren), die rechtlich das „geistige Eigentum" an diesem Werk innehaben. Den Urhebern und Musikverlagen steht eine finanzielle Abgeltung (Tantiemen) zu, wenn ihr Musikwerk von anderen verwendet wird, z. B. bei einem Konzert gespielt, im Radio oder Fernsehen gesendet, auf einer CD produziert oder im Internet verfügbar gemacht wird.

Damit die Urheber und Verlage auch tatsächlich zu ihren Tantiemen kommen, gibt es **Verwertungs-gesellschaften**. Diese beobachten den Musikmarkt, erteilen den Veranstaltern, Tonträgerproduzenten, Radio- und Fernsehanstalten, Musik-Download-Diensten etc. gegen Bezahlung die jeweils nötige Nutzungsbewilligung (Lizenz) und verteilen die Einnahmen nach festen Regeln an die Urheber und Verlage.

In Deutschland wird diese Verteilung durch die **GEMA (Gesellschaft für musikalische Aufführungs- und mechanische Vervielfältigungsrechte)** geregelt, in der Schweiz durch die **SUISA (Suisse Auteurs)**.

Die Verwertungsgesellschaften sind durch Verträge international vernetzt, sodass Urheber auch Tantiemen erhalten, wenn ihr Musikwerk in anderen Ländern verwendet wird.

Die Tabelle zeigt einige Beispiele, was laut Urheberrechtsgesetz verboten und erlaubt (geduldet) ist:

Es ist verboten,	Es ist erlaubt (geduldet),
Musikstücke (z. B. auf CDs) zu kopieren und zu verkaufen.	von gekauften Original-CDs Kopien zum privaten Gebrauch herzustellen.
Musikstücke aus Tauschbörsen im Internet herunterzuladen.	gekaufte CDs oder DVDs für den Gebrauch im Unterricht an Schulen zu verwenden.
Musikstücke aus dem Internet zu verkaufen.	gekaufte Musikstücke an Familienmitglieder/ Bekannte weiterzugeben.
Musikstücke anderer ohne deren Einwilligung ins Internet (Tauschbörsen, YouTube) zu stellen.	in Online-Shops Musikstücke gegen Bezahlung eines Entgelts herunterzuladen.

▶ Diskutiert in der Klasse das Verbot, Musikstücke von Tauschbörsen im Internet herunterzuladen. Inwiefern schädigt dieser illegale Download den Musikmarkt?

▶ Versucht auf der Homepage der GEMA (www.gema.de) herauszufinden, für welche Veranstaltungen, bei denen Musik von gekauften Original-CDs oder MP3-Files entweder erklingt oder live nachgespielt wird, Abgaben bezahlt werden müssen. Denkt z. B. an öffentliche und private Partys mit und ohne Eintrittsgeld sowie an Konzerte der Schulband mit freiwilligen Spenden.

Das Wort **Musical** ist eine Kurzform von Musical Comedy oder Musical Play. Damit bezeichnet man eine Form des modernen Musiktheaters, in der gesprochener Text, Musiknummern, Tanz und Show-Elemente eine große Rolle spielen.

Beim Musical gibt es weder formale noch stilistische oder stoffliche Grenzen. Von Arien aus der Opernwelt bis zu Songs aus dem Pop- und Schlagerbereich kann man alles hören. Als Textvorlage werden oft Stoffe der Weltliteratur verwendet.

Während im 19. Jahrhundert in Europa vor allem die Operette die Rolle des musikalischen Unterhaltungstheaters innehatte, war Amerika das Geburtsland des Musicals. Das amerikanische Musical ist auf Serienaufführungen und Profit ausgerichtet. Es hat seinen Ursprung in der Theaterlandschaft des **Broadway** in New York.

Theater am Broadway

◆ Ein Streifzug durch berühmte Musicals

Auf den nächsten Seiten findet ihr Informationen und Materialien über vier berühmte Musicals, die eine Stoffsammlung zur Vorbereitung von Beiträgen darstellen, die ihr nicht nur eurer Klasse, sondern auch anderen Klassen, an Elternabenden usw. präsentieren könnt.

▶ Vorgangsweise

Einteilung in Gruppen (5–6 Schüler). Jede Gruppe gestaltet einen Beitrag über ein Musical:
- Die Zusammenfassungen auf den nächsten Seiten sollt ihr durch zusätzliches Informations- und Anschauungsmaterial (z. B. Bilder, weitere Hörbeispiele und Videos) ergänzen.
- Der Beitrag soll Informationen und Musikeinspielungen beinhalten.
  Überlegt auch Möglichkeiten (Choreografien, gespielte Szenen, Lieder …), die ihr mit eurer Gruppe oder der ganzen Klasse praktisch durchführt.
- Der Beitrag kann als Einführung, Interview, Rollenspiel usw. gestaltet werden.

1. My Fair Lady

Uraufführung: 15. März 1956, Mark Hellinger Theatre, New York
Deutsche Erstaufführung: 25. Oktober 1961, Theater des Westens, Berlin

Frederick Loewe (1904–1988 / 83 J.) schrieb das Musical, das zum Welthit werden sollte, gemeinsam mit dem Texter Alan Jay Lerner. Als Textvorlage diente George Bernard Shaws Theaterstück *Pygmalion*.

Handlung: Der Phonetikprofessor Higgins (Phonetik = Lehre der Sprechlaute) wettet mit seinem Kollegen Oberst Pickering, dass er innerhalb eines halben Jahres aus dem einfachen Blumenmädchen Eliza Doolittle, die Cockney-Slang (vulgärer Londoner Dialekt) spricht, eine Dame mit den Manieren und der Sprache einer Herzogin machen kann.

Eliza und Higgins

Nach dem abgeschlossenen Sprachunterricht führt Higgins Eliza auf einen Ball der gehobenen Gesellschaft. Dort wird sie aufgrund ihrer fehlerfreien Sprache und ihres tadellosen Benehmens für eine Prinzessin gehalten und Higgins gewinnt die Wette. Doch Eliza fühlt sich vorgeführt und verlässt ihn. Als der Professor ihr gesteht, dass er sie vermisst, kehrt Eliza schließlich wieder zu Higgins zurück.

THE RAIN IN SPAIN

Higgins führt Oberst Pickering die ersten
Erfolge seines Sprachunterrichts vor:

F. Loewe, My Fair Lady, The rain in Spain – Ausschnitt
Playback zu *The rain in Spain*

A33/34

Higgins The rain in Spain stays mainly in the plain.
Eliza The rain in Spain stays mainly in the plain.
Higgins Again!

Musik: Frederick Loewe
Text: Alan Jay Lerner, deutscher Text: Robert Gilbert
© 1956 Chappel & Co Inc.

The rain in Spain stays main - ly in the plain. ____ I think she's
Es grünt so grün, wenn Spa - niens Blü - ten blühn. ____ Ich glaub, jetzt

got it! ____ I think she's got it! ___ The rain in Spain stays main - ly in the
hat sie's! ____ Ich glaub, jetzt hat sie's! _ Es grünt so grün, wenn Spa - niens Blü - ten

plain. ____ By George, she's got it! ____ By George, she's got it! ____ Now once a -
blühn. ____ Bei Gott, jetzt hat sie's! ___ Bei Gott, jetzt hat sie's! ___ Noch ein - mal:

gain, where does it rain? On the plain! On the plain! And where's that sog - gy
Wann er - grünt das Grün? Wenn die Blü - ten er - blühn! Und was macht dann das

Eliza/Higgins/Pickering

plain? In Spain! In Spain! The rain in Spain stays main - ly in the
Grün? Es grünt so grün! Es grünt so grün, wenn Spa - niens Blü - ten

plain! ____ The rain in Spain stays main - ly in the plain! ____
blühn. ____ Es grünt so grün, wenn Spa - niens Blü - ten blühn.

F. Loewe, My Fair Lady, I could have danced all night

A35

Mrs. Pearce, die Haushälterin von Prof. Higgins, empfiehlt Eliza nach einem arbeitsreichen Tag zu Bett
zu gehen, aber Eliza ist noch ganz aufgekratzt und singt:

Bed! Bed! I couldn´t go to bed!
My head´s too light to try to set it down!
Sleep! Sleep! I couldn´t sleep tonight,
not for all the jewels in the crown!
I could have danced all night!
I could have danced all night
and still have begged for more.

I could have spread my wings
and done a thousand things
I´ve never done before.
I´ll never know what made it so exciting;
why all at once my heart took flight!
I only know when he began to dance with me,
I could have danced, danced, danced all night!

Text: Alan Jay Lerner
© 1956 Chappel & Co Inc.

2. West Side Story

Uraufführung: 26. September 1957, Winter Garden, New York
Deutschsprachige Erstaufführung: 25. Februar 1968, Volksoper, Wien

Der Komponist, Pianist und Dirigent **Leonard Bernstein** (1918–1990 / 72 J.) schuf mit dem Musical *West Side Story* zusammen mit dem Regisseur und Choreografen Jerome Robbins eines der markantesten Stücke dieser Gattung. Das Buch schrieb Arthur Laurents, die Songtexte Stephen Sondheim.

Leonard Bernstein

Handlung: Shakespeares Theaterstück *Romeo und Julia* wurde in den Westen New Yorks verlegt. Statt den sich befehdenden Adelsgeschlechtern liefern sich hier Halbstarkenbanden erbitterte Schlachten: die Jets (Einheimische) und die Sharks (zugewanderte Puerto Ricaner). Tony und Maria lieben sich, gehören aber diesen verfeindeten Banden an. Bei den Auseinandersetzungen wird Tony erschossen. Neben seinem Leichnam versöhnen sich Jets und Sharks.

In der wohldosierten Mischung von lyrisch-romantischen Liebesszenen und scharfer Gesellschafts-kritik, harten Jazz-Instrumentierungen und turbulenten Ballettszenen präsentiert sich die *West Side Story* als das bis dahin kühnste Werk des amerikanischen Musiktheaters.

A36

L. Bernstein, *West Side Story, Maria*

Tony schwärmt nach der ersten Begegnung mit Maria von ihr:

Text: Leonard Bernstein, Stephen Sondheim
© Bernstein / Universal / Chappell

The most beautiful sound I ever heard:
Maria, Maria, Maria, Maria.
All the beautiful sounds of the world in a single word:
Maria, Maria, Maria, Maria, Maria, Maria.

Maria! I've just met a girl named Maria
and suddenly that name will never be the same to me.

Maria! I've just kissed a girl named Maria
and suddenly I've found how wonderful a sound can be.
Maria! Say it loud and there's music playing.
Say it soft and it's almost like praying.
Maria, I'll never stop saying Maria!

The most beautiful sound I ever heard: Maria!

A37

L. Bernstein, *West Side Story, Tonight* – Ausschnitt

Liebeslied von Tony und Maria:

Maria   Only you, you´re the only thing I´ll see forever.
In my eyes in my words and in everything I do,
nothing else but you, ever.

Tony   And there's nothing for me but Maria,
every sight that I see is Maria.

Maria   Tony, Tony.

Tony   Always you, every thought I´ll ever know,
everywhere I go you´ll be, you and me …

Maria   All the world is only you and me …

Tonight, tonight, it all began tonight,
I saw you and the world went away.
Tonight, tonight, there's only you tonight,
what you are, what you do, what you say.

Tony   Today, all day I had the feeling a miracle would happen.
I know now I was right.

beide   For here you are, and what was just a world
is a star tonight.

Maria und Tony

AMERICA

Der Song *America* wechselt immer zwischen 6/8-Takt und 3/4-Takt. Mit vielen Tanzeinlagen werden im Lied die Verhältnisse in den USA mit denen in Puerto Rico verglichen.

L. Bernstein, *West Side Story, America*
Playback zu *America*

Musik: Leonard Bernstein
Text: Leonard Bernstein, Stephen Sondheim
© Bernstein / Universal / Chappell

Rosalia	Puerto Rico, you lovely island, island of tropical breezes. Always the pineapples growing, always the coffee blossoms blowing.
Anita	Puerto Rico, you ugly island, island of tropic diseases. Always the hurricanes blowing, always the population growing. And the money owing, and the babies crying, and the bullets flying. I like the island Manhattan. Smoke on your pipe and put that in!

Szene aus ,West Side Story': ,America'

1. I like to be in A-mer-i-ca, o-kay by me in A-mer-i-ca, ev'-ry-thing free in A-mer-i-ca, for a small fee in A-mer-i-ca!
I like the cit-y of San Juan._ I know a boat you can get on._
Hun-dreds of flow-ers in full bloom. Hun-dreds of peo-ple in each room!

2. Automobile in America,
   Chromium steel in America,
   wire-spoke wheel in America,
   very big deal in America!
   I'll drive a Buick through San Juan.
   If there's a road you can drive on.
   I'll give my cousins a free ride.
   How you get all of them inside?

3. Immigrant goes to America,
   many hellos in America,
   nobody knows in America,
   Puerto Rico's in America!
   I'll bring a TV to San Juan.
   If there's a current to turn on!
   I'll give them new washing machine.
   What have they got there to keep clean?

4. I like the shores of America!
   Comfort is yours in America!
   Knobs on the doors in America,
   wall-to-wall floors in America!
   When I will go back to San Juan.
   When you will shut up and get gone!
   Ev'ryone there will give big cheer!
   Ev'ryone there will have moved here!

5. = 1. Strophe bis Fine

3. Das Phantom der Oper

Uraufführung: 9. Oktober 1986, Her Majesty's Theatre, London
Deutschsprachige Erstaufführung: 20. Dezember 1988, Theater an der Wien, Wien

Ankündigung am Broadway

Andrew Lloyd Webber (geb. 1948) zählt heute zu den bedeutendsten Musical-Komponisten. Seine erfolgreichsten Musicals sind *Jesus Christ Superstar* (1970), *Cats* (1981), *Starlight Express* (1984), *The Phantom of the Opera* (1986).

Das Phantom der Oper (*Le Fantôme de l'Opéra*) ist ein Roman des französischen Schriftstellers Gaston Leroux aus dem Jahr 1911. Die Geschichte wurde mehrfach verfilmt und es gibt vier Bühnenfassungen. Von diesen ist das Musical von Andrew Lloyd Webber und Richard Stilgoe die bekannteste. Am New Yorker Broadway, wo es zahlreiche Auszeichnungen erhielt, ist es das am längsten gespielte Stück (7.486 Aufführungen).

1. Akt

In der Pariser Oper gehen unheimliche Dinge vor, für die man das Phantom verantwortlich macht. Da sich die Sängerin Carlotta weigert weiterzusingen, tritt das Chormädchen Christine an ihre Stelle und hat mit dem Lied *Denk an mich* großen Erfolg. Raoul, ein früherer Freund, erkennt Christine wieder.

A40

A. L. Webber, *Das Phantom der Oper, Denk an mich* – Ausschnitt

Christine	Denk an mich, denk an mich zärtlich wie an einen Traum.
	Erinn're dich, keine Macht trennt uns außer Zeit und Raum.
	An dem Tag, wann er auch kommen mag,
	an dem du Abschied nimmst von mir,
	lass das Gestern weiterleben, schließ es ein in dir!
	Natürlich war von allem Anfang klar,
	dass ich dich irgendwann verlier.
	Aber wenn du dich zurücksehnst, such mein Bild in dir!
	Denk an unsre Zeit im Sonnenschein,
	denk nicht an das, was nicht hat sollen sein.
	Denk an mich, sieh meine Zeichen, wenn du dich verirrst!
	Versuch wie ich, Stärke zu zeigen, wenn du müde wirst!
	Denk an mich und quälen Sorgen dich,
	dann träum dich heimlich her zu mir!
	Und wo immer du auch sein magst,
	such mein Bild in dir!

Originaltext: Charles Hart, Richard Stilgoe
deutscher Text: Michael Kunze
© The Really Useful Group Ltd. / Universal

Christine glaubt, die Stimme eines Engels zu hören, es ist jedoch das Phantom, das sie in die Kellergewölbe der Oper mitnimmt.

A41

A. L. Webber, *Das Phantom der Oper, Das Phantom der Oper* – Ausschnitt

Christine	Er sang, sobald ich schlief, und kam mir nach.
	Mir schien, dass er mich rief und mit mir sprach.
	Träum ich denn immer noch? Ich fühl es hier:
	Ganz nah ist das Phantom der Oper da, es lebt in mir.
Phantom	Komm, sing mit mir heut Nacht bei Kerzenschein.
	Dann fängt dich meine Macht noch stärker ein.
	Und wendest du den Blick auch ab von mir:
	Ganz nah ist das Phantom der Oper da, es lebt in dir.

Das Phantom und Christine

Originaltext: Charles Hart,
Richard Stilgoe, Mike Batt
deutscher Text: Michael Kunze
© The Really Useful Group Ltd. / Universal

Das Phantom fordert, dass in Zukunft Christine die Rollen von Carlotta übernehmen soll und droht mit einem Skandal, wenn seine Forderungen nicht erfüllt werden. Christine und Raoul gestehen einander ihre Liebe und er verspricht ihr, sie zu beschützen. Das Phantom beobachtet die beiden eifersüchtig und bringt am Ende des ersten Akts wütend den Kronleuchter zu Fall, der spektakulär auf die Bühne fällt.

2. Akt
Sechs Monate später gibt es einen Maskenball zu Neujahr. Das nicht eingeladene Phantom erscheint trotzdem und übergibt den Direktoren seine neueste Komposition, die Oper *Don Juan, der Sieger*.

A. L. Webber, Das Phantom der Oper, Maskenball – Ausschnitt

Maskenball! Kunterbunter Mummenschanz!
Maskenball! Niemand ist der, für den ihn andre halten.
Maskenball! Fantasie im stummen Tanz.
Maskenball! Sieh dich um, überall stehn Spukgestalten.

Plisch und Plum, Fisch und Faun, Maus und Katz,
Graus und Grau'n, grelles Rot, helles Braun,
krummer Tod, dummer Clown.
Masken! Wie in Trance, in Balance, auf dem Traumkarussell.
Sie haben kein Gesicht.
Schwan und Schwein, Pfau und Pferd, Schau und Schein,
feiler Mund, geiler Pfaff, irrer Hund, wirrer Aff.
Masken! Schau hinein, schau heraus
und tauch ganz in den Klang, in den Glanz.
Wer wer ist, weiß man nicht.

Maskenball! Grelle Schminke, heller Wahn.
Maskenball! Wolkenbau überm Abgrund trüber Zeiten.
Maskenball! Glatte Worte, glatte Wahl.
Maskenball! Bleib und schau in das Meer der Nichtigkeiten.
Maskenball! Wahre Lügen, klarer Dunst.
Maskenball! Ungerügt, Freund und Feind ein wenig necken.
Maskenball! Großer Unsinn, große Kunst.
Maskenball! Ungesehn von den Fratzen, die uns schrecken.

Originaltext: Charles Hart, Richard Stilgoe
deutscher Text: Michael Kunze
© The Really Useful Group Ltd. / Universal

Szene aus ‚Das Phantom der Oper': ‚Maskenball'

▶ Stellt die Überreichung der Komposition und das Geschehen am Maskenball zum Hörbeispiel A42 szenisch dar.
Fertigt Kopfreifmasken an, die ihr als „Kostümierung" verwenden könnt.
Bringt dazu geeignete Gegenstände von zu Hause mit.

Das Phantom fordert nun, dass Christine die Hauptrolle in seiner Oper übernehmen soll. Raoul und die Direktoren wollen das Phantom während der Aufführung fangen, das Phantom ermordet jedoch den Hauptdarsteller und singt selbst ein Duett mit Christine, die das Phantom demaskiert. Im entstehenden Durcheinander gelingt es dem Phantom, Christine in den Keller der Oper zu entführen. Raoul will helfen, wird aber auch gefangen genommen. Das Phantom stellt Christine vor die Wahl: Entweder verbringt sie den Rest ihres Lebens mit ihm oder Raoul muss sterben. Christine entschließt sich, das Phantom zu umarmen und küsst es. Milde gestimmt lässt das Phantom Christine und Raoul gehen und verschwindet.

4. Mamma mia!

Uraufführung: 6. April 1999, Prince Edward Theatre, London
Deutschsprachige Erstaufführung: 3. November 2002, Operettenhaus, Hamburg

Im Musical *Mamma mia!* wurde um bekannte Songs der schwedischen Popgruppe **ABBA** eine amüsante Verwechslungskomödie geschrieben. Diese Art von Musical wird als Jukebox-Musical (engl. Jukebox = Musikautomat) bezeichnet.

Tanja, Donna und Rosie

DVD-Cover zum Film ‚Mamma mia!'

Mamma mia!, Money, money, money, Dancing Queen, The winner takes it all, Gimme! Gimme! Gimme! oder *I have a dream* sind nur einige der im Musical verwendeten Hits. Sie stammen von den männlichen Mitgliedern der Popgruppe ABBA, Benny Andersson (geb. 1946) und Björn Ulvaeus (geb. 1945).

Das Musical *Mamma mia!* wurde international ein großer Erfolg und bisher von mehr als 33 Millionen Menschen weltweit gesehen. Der 2008 erschienene Kinofilm mit bekannten Stars wie Meryl Streep und Pierce Brosnan wurde zur erfolgreichsten Musicalverfilmung der Geschichte (Stand: 2009). Die Schauspieler des Films sangen unter der musikalischen Leitung von Benny Andersson alle Songs selbst ein.

Handlung: Donna und ihre Tochter Sophie leben auf einer griechischen Insel. Bei ihrer Hochzeit mit Sky möchte Sophie von ihrem Vater zum Altar geführt werden, weiß aber nicht, wer er ist. Also lädt sie ohne Wissen ihrer Mutter drei Männer ein, deren Namen sie in Donnas Tagebuch gefunden hat: Sam, Harry und Bill. Als auch noch Donnas Freundinnen Rosie und Tanja eintreffen, ist das Chaos perfekt. Wer wirklich Sophies Vater ist, wird nicht enthüllt, aber Donna und Sam finden nach 20 Jahren wieder zusammen. Dafür verschieben Sophie und Sky ihre Hochzeit, um vorher noch die Welt zu bereisen.

Mamma Mia!

Donna begegnet den drei möglichen Vätern ihrer Tochter Sophie nach langen Jahren wieder. Dabei ist sie etwas irritiert und äußert mit dem Song *Mamma mia!* ihre damaligen und jetzigen Gefühle.

MAMMA MIA!

Musik und Originaltext: Benny Andersson, Björn Ulvaeus, Stig Anderson
deutscher Text: Michael Kunze
© SWR / Universal

A43/44

B. Andersson, B. Ulvaeus, S. Anderson, *Mamma mia!*
Playback zu *Mamma mia!*

1. Du hast mich so ent - täuscht.
Da - mals nahm ich mir vor,

Ich konnt dich nicht ver - steh'n.
dich nie wie - der - zu - seh'n.

Jetzt stehst du hier ___ und ich starr dich an. Was ist mit mir? ___

Plötz-lich kenn ich mich selbst ___ nicht mehr, ___ so, als ob ich im Fie-

- ber wär. ___ Nur ein Blick und schon wird mir kalt und heiß. ___

___ Ein Blick mehr und al-les dreht sich im Kreis. ___ Oh oh oh oh.

Ref.: Mam-ma mi-a, 's geht schon wie-der los. ___ Wie, wie? Kann ___
Mam-ma mi-a, es ist hoff-nungs-los. ___ Nie, nie wirst ___

___ das denn nor-mal sein? Ja, ___ mein Herz hat ___ noch Nar-ben.
___ du mir e-gal sein.

So ___ vie-le Träu-me star-ben. Wie, wie konn-

- te ich nur von dir geh'n? _ Mam-ma mi-a, jetzt erst kann ich seh'n, _

Zwischenspiel/Ending (wiederholen und fade out)

nie, nie wird ___ was war vor-ü-ber-geh'n. _

2. Ich hab um dich geweint, wusste nicht ein noch aus.
   Doch ich hab mir geschwor'n, dass ich lerne daraus.
   Jetzt stehst du hier …

Dancing Queen

In dieser Szene erinnern Rosie und Tanja ihre Freundin Donna an gemeinsame Zeiten als Musikgruppe.

A45

B. Andersson, B. Ulvaeus, S. Anderson, *Dancing Queen*

▶ Gestaltet zum Song *Dancing Queen* eine Musicalchoreografie. Einige Bewegungsbausteine dafür sind auf den Fotos unten dargestellt. Verwendet diese und/oder erfindet weitere.

Bewegungsbausteine zu *Dancing Queen*

mit Sprung re Bein und re Arm nach vorn strecken, mit Becken mitwippen

mit Sprung Beingrätsche, Arme nach oben strecken

zur Seite drehen, re Bein und re Arm abwinkeln

re Hand am Bauch, mit li Arm kreisende Bewegung vor dem Körper

in die Knie gehen, mit re Zeigefinger nach oben zeigen, Knie dann strecken

Arme abgewinkelt, Handflächen nach oben, Kopf nach re und li schieben

Beingrätsche, Handflächen nach vorne und Finger spreizen

Arme vor der Brust kreuzen, re, dann li Schulter heben

Musical Dance

Der Musicaltanz (engl. musical dance) hat viele Elemente aus anderen Tanzstilen aufgenommen: z. B. aus dem Jazzdance (Bewegungstanz zu populärer Musik), dem klassischen Ballett, dem Hip-Hop und dem Modern Dance (zeitgenössischer Tanz). Dazu kommen manchmal improvisatorische (frei gestaltete) Teile sowie akrobatische Einlagen.

Quiz-Box Kapitel 7

- ▪ Broadway heißt die Theaterstraße in …
- ▪ In welchem Musical heißt die weibliche Hauptrolle Eliza Doolittle?
- ▪ Wer komponierte die *West Side Story*?

- ▪ Wie heißt der Komponist des Musicals *Das Phantom der Oper*?
- ▪ Wie heißt die schwedische Popgruppe, deren Songs im Musical *Mamma mia!* verwendet werden?

◆ Mehr Fragen im MUSIKQUIZ

Bestimmte Zusammenklänge von Tönen empfinden wir als vertraut, andere wiederum als fremd. In der Fachsprache gibt es dafür zwei Begriffe: Konsonanz und Dissonanz.

Konsonanz (lat. consonare = zusammenklingen) bedeutet die Verschmelzung zweier (Intervall) oder dreier und mehrerer Töne (Akkord) zu einem Klang, der uns das Gefühl von Ruhe und Entspannung vermittelt.

Folgende Intervalle sind konsonant:
Prime, Terz, Quarte, Quinte, Sexte, Oktave

Dissonanz (lat. dissonare = misstönen) bezeichnet einen gespannten Klang, der meist nach einer Auflösung (Entspannung) drängt.

Folgende Intervalle sind dissonant:
Sekunde, Septime

Beispiele zu Konsonanz – Dissonanz

A46–51

▶ In den Hörbeispielen A46–51 erklingen sechs verschiedene Intervalle. Welche sind konsonant (K), welche sind dissonant (D)? Schreibt die richtigen Buchstaben in euer Heft.

Konsonanz   Dissonanz

Neben Intervallen gibt es noch andere Zusammenklänge, die eine konsonante oder dissonante Wirkung haben. Im Lauf der Jahrhunderte haben sich die Hörgewohnheiten verändert. Einerseits fanden Komponisten immer mehr Möglichkeiten von Zusammenklängen und Kompositionsweisen, andererseits wurde nicht zuletzt durch die technische Entwicklung Musik einem breiteren Publikum zugänglich gemacht. Neue, ungewohnte Klänge sind dem menschlichen Ohr daher immer vertrauter geworden.

Beispiele zu Entwicklung des Zusammenklangs

▶ Im Hörbeispiel A52 könnt ihr die historische Entwicklung des Zusammenklangs akustisch verfolgen. Die sieben Beispiele gehen schnell ineinander über. Erkennt und zeigt die Schnittstellen, indem ihr ein Handzeichen gebt.

A52

Arbeitsblatt *Zusammenklang*

Bsp.	Jahr	Komponist, Werk
1	1721	Johann Sebastian Bach, *Brandenburgisches Konzert* Nr. 2
2	1811	Ludwig van Beethoven, Sinfonie Nr. 7, 3. Satz
3	1887	Anton Bruckner, Sinfonie Nr. 8, 2. Satz
4	1895	Richard Strauss, *Till Eulenspiegels lustige Streiche*
5	1928	Arnold Schönberg, Orchestervariationen op. 31
6	1960	Karlheinz Stockhausen, *Kontakte für elektronische Klänge, Klavier und Schlagzeug*
7	1967	György Ligeti, *Lontano für großes Orchester*

Quiz-Box Kapitel 8

- Was bezeichnet der Begriff Konsonanz?
- Was bezeichnet der Begriff Dissonanz?

9 Streichinstrumente

Die Saiten von **Streichinstrumenten** werden in der Regel mit einem Bogen gestrichen. Die Form der Streichinstrumente, wie wir sie heute kennen, kam etwa um 1500 in Gebrauch. In dieser Zeit hatte der Instrumentenbau große Fortschritte gemacht und man war nach und nach auf jene Bauweise gekommen, die ein Streichinstrument optimal klingen lässt. Viele bedeutende Geigenbauer stammen aus Italien, wobei die Familien **Stradivari**, **Amati** und **Guarneri** am berühmtesten wurden. Instrumente aus diesen Werkstätten zählen heute zu den wertvollsten, ihr Klang ist noch immer unübertroffen.

Streichinstrumente im Größenvergleich (Korpuslänge):

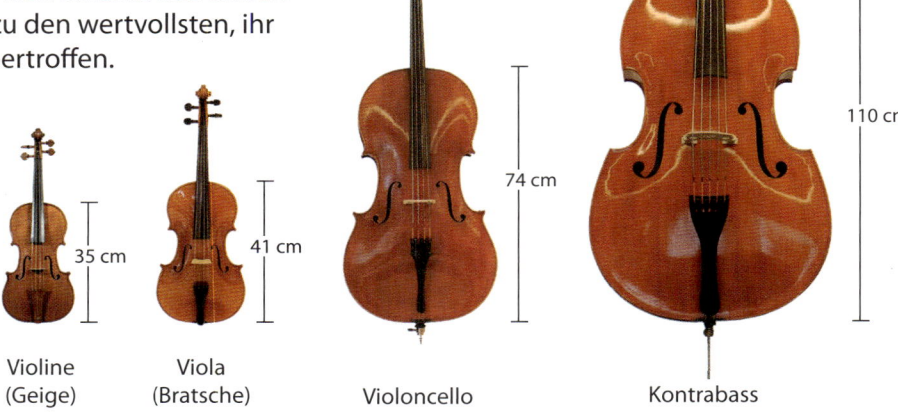

Violine (Geige) 35 cm

Viola (Bratsche) 41 cm

Violoncello 74 cm

Kontrabass 110 cm

◆ Die Violine

Die **Violine** wird auch Geige genannt und ist das Sopraninstrument in der Familie der Streichinstrumente.

Die Saiten sind in Quinten gestimmt:

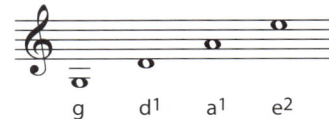

g   d¹   a¹   e²

▶ Besprecht die einzelnen Teile der Violine und des Bogens und erklärt deren Funktion.

Geigenbau

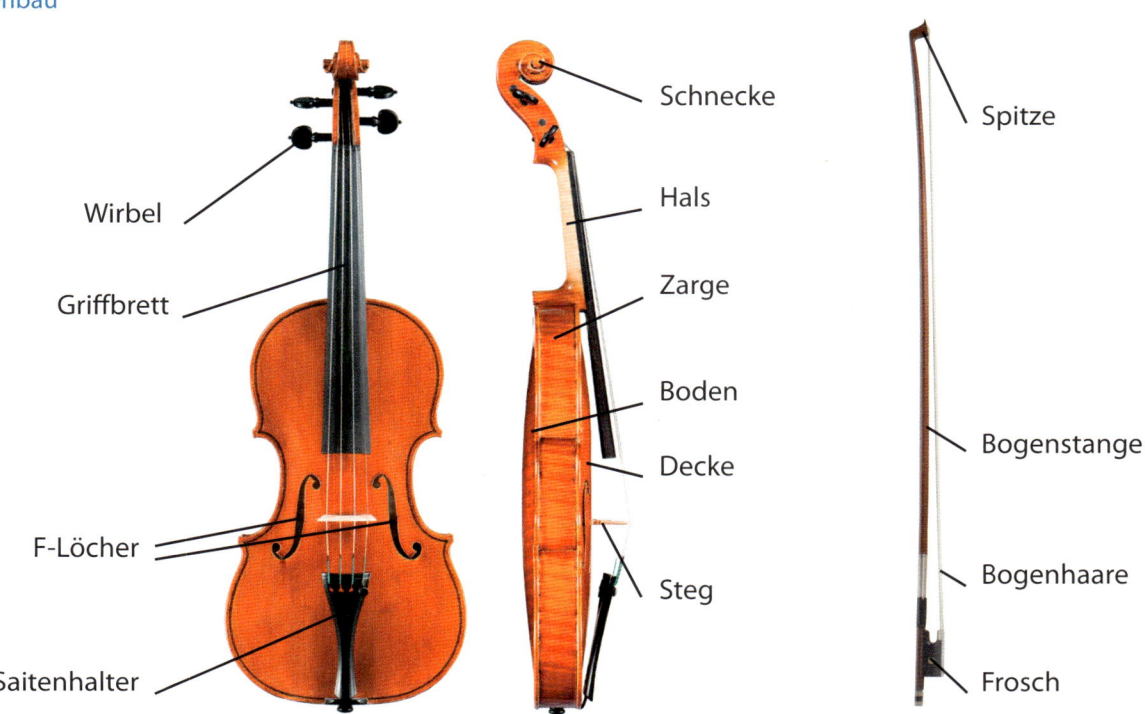

Wirbel

Griffbrett

F-Löcher

Saitenhalter

Schnecke

Hals

Zarge

Boden

Decke

Steg

Spitze

Bogenstange

Bogenhaare

Frosch

Die Violine wird als Solo- und Orchesterinstrument verwendet. Im folgenden Ausschnitt wird die Solovioline virtuos gespielt.

▶ Versucht, beim Hören des Stücks im Notenbild mitzulesen.

Max Bruch, Violinkonzert g-Moll, 3. Satz – Beginn

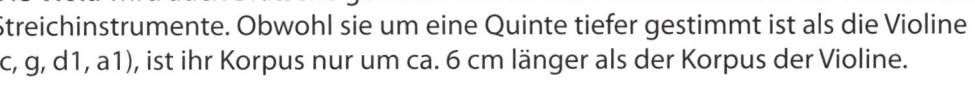

Aufführung eines Violinkonzerts

◆ Die Viola

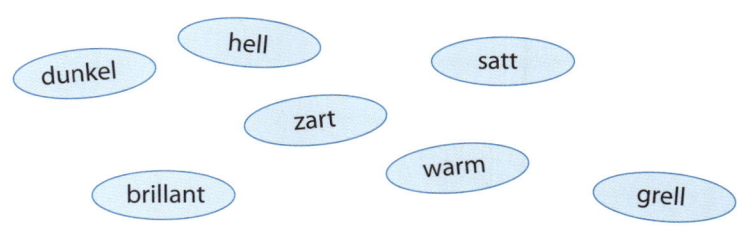

Die **Viola** wird auch Bratsche genannt und ist das Altinstrument in der Familie der Streichinstrumente. Obwohl sie um eine Quinte tiefer gestimmt ist als die Violine (c, g, d1, a1), ist ihr Korpus nur um ca. 6 cm länger als der Korpus der Violine.

Henri Vieuxtemps, *Capriccio für Viola solo* – Beginn

▶ Beschreibt anhand des Hörbeispiels B2 den Klang der Viola.
Welche der unten angegebenen Wörter sind eurer Meinung nach geeignet? Findet weitere passende Wörter.

hell   satt
dunkel
zart
brillant   warm   grell

Viola

35

◆ Das Violoncello

Das **Violoncello** ist das Tenorinstrument in der Familie der Streichinstrumente und ist um eine Oktave tiefer gestimmt als die Viola (C, G, d, a).
Es wird im Sitzen gespielt und sowohl im Orchester als auch als Soloinstrument verwendet.

Niccolò Paganini, *Caprice Nr. 9* – Beginn

Im Beispiel B3 hört ihr, dass man auf dem Violoncello auch mehrstimmig spielen kann.

N. Paganini, *Variationen über ein Thema aus Rossinis ‚Mose'* – Schluss

Der Musikausschnitt des Hörbeispiels B4 gehört zu den technisch schwierigsten Stücken der Violoncello-Literatur. Durch verschiedene Bogentechniken werden unterschiedliche Klangfarben hörbar. Der Schluss imponiert durch sein enormes Tempo, das nur ausgezeichnete Interpreten bewältigen können.

Violoncello

◆ Der Kontrabass

Der **Kontrabass** ist das Bassinstrument in der Familie der Streichinstrumente.
Er ist in Quarten gestimmt (E1, A1, D, G).

R. Wagner, *Die Meistersinger von Nürnberg,* Ouvertüre – Ausschnitt (Kontrabass solo)

▶ Prägt euch beim Hörbeispiel B5 den Klang des Kontrabasses ein und lest im Notentext mit.
Richard Wagner (1813–1883 / 69 J.) hat bei dieser Stelle das Thema in den Bass gelegt.

Kontrabass

R. Wagner, *Die Meistersinger von Nürnberg,* Ouvertüre – Ausschnitt (Orchester)

▶ Verfolgt im Hörbeispiel B6 noch einmal die Bassstimme im Notenbild (siehe oben).
Sie ist im Orchesterklang nicht ohne Weiteres hörbar, da die Melodie in der Oberstimme sehr dominant ist.

◆ Streichinstrumenten-Pantomime

Violine   Violoncello   Kontrabass

B7

Beispiele zu Streichinstrumenten-Pantomime

Das Hörbeispiel B7 besteht aus fünf Ausschnitten, bei denen ihr verschiedene Streichinstrumente erkennen könnt.

▶ Stellt während des Hörens die vorkommenden Instrumente pantomimisch dar.

◆ Die Spielarten bei Streichinstrumenten

Streichinstrumente können durch die Anwendung einzelner Spielarten verschiedenartig klingen.
Bei den nächsten Hörbeispielen lernt ihr folgende Spielarten kennen:

legato	=	gebunden
staccato	=	gestoßen
glissando	=	gleitend
pizzicato	=	gezupft
tremolo	=	schnelles Auf- und Abstreichen des Bogens auf einem Ton

Videobeispiele zu Spielarten

Hörbeispiele zu Spielarten

B8–11

▶ Ordnet die verschiedenen Hörbeispiele den Spielarten zu und schreibt die Lösungen in euer Heft. Es können auch zwei Spielarten in einem Hörbeispiel vorkommen.

Hörbeispiel B8: …
Hörbeispiel B9: …
Hörbeispiel B10: …
Hörbeispiel B11: …

staccato

glissando

legato

tremolo

pizzicato

◆ Hummelflug

Der *Hummelflug* ist ein Instrumentalstück aus der Oper *Das Märchen vom Zaren Saltan,* die der russische Komponist **Nikolai Rimski-Korsakow** (1844–1908 / 64 J.) geschrieben hat. Die Oper wurde im Jahr 1900 in Moskau uraufgeführt. Der Komponist wollte in diesem Orchesterstück den Flug einer Hummel musikalisch nachzeichnen. Er wählte ein sehr schnelles Tempo und setzte auch verschiedene Spielarten auf den Streichinstrumenten ein, um die gewünschte Stimmung zu erzeugen.

Spiel-mit-Satz zu *Hummelflug*

N. Rimski-Korsakow, *Hummelflug*

B12

Multimedialer Spiel-mit-Satz

Einrichtung: Gerhard Wanker
© Helbling

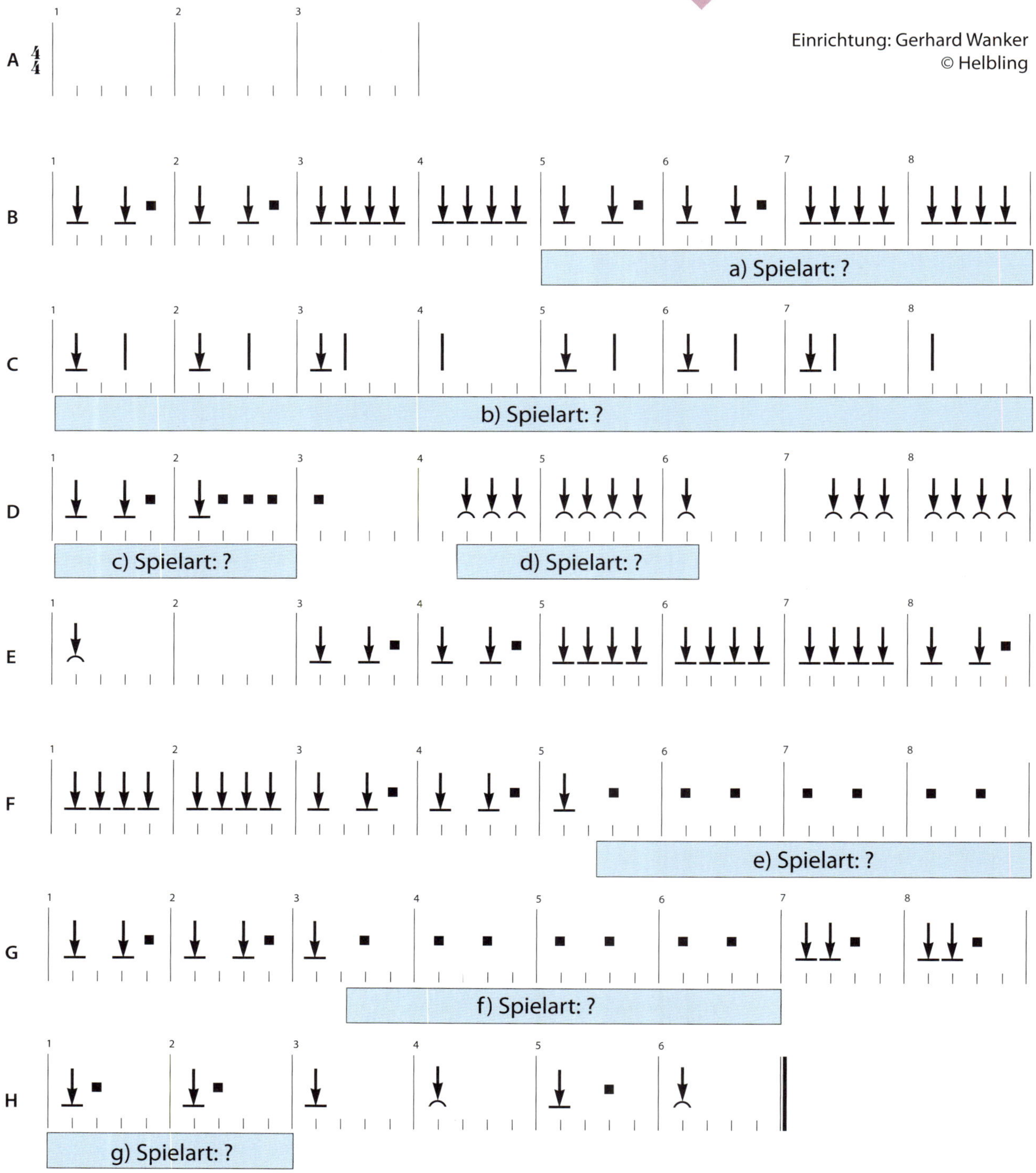

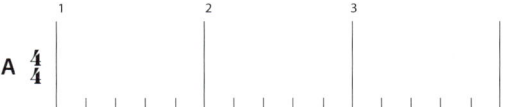

a) Spielart: ?

b) Spielart: ?

c) Spielart: ?

d) Spielart: ?

e) Spielart: ?

f) Spielart: ?

g) Spielart: ?

▶ Hört das Beispiel B12 nochmals und konzentriert euch auf die Stellen mit den blauen Balken im Spiel-mit-Satz. An diesen Stellen sind die Streichinstrumente deutlich zu hören. Schreibt die erkannten Spielarten in euer Heft.

N. Rimski-Korsakow, *Hummelflug* (Yo-Yo Ma, Bobby McFerrin)

B13

Der *Hummelflug* hat viele Interpreten herausgefordert, das Stück zu bearbeiten, da es sehr bekannt und außerordentlich virtuos ist.

Das Hörbeispiel B13 ist eine Aufnahme für Violoncello und Singstimme aus dem Jahr 1992.

Die Interpreten sind Yo-Yo Ma (Violoncello) und Bobby McFerrin (Singstimme).

Bobby McFerrin   *Yo-Yo Ma*

Quiz-Box Kapitel 9

- Wie heißen die bedeutendsten Geigenbauer aus Italien?
- Wie nennt man das Sopraninstrument in der Familie der Streichinstrumente?
- Wie wird eine Viola noch genannt?
- Welches Streichinstrument wird beim Spielen im Sitzen zwischen den Beinen gehalten?
- Welches Streichinstrument ist in Quarten gestimmt?
- Was heißt „pizzicato"?
- Das schnelle Auf- und Abstreichen des Bogens bei Streichinstrumenten nennt man …

◆ **Mehr Fragen im MUSIKQUIZ**

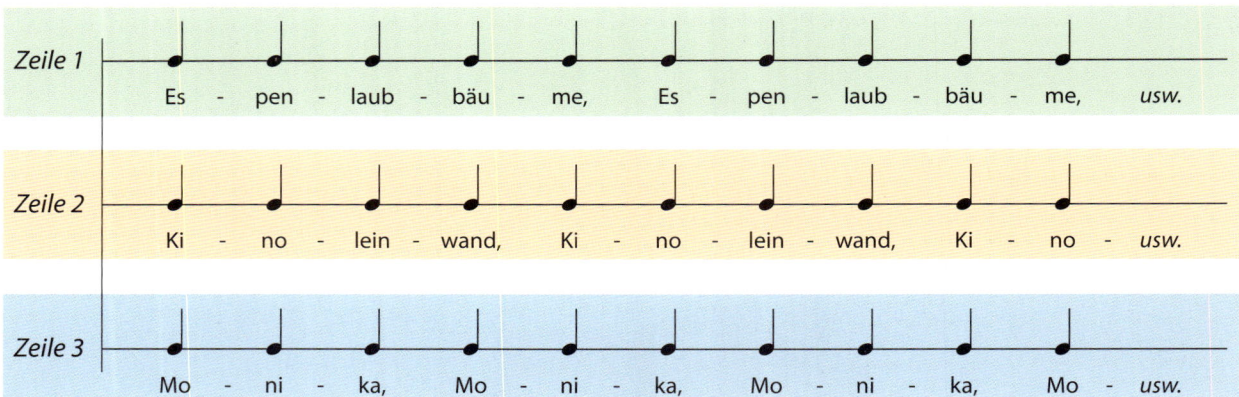

Zeile 1: Es - pen - laub - bäu - me, Es - pen - laub - bäu - me, usw.

Zeile 2: Ki - no - lein - wand, Ki - no - lein - wand, Ki - no - usw.

Zeile 3: Mo - ni - ka, Mo - ni - ka, Mo - ni - ka, Mo - usw.

▶ Gestaltet den Eskimo-Krimi mit den oben abgedruckten Wörtern:

- Sprecht zuerst jede Zeile vor euch hin, indem ihr das angegebene Wort ständig wiederholt. Dabei könnt ihr die Taktart jeder Zeile herausfinden, wenn ihr jeweils die erste Silbe des Worts betont.
- Übertragt die Zeilen 1 bis 3 in euer Heft. Vervollständigt den Notentext, indem ihr am Beginn jeder Zeile die Taktart und dann Taktstriche hinzufügt. Schreibt auch ein Betonungszeichen über die Noten der betonten Wortsilben.
- Sprecht die drei Zeilen in drei Gruppen im selben Tempo und wiederholt euer Wort, bis der Lehrer oder ein Schüler abwinkt.
- Singt dann die Sprechfassung: Jede Gruppe singt die jeweilige Zeile auf einem Ton.

Löst den Fall!

Tatbestand
Wenn jede Gruppe in einem gleichbleibenden Metrum jeweils die erste Silbe des Rhythmusworts laut spricht/singt und die weiteren Silben nur mitdenkt, ergibt sich irgendwann das Wort ESKIMO.

Lösungsvorgang
Jede Gruppe bestimmt einen Detektiv, der die Aufgabe hat, zu zählen, wie oft das jeweilige Wort einer Gruppe wiederholt werden muss, bis die Silben ES-KI-MO unmittelbar hintereinander erklingen.

Überprüfung
Die richtige Detektivlösung wird wie folgt überprüft:
Ein Detektiv lässt alle drei Gruppen gleichzeitig beginnen und winkt dann ab, wenn das Wort ESKIMO als geschlossenes Wort deutlich hörbar ist. Alle Mitglieder einer Gruppe zählen bis zum Abwinken mit, wie oft sie ihr Wort sagen und vergleichen danach.

Musik und ihre Wirkung 11

Ihr werdet sicher schon bemerkt haben, dass euch verschiedene Arten von Musik in eurer Stimmung beeinflussen können. Da das Ohr des Menschen nicht „abschaltbar" ist wie das Auge, nehmen wir in unserem Alltagsleben ständig bewusst oder unbewusst Geräusche und Klänge wahr.

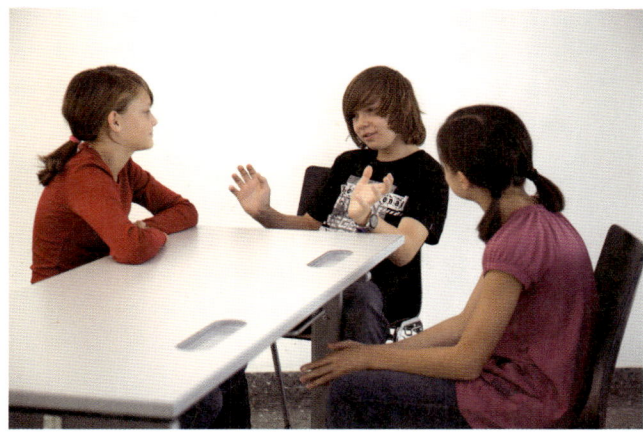

Sprecht anhand der Diskussionskarten (siehe unten) über die Wirkung von Musik. Bereitet in Gruppenarbeit das Ergebnis auf:

- als Round-Table-Gespräch (mehrere Diskussionspartner)
- als Interview
- als Reportage (Berichterstattung)
- …

1. Wo könnt ihr Musik hören?
Konzert, Radio, …

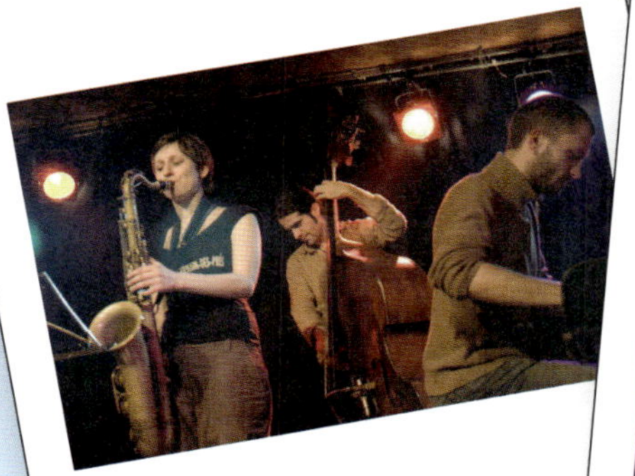

2. Welche Arten von Musik könnt ihr hören?
Popmusik, sinfonische Musik, …

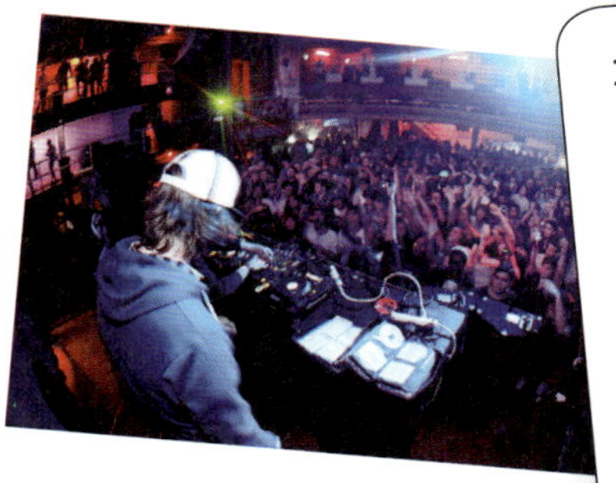

3. In welchen Situationen nehmt ihr Musik bewusst oder unbewusst wahr?
Denkt dabei an: Livekonzert, Kaufhausmusik, …

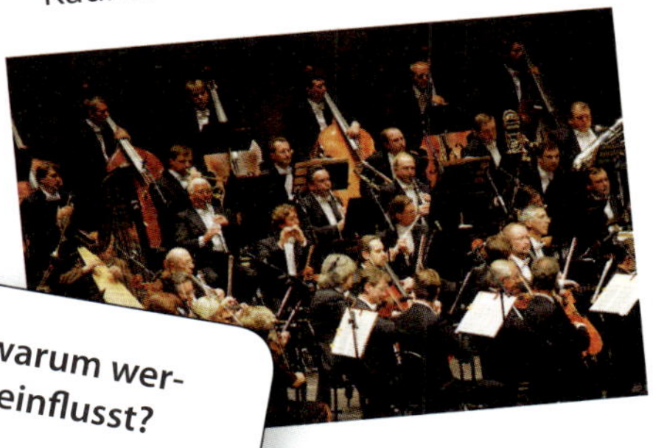

4. Wo, wann, wie und warum werdet ihr von Musik beeinflusst?

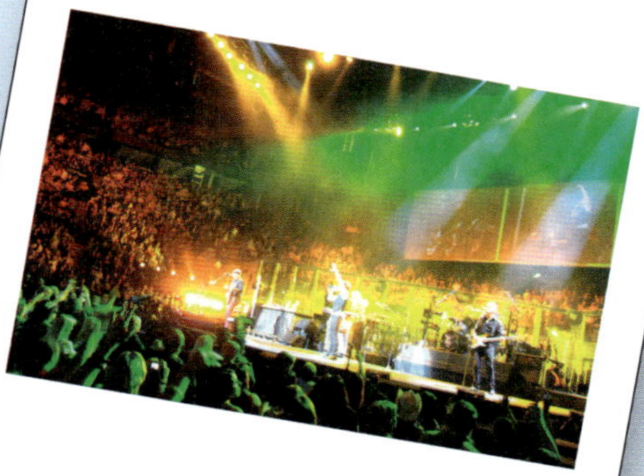

Wörter, die Musik bzw. ihre Wirkung beschreiben:

erregend	–	beruhigend
lebhaft	–	müde
wuchtig	–	zart
schnell	–	langsam
hart	–	weich
aggressiv	–	friedvoll
fröhlich	–	traurig
aufgeweckt	–	ruhig
genervt	–	entspannt
hektisch	–	cool
…		

◆ Ein Hörspiel einmal anders

Wenn im Rundfunk ein Hörspiel gemacht wird, ist zunächst der Text vorhanden.
Der Gestalter eines Hörspiels versucht nun, diesen Text einerseits durch die Verschiedenartigkeit des
Sprechens, andererseits mittels akustischer Untermalung zu gestalten. Die notwendige Spannung und
jeweilige Stimmung, die der Text ausdrücken soll, wird durch Musik verstärkt.

Bei unserer Aufgabe ist zuerst die Musik vorhanden (Hörbeispiel B14).
Der Text bzw. eine Handlung werden gesucht.

Arbeitsblatt *Zeitleiste*

▶ **Arbeitsvorgang**

- Hört das Beispiel B14 und notiert in euer Heft, woran euch die Musik erinnert.
- Findet nun Wörter, die zu euren Gedanken passen.
- Verbindet die gefundenen Wörter zu einer Geschichte.
- Sprecht diese Geschichte ausdrucksvoll und passend zur Musik.
- Nehmt eure Geschichten anschließend auf Video und/oder Tonträger auf.
- Hört danach das Stück noch einmal und versucht, im Notenbild mitzulesen.

FATAL DISCOVERY

Th. Wanker, *Fatal Discovery*   Multimediale Hörpartitur

Musik: Thomas Wanker
© Thomas Wanker

B14

◆ Filmmusik

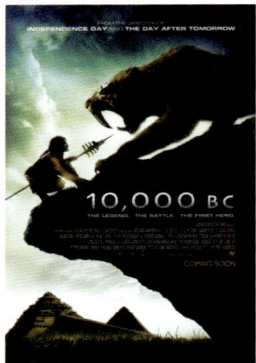

Wie kommt die Musik in den Film?
Der Filmkomponist **Thomas Wander** (*1973) [Filme: 10.000 B.C. (2008);
2012 (2009); Anonymus (2011)] berichtet über seine Arbeit: „Nachdem ein
Film abgedreht ist, bekommt der Komponist den Rohschnitt des Films,
bei dem der Regisseur und Cutter bereits größtenteils festgelegt haben,
wann und manchmal auch welche Art von Musik eingesetzt werden soll.
Nach diesem Plan wird die Musik komponiert, aufgenommen und am Ende
zusammen mit den anderen Tonspuren (Dialog, Geräusche und Audio-
Spezialeffekte) gemischt."

Funktion der Filmmusik
Die Musik im Film unterstützt vornehmlich die Handlung und zielt darauf ab, den Betrachter in die
passende Stimmung zu versetzen. Je nach Inhalt ändern sich Stil und Charakter der Musik.

Beispielvideo Filmmusik

Das Video zeigt vier Beispiele für unterschiedliche Stimmungen:

- *Romantic-Comedy:*   unbeschwert wirkende Musik, Melodien, die ins Ohr gehen, tonale Tonsprache, mittleres Tempo
- *Horror:*   unheimlich wirkende musikalische Elemente, die meist in dissonanten Zusammenklängen komponiert sind und eine aufregende Stimmung erzeugen
- *Action:*   sehr perkussiv, schnelle Tonfolgen, dichte und hektisch pulsierende Klangpassagen
- *Tear-Jerker (Tränendrücker):*   meist in Moll, langsames Tempo, vornehmlich mit Streichern instrumentiert, weich-fließende Motive und Themen

Eigene Filmszene produzieren

Th. Wander, 4 Hörbeispiele: *Matinee / Horror / We are taking the Bentley / Goodbyes*

B15–18

▸ Hört die vier Musikbeispiele und wählt eines aus, zu dem ihr in Gruppen nach folgendem Ablauf
eine Filmszene gestaltet:

Konzeption und Drehbuch
- Legt einen Inhalt fest.
- Überlegt euch, wie ihr den Inhalt darstellen wollt (Wer spielt welche Rolle? Wie?).
- Findet die notwendigen Textpassagen.
- Überlegt, welche Kameraeinstellung ihr verwenden wollt.

Produktion
- Nehmt die Szene mit einer Videokamera auf.

Postproduktion
- Überspielt das aufgenommene Videomaterial und das dazugehörige Musikbeispiel in ein Video-schnittprogramm am Computer.
- Macht die notwendigen Videoschnitte und fügt der Filmsequenz einen Vor- und Nachspann mit Titel, Darsteller, Kamera, Regie usw. hinzu.
- Ergänzt eventuell die Tonspur (Musikbeispiel), indem ihr noch Geräusche oder Audio-Spezial-effekte hinzumischt.
- Stellt die Filmsequenz fertig und spielt sie der Klasse vor.

◆ Werbespots analysieren und gestalten

Um ein neues Produkt bekannt zu machen oder den Verkauf eines bestehenden Produkts anzuregen, bedient sich die Industrie der Werbung. Sie engagiert Werbefachleute, die für das jeweilige Produkt ein passendes Werbe-Design herstellen. Dieses ist in erster Linie abhängig von der Zielgruppe, die das Produkt kaufen soll. Manche Produkte ändern häufig ihr Design, einige verwenden beispielsweise ihr Logo oder den Schriftzug über einen längeren Zeitraum (z. B. Coca Cola). Die TV-Werbung bedient sich dabei der **Bildebene**, der **Textebene** und der **Musikebene**.

▶ Betrachtet im Fernsehen Werbespots und füllt die folgende Analysetabelle in eurem Heft ent-sprechend aus:

TV-Werbung – Analysetabelle

Produkt	Bild	Text	Musik / Geräusche	Zielgruppe
Name des Produkts	Welche Handlungs-folge wird bildlich gezeigt?	Welcher Text wird verwen-det?	Welche Musik, welche Sound-effekte werden an welchen Stellen eingesetzt?	An wen soll das Produkt verkauft werden?

▶ Zu welchen Erkenntnissen kommt ihr aufgrund eurer Analyseergebnisse zum Thema Musik in der Werbung? Diskutiert darüber.

Werbespot selbst gemacht

▶ Erfindet in der Gruppe ein Produkt (z. B. ein Lebensmittel, ein Handy, ein Auto) und stellt dann nach dem Muster der obigen Analysetabelle einen eigenen Werbespot her. Für den Rundfunk braucht ihr nur die Text- und Musikebene, für einen Werbespot im Fernsehen muss auch die Bild-ebene geplant werden. Präsentiert eure Werbespots in der Klasse.

12 Zupfinstrumente

Die Saiten von **Zupfinstrumenten** werden durch Anzupfen oder Anreißen in Schwingung gebracht.

◆ Die Harfe

Die **Harfe** ist eines der ältesten Instrumente und schon auf Wandmalereien in Ägypten (ca. 2700 v. Chr.) zu sehen. Sie ist das einzige Zupfinstrument, das heute im Orchester regelmäßig verwendet wird. Die moderne **Konzertharfe** besteht aus einem schräg vom Boden gegen den Spieler hin verlaufenden Resonanzkörper und einer Vorderstange, die den geschwungenen Hals trägt. Sie hat 46 bis 48 Saiten. Die sieben Pedale dienen dem Umstimmen der Saiten und sind notwendig, weil die Harfe nur in einer Tonart (Ces-Dur) gestimmt ist. Die Saiten werden durch Zupfen mit den Fingern beider Hände zum Klingen gebracht. Eine typische Spielart ist das **Arpeggio**. Es entsteht, wenn man Einzeltöne eines Akkords kurz hintereinander spielt und ist im Hörbeispiel B19 zu hören.

Konzertharfe

P. I. Tschaikowsky, *Schwanensee*, 2. Akt, Nr. 13 – Ausschnitt

B19

◆ Die Balalaika

Die **Balalaika** stammt aus Russland, hat nur drei Saiten und wird in sechs verschiedenen Größen gebaut.

Orientalischer Tanz (Orig. russ. Balalaika-Ensemble ‚Wolga')

B20

Balalaika

Spiel-mit-Satz zu *Orientalischer Tanz*

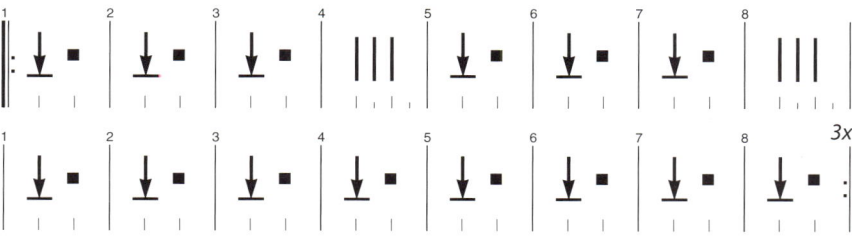

Multimedialer Spiel-mit-Satz

◆ Die Bouzouki

Das charakteristische Instrument der griechischen Volksmusik ist die **Bouzouki**. Sie wird auch beim Sirtaki verwendet.

M. Theodorakis, *Zorba* (Sirtaki)

B21

Bouzouki

Sirtaki

Der **Sirtaki** ist ein griechischer Tanz, der in der Reihe, aber auch in Kreis- und Kettenform getanzt wird. Er beginnt langsam und wird immer schneller. Weltweit bekannt wurde der Sirtaki durch den Film *Zorba the Greek* von Michalis Kakogianis, zu dem der griechische Komponist **Mikis Theodorakis** die Musik schrieb.

Tanzbeschreibung zu *Sirtaki*

Ausgangsstellung

Aufstellung im Frontkreis
mit Schulterfassung

Schrittfolge Teil A
langsam, 9 Takte, 2x

Takt 1	1	re seit
	2	
	3	li unbelastet beistellen
	4	
Takt 2	1	li seit
	2	
	3	re unbelastet beistellen
	4	
Takt 3	1	re kreuz vor li
	2	li seit
	3	re kreuz vor li
	4	li anheben („hervorholen")
Takt 4	1	li kreuz vor re
	2	re seit
	3	li kreuz vor re
	4	re anheben („hervorholen")
Takt 5	1	re kreuz vor li
	2	
	3	li kreuz vor re
	4	
Takt 6	1	re kreuz vor li
	2	
	3	li kreuz vor re (Oberkörper leicht nach vorne beugen, re leicht heben)
	4	

Takt 7	1	re am Platz
	2	li Kick
	3	li zurück
	4	re Kick
Takt 8	1	re seit
	2	li kreuz vor re
	3	re am Platz
	4	li entlasten und in einer Kreisbewegung
Takt 9	1	li seit
	2	
	3	re unbelastet beistellen
	4	

Schrittfolge Teil B
schneller werdend, 6 Zählzeiten,
wiederholt bis zum Schluss

1 re seit
2 li kreuz hinter re (dabei leicht in die Knie gehen)
3 re seit
4 li Kreuzkick über re
5 li seit
6 re Kreuzkick über li

Frontkreis mit Schulterfassung

Tanzablauf

↓ Tempowechsel: sehr rasches Tempo

| 2 T. | 9 T. | 58 T. | |
| Intro | Schrittfolge A | Schrittfolge B (im Kreis) | Schrittfolge B (in der Kette) |

(4/4)

Hinweise

Kette: Der Tanzführer (Lehrer oder Schüler) löst die Schulterfassung zur rechts stehenden Person und zieht mit der Gruppe immer enger werdende Kreise („Schnecke").

Tempowechsel: Es ist günstig, sich einige Zeit auf das neue Tempo mit Wippbewegungen am Stand einzustimmen. Der Tanzführer beginnt dann mit dem Grundschritt, die Gruppe steigt ein.

◆ Die Gitarre

Die **Gitarre**, deren Korpus (= Resonanzkörper) aus Holz gefertigt wird, ist das
gebräuchlichste Zupfinstrument. Sie ist
äußerst vielseitig einsetzbar und wird
in der Jazz-, Pop-, Volks- und Konzertmusik verwendet. Das Griffbrett ist
in sogenannte Bünde (Querleisten)
unterteilt. Die Bünde markieren die
Griffpositionen für die Halbtonschritte
auf der jeweiligen Saite.

Wirbelkasten
Wirbel
Sattel
Griffbrett
Bund
Korpus
Schallloch
Saiten
Steg
Zarge

Konzertgitarre

Konzertgitarre

▶ Schlüpft in die Rolle eines Gitarrenverkäufers,
der einem Kunden anhand der obigen Abbildung
den Bau und die Spielhaltung der Konzertgitarre
näher erklärt.

Das klassische Land der Gitarre ist Spanien. Eine be-
sondere Bedeutung hat in diesem Land der **Flamenco**.
Darunter versteht man südspanische, volkstümliche
Tänze und Gesänge. Meist gruppieren sich die Gitarren-
spieler und Sänger um einen Tänzer oder ein Tanzpaar.
Charakteristisch ist das rhythmische Stampfen mit
den Füßen, das Spiel mit den Kastagnetten und das
Mitklatschen.

Flamenco *El Vito*

B22

Quiz-Box Kapitel 12

- Harfendarstellungen auf ägyptischen
  Wandmalereien gibt es seit ca. …
- Welches Zupfinstrument hat nur drei Saiten?
- Aus welchem Material wird eine Gitarre
  hergestellt?

- Wie heißt der spanische Nationaltanz?
- Wodurch wird der Ton einer E-Gitarre
  abgenommen?

◆ **Mehr Fragen im MUSIKQUIZ**

◆ E-Gitarre und E-Bass

Die **E-Gitarre** wird entweder halbakustisch mit einem schmalen Resonanzkörper oder ganz ohne Resonanzkörper (Solidbody) gebaut. Die von den Saiten produzierten Schwingungen werden elektrisch abgenommen (Tonabnehmer) und elektronisch verstärkt. Die E-Gitarre wird vor allem in der Rock- und Popmusik, aber auch im Jazz als Begleit- und Soloinstrument eingesetzt.

Einige Fachausdrücke:

Lead Sound: Solostimme mit verzerrtem Sound (Crunchsound – leicht verzerrt, Hi-Gain – stark verzerrt). Der Lead Sound wird oft mit elektronischen Effekten (z. B. Delay, Chorus) angereichert.

E-Gitarre

E-Gitarre

Verstärker

Tonabnehmer

Tremolohebel   Lautstärkenregler

Crunchsound (leicht verzerrt) und Hi-Gain (stark verzerrt)

B23

Power Chords: Akkorde, bei denen nur der Grundton und die Quinte gespielt werden. (z. B. Power Chord auf C: c – g)

Power Chords

B24

Tapping-Technik: Die Töne werden durch Aufschlagen der Finger am Griffbrett (auch mit beiden Händen möglich) erzeugt.

Tapping-Technik

B25

Bending: Die Saiten werden mit der Griffhand am Steg nach unten oder oben gezogen. Dies ergibt glissando- und vibratoartige Effekte.

Bending

B26

Tremolo: Mit dem Tremolohebel kann man einen Vibratoeffekt erzielen und auch Akkorde nach oben und unten verschleifen.

Tremolo

B27

Der **E-Bass** wird als 4-, 5- und 6-saitiges Instrument verwendet.

Stimmung:

„H (Subkontra-H)
‚E (Kontra-E)
‚A (Kontra-A)
D (Großes D)
G (Großes G)
c (kleines c)

4-Saiter

E-Bass mit 6 Saiten

B28

Der 6-saitige E-Bass hat den größten Tonumfang (Subkontra-H – kleines c), sodass auch Akkordspiel in hohen Lagen möglich ist.

Einige Fachausdrücke:

Slapping: Spieltechnik, bei der eine Saite mit dem Daumen geschlagen wird, die übrigen Saiten werden mit den Fingern angerissen (popping).

Slapping

B29

Walking Bass: eine meist in Viertelnoten fortschreitende Basslinie, die besonders im Swing-Stil verwendet wird.

Walking Bass

B30

Fretless Bass: E-Bass ohne Bünde (die Querleisten sind nur markiert). Dies erleichtert das Glissando- und das Vibratospiel, weil die Saite frei schwingen kann.

Fretless Bass

Fretless Bass

B31

Flageolett: Spieltechnik, bei der mit der Griffhand die Saite bei bestimmten Teilungspunkten (z. B. 1:2; 1:3) nur leicht niedergedrückt wird, sodass die sogenannten Obertöne (Naturtöne s. S. 58) zum Klingen gebracht werden. Diese Technik wird meist beim Solospiel (Einzeltöne und Akkorde) verwendet.

Flageolett

B32

◆ Rockband

Die Bands in der Rockmusik zeichnen sich durch eine vornehmlich „elektronische" instrumentale Besetzung aus.

Zu den typischen Instrumenten gehören: E-Gitarre und E-Bass (Zupfinstrumente), Schlagzeug und Percussioninstrumente (Schlaginstrumente) sowie Keyboard oder Synthesizer (Tasteninstrumente).

Der Solosänger/die Solosängerin wird auch als Frontman/Frontwoman bezeichnet.

(Lead-)E-Gitarrist   Sängerin   (E-)Bassist   Schlagzeuger

Rockband *Monofuse*

Monofuse, *Like the sun*

B33

▶ Im Hörbeispiel B33 sind die Bandinstrumente nacheinander zu hören. Fertigt in eurem Heft eine Tabelle an und notiert die Reihenfolge der Einsätze.

▶ Stellt eure Lieblingsband mithilfe eines Plakats oder multimedial der Klasse vor. Beschreibt die Besetzung, verschiedene Spieltechniken der Instrumente und geht bei gesungenen Nummern auch auf den Songtext ein. Recherchiert, wie die Band medial vermarktet wird (Fernsehauftritte, Liveauftritte, CDs, DVDs, Videoclips) und baut dies in eure Präsentation ein.

▶ Sprecht die folgenden Zungenbrecher, achtet auf deutliche Aussprache und steigert das Tempo.

1. Hinter Hermanns Hannes Haus
   hängen hundert Hemden raus.
2. Strickend stieren sture Stiere
   störend auf vier Wirbeltiere.
3. Schnaufend streichelnd scheue Schnecken
   schräg umschleichend schlanke Stecken.
4. Kleine Eimer fein zu leimen
   scheint sich beinah rein zu reimen.
5. Klappern schlank die Klapperschlangen,
   bis die Klappern schlapper klangen.

ZUNGENBRECHER-MEDLEY 2

Melodievorlage und musikalische Ausführung

- einstimmig oder im Kanon
- zusätzlich mit Ostinato

Playback zu *Zungenbrecher-Medley 2*

B34

Text: überliefert • Musik: Gerhard Wanker
© Helbling

Ostinato (vokal oder instrumental)

Ausführung als Medley

- Teilung der Klasse in bis zu fünf Gruppen.
- Jede Gruppe sucht sich einen der fünf Zungenbrecher aus und passt ihn an die Melodievorlage an.
- Jede Gruppe gestaltet ihren Zungenbrecher:
    a) sprachlich (einzeln, im Kanon, szenisch, Sprechgeschwindigkeit steigern etc.) und/oder
    b) musikalisch (einstimmig/im Kanon singen, mit Vor- und Zwischenspiel).
- Die Übergänge von einer Gruppe zur anderen können mit dem Ostinato gestaltet werden.
- Eine Jury (Schüler) kann die Gruppenbeiträge bewerten (Sprechdeutlichkeit, Sprechgeschwindigkeit, Qualität der musikalischen und szenischen Gestaltung).

14 Suite

Die **Suite** ist in der ursprünglichen Form eine Folge von Tänzen.
Im 16./17. Jahrhundert bildeten vier Tänze das Grundrepertoire:

Allemande	=	deutscher Tanz – Schreittanz
Courante	=	französischer Tanz – Springtanz
Sarabande	=	spanischer Tanz – langsamer Tanz
Gigue	=	englischer Tanz – schneller Tanz

Viele Komponisten schrieben Musik in diesen Tanzformen. Zwischen Sarabande und Gigue platzierte man später sogenannte „Modetänze" der damaligen Zeit wie Menuett, Gavotte, Bourrée, Badinerie, Air und andere.

Tanz in der Barockzeit um ca. 1700

Der Tanz hatte in den Herrschaftshäusern eine große Bedeutung. Höhepunkt jedes Hoffestes war das Ballett, welches vom Adel selbst getanzt wurde. Es sollte neben dem Pferdeballett, das auch vom Adel geritten wurde, dem Ruhm des Herrschers dienen. Besonders prunkvoll waren die Feste in Wien (Schloss Schönbrunn) und Paris (Schloss Versailles). Zur damaligen Zeit tanzten nur ein oder zwei Paare vor dem thronenden König und der restlichen Gesellschaft, um sich dem König zu präsentieren (siehe Bild unten). Gesellschaftliches Ansehen war u. a. mit hervorragenden Tanzkenntnissen eng verbunden. Tanzen wurde neben Reiten und Fechten ab frühester Kindheit gelehrt.

Königlicher Ball auf einer Terrasse

◆ Suite – getanzt

▶ Stellt euch für alle Tänze paarweise im Kreis auf. Alle angegebenen Grundschritte können sowohl in Tanzrichtung (Paare hintereinander) als auch in jede andere Richtung (z. B. Paare zueinander, auseinander) getanzt werden.

Blick in einen Tanzsaal

Allemande

Zweitaktiger Grundschritt:

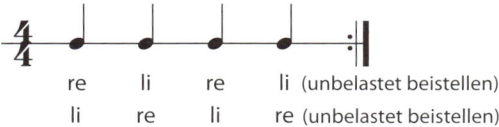

re   li   re   li (unbelastet beistellen)
li   re   li   re (unbelastet beistellen)

G. F. Händel, Suite in d-Moll, Allemande

Courante

Viertaktiger Grundschritt:

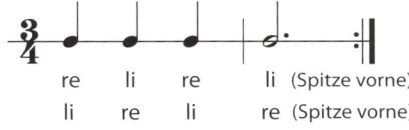

re   li   re   li (Spitze vorne)
li   re   li   re (Spitze vorne)

G. F. Händel, Suite in d-Moll, Courante

Sarabande

Zweitaktiger Grundschritt:

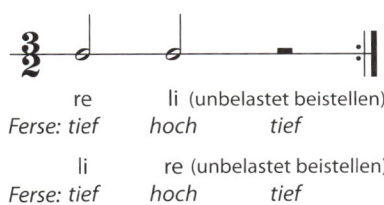

re   li (unbelastet beistellen)
Ferse: tief   hoch   tief
li   re (unbelastet beistellen)
Ferse: tief   hoch   tief

G. F. Händel, Suite in d-Moll, Sarabande

Gigue

Zweitaktiger Grundschritt:

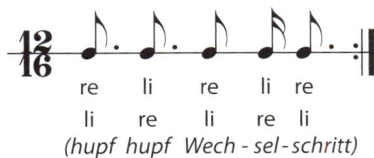

re   li   re   li   re
li   re   li   re   li
(hupf hupf Wech - sel - schritt)

G. F. Händel, Suite in d-Moll, Gigue

Die Sarabande kann im folgenden Arrangement gestaltet werden:

- als eigenständiges Spielstück mit verschiedenen Instrumenten,
- als Spiel-mit-Stück zum Hörbeispiel B28.
  (Bei dieser Fassung können beliebig viele Stimmen aus der Partitur gespielt werden.)

Playback zu *Sarabande*

Multimedialer Spiel-mit-Satz

SARABANDE

Musik: Georg Friedrich Händel · Arrangement: Gerhard Wanker · © Helbling

Viele Komponisten verwendeten die Bezeichnung Suite auch für eine Zusammenstellung verschiedener Stücke, die zwar noch die Bezeichnungen der alten Tänze trugen, aber nicht zum Tanzen gedacht waren.

Ein berühmtes Beispiel dafür ist die Suite Nr. 3 in D-Dur von **Johann Sebastian Bach** (1685–1750 / 65 J.). Die Sätze dieser Suite heißen: Ouvertüre – Air – Gavotte – Bourrée – Gigue.

◆ Netz-Performance zu Bachs *Air*

▶ **Vorgangsweise**

J. S. Bach, *Air*

B40

- Ca. zehn Schüler stellen sich im Kreis auf und strecken die abgewinkelten Arme nach oben.

- Einer spinnt mit einem dickeren Wollfaden ein Netz, indem er von einem Schüler zum anderen geht, ihm den Faden um einen Finger wickelt und so den Faden spannt. Das Netz ist dann fertig, wenn jeder Schüler den Faden in beide Hände bekommen hat. Der „Netzbauer" lässt sich beim Erstellen des Netzes von der Musik führen.

- Das fertige Netz soll dann zur Musik bewegt werden (hoch, tief, drehen usw.).

Der Name **Suite** wird aber auch noch für eine Folge von Musikstücken verwendet, die mit den ursprünglichen Tänzen überhaupt nichts mehr zu tun haben. Meist sind es Zusammenstellungen von Musikstücken aus größeren Werken, wie z. B. einem Ballett.

Das folgende Beispiel ist aus dem Ballett *Der Nussknacker* von **P. I. Tschaikowsky** und heißt *Tanz der Rohrflöten*. Dieses Stück wurde mit vielen anderen aus der gesamten Ballettmusik herausgenommen, und ist Teil der *Nussknackersuite*.

▶ Achtet beim Hören auf den solistischen (Hörbeispiel B30) und orchestralen (Hörbeispiel B31) Einsatz der Flöten.

P. I. Tschaikowsky, *Tanz der Rohrflöten* (Flöten solo)
P. I. Tschaikowsky, *Tanz der Rohrflöten* (Orchester)

B41/42

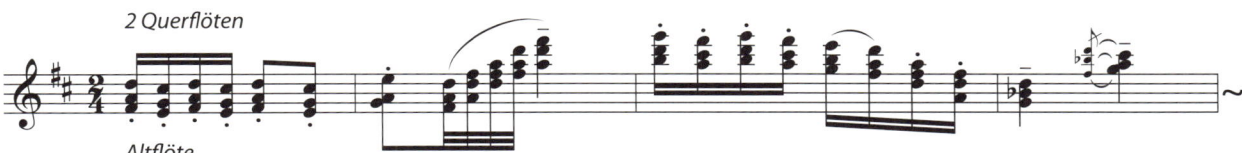

Quiz-Box Kapitel 14

- Welche vier Tänze bilden das Grundrepertoire einer barocken Suite?
- Aus welchem Land stammt die Sarabande?
- Aus welchem Land stammt die Gigue?

- Nenne zwei Bedeutungen des Begriffs Suite.
- Wer komponierte die *Nussknacker-Suite*?

◆ **Mehr Fragen im MUSIKQUIZ**

15 Schüttelreime

GASSENSONG

B43

Playback zu *Gassensong*

Musik: Gerhard Wanker
Text: überliefert
© Helbling

2. Der kühne Mann vom Reihenhaus
schwimmt wirklich zu den Haien raus.
Beim Zaubern auf dem Fintentisch
spurlos verschwand der Tintenfisch.

3. Hier find ich mit Entzücken Ruh'
und deck' mir Bauch und Rücken zu.
Oft stechen zwar die Mücken dreist,
doch kann man sie zerdrücken meist.

4. wie 1. Strophe, dann Coda

▶ Trainiert bei diesem Text richtiges Sprechen und achtet beim Singen auf deutliche Artikulation.

Der Text des Lieds besteht nur aus Schüttelreimen. Der **Schüttelreim** ist eine Reimform, bei der die Anfangsbuchstaben der letzten beiden betonten Silben miteinander vertauscht werden.

Beispiele

Ich geh' jetzt in den **B**irken**w**ald,
denn meine Pillen **w**irken **b**ald.

Der Sänger singt am **W**eiher **l**eise,
doch singt er etwas **l**eier**w**eise.

Schüttelreime sind seit dem 13. Jahrhundert bekannt und galten damals als ernst zu nehmende Gedichtform. Seit dem 19. Jahrhundert werden sie vor allem für vergnügliche Zweizeiler verwendet.

▶ Erfindet selbst Schüttelreime, die zur Melodie des Lieds *Gassensong* passen.

Die heute gebräuchlichsten **Blechblasinstrumente** sind: **Trompete**, **Horn**, **Posaune** und **Tuba**.
Darüber hinaus werden in manchen Musikgattungen auch verwendet: **Flügelhorn**, **Tenorhorn**.

▶ Ordnet die im Hörbeispiel B44 erklingenden Instrumente richtig zu.

Vier Blechblasinstrumente

B44

Blechblasinstrumente – Übersichtsbild

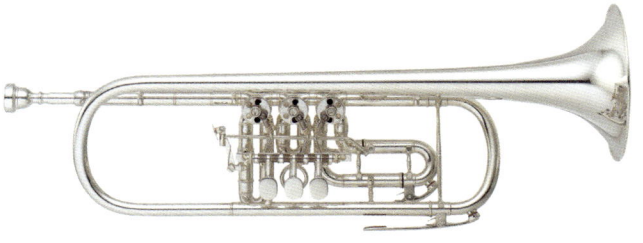

Die **Trompete** mit Drehventilen wird hauptsächlich im Sinfonieorchester gespielt.

Die Ventile des **Horns** werden mit der linken Hand gedrückt.

Die **Tuba** als tiefstes Blechblasinstrument gibt es in den Stimmungen F und B.

Die **Posaune** hat keine Ventile, sondern Züge.

◆ Allgemeine Informationen

Blechblasinstrumente

- werden größtenteils aus Metall-Legierungen wie Messing oder Neusilber hergestellt.
- haben meist Kesselmundstücke. Das Horn hat ein Trichtermundstück.
- sind Instrumente, deren Töne durch unterschiedliche Lippenspannung erzeugt werden.
- sind **transponierende** Instrumente (Ausnahme: Posaune und Trompete in C). Bei transponierenden Instrumenten erklingt nicht die notierte Tonhöhe. Bei einem Instrument in B zum Beispiel erklingt ein gegriffenes C als B (einen Ganzton tiefer).
- bestehen aus einem Rohr. Für die Erzeugung verschiedener Tonhöhen wird in erster Linie die **Naturtonreihe** verwendet.

Naturtonreihe

Die **Naturtöne** stehen physikalisch in einem bestimmten Verhältnis zueinander. Hohe Töne haben kürzere Wellenlängen als tiefe Töne (doppelt, dreifach so schnell usw.).

Naturtonreihe auf C bis zum 8. Naturton

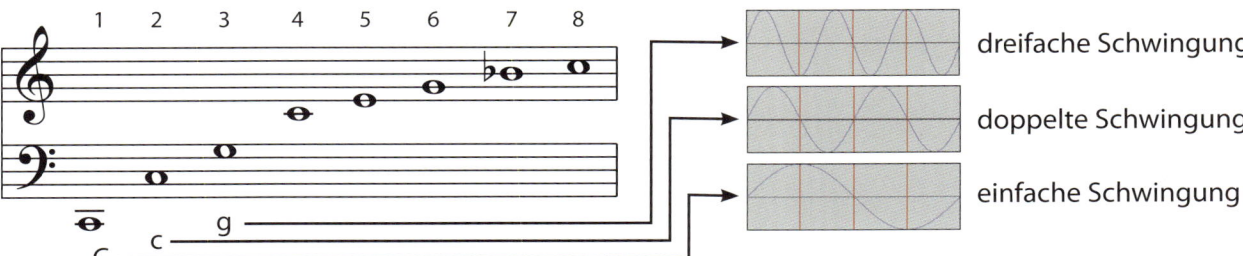

dreifache Schwingung

doppelte Schwingung

einfache Schwingung

▶ Mit einem Heulschlauch könnt ihr die Naturtonreihe ab dem 2. Naturton erzeugen. Je schneller ihr den Schlauch schwingt, desto höher wird der Ton. Schafft ihr es bis zum 7. Naturton?

Bei Blechblasinstrumenten werden die Naturtöne durch die Veränderung der Lippenspannung erzeugt. Töne außerhalb der Naturtonreihe erklingen, wenn man Ventile drückt und dadurch das Rohr des Instruments durch Bögen verlängert.

Heulschlauch

Blechblasinstrumente allgemein

◆ Die Trompete

- Die **Trompete** ist grundsätzlich ein transponierendes Instrument. Es gibt sie in den Stimmungen B, Es und D, aber auch in C (nicht transponierend).
- Trompeten können offen oder mit Dämpfer gespielt werden. Dabei wird nicht nur die Lautstärke, sondern auch der Klangcharakter verändert (siehe Video).
- Die Trompete wird heute mit Drehventilen (Sinfonieorchester) oder Pumpventilen = Perinetventilen (Jazzorchester) gebaut.
- Die Trompete hat eine lange Tradition als Signalinstrument. Auch für die musikalische Umrahmung festlicher und feierlicher Anlässe wird sie seit jeher eingesetzt.

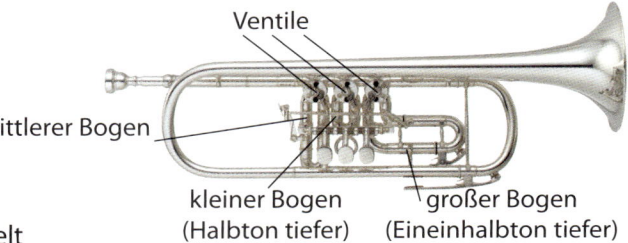

Ventile

mittlerer Bogen

kleiner Bogen
(Halbton tiefer)

großer Bogen
(Eineinhalbton tiefer)

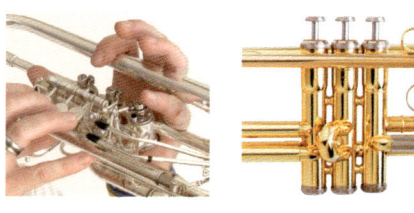

Drehventile   *Pumpventile*

Vier Trompetenbeispiele

B45

▶ Im Hörbeispiel B45 ist die Trompete in verschiedenen Bereichen zu hören. Ordnet die vier Beispiele richtig zu.

| Blasmusik | Konzertmusik | Signale | Jazzmusik |

Virtuelle Trompete

▶ Erklärt die Funktionsweise der Ventile. Nutzt dazu die Abbildungen und die Animation "Virtuelle Trompete".

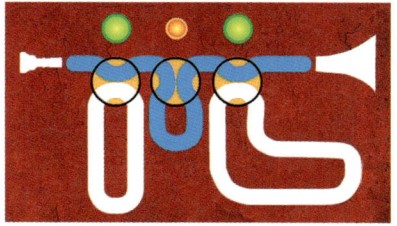
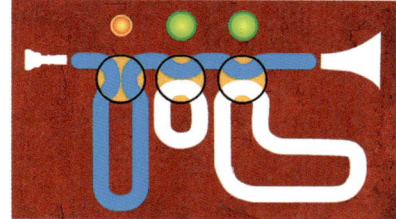
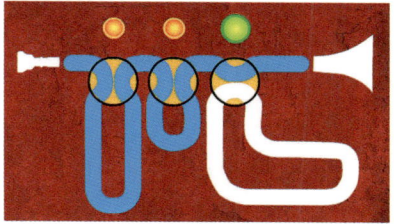

Mit Ventil 2 ⟶ Der Ton klingt einen Halbton tiefer als ohne gedrücktes Ventil.

Mit Ventil 1 ⟶ ein Ganzton tiefer

Mit Ventil 1 und 2 (oder mit Ventil 3) ⟶ eineinhalb Töne tiefer

 ## Das Horn

 Horn   Jagdsignal (Horn)

B46

- Das **Horn** war eines der ersten Blasinstrumente überhaupt. Das Naturhorn (ohne Ventile) wird heute noch bei der Jagd als Signalinstrument eingesetzt.
- Seit der Einführung der Ventile findet das Horn im Sinfonieorchester und in der Kammermusik sowohl in chorischer (mehrfacher) als auch solistischer Besetzung Verwendung.
- Das Horn gibt es in den Stimmungen F und B.
- Spielweise: Die Ventile werden im Unterschied zu den anderen Blechblasinstrumenten mit der linken Hand betätigt, die rechte Hand kann in den Schalltrichter geführt werden (stopfen). Je nach Handhaltung verändern sich dadurch die Klangfarbe und die Tonhöhe.
- Eine häufig gebrauchte Form des Instruments stellt das Doppelhorn dar. Hier kann durch ein Quartventil die Stimmung von F auf B umgeschaltet werden, wodurch der Spieler einen größeren Tonumfang zur Verfügung hat.

Horn

W. A. Mozart, Hornkonzert Nr. 3 – Romanze

Das Wort **Konzert** hat zwei Bedeutungen: 1. eine öffentliche Musikaufführung
2. eine musikalische Gattung

Unter Konzert als musikalische Gattung versteht man ein meist dreisätziges Musikwerk für einen oder mehrere Instrumentalsolisten und Orchester.
Das Tempo der Sätze ist meist: schnell – langsam – schnell

W. A. Mozart, Hornkonzert Nr. 3 – Romanze

B47

▶ Hört den zweiten Satz des Hornkonzerts und lest im Notentext auf der nächsten Seite mit. Die Horn- und die Orchesterstellen sind mit Farbbalken markiert.

W. A. Mozart, Hornkonzert Nr. 3 - Romanze

Multimediale Hörpartitur

Horn   Orchester

Statuen bauen

Das Horn und das Orchester werden jeweils von einer Person dargestellt. Jede Person sitzt zu Beginn auf einem Stuhl und fühlt sich wie eine modellierbare Knetmasse. Beide Personen werden von je einem Modellierkünstler zu einer Statue gestaltet:

Das Horn wird modelliert, wenn es in der Musik zu hören ist, und hält inne, wenn nur das Orchester spielt. Das Orchester wird modelliert, wenn es allein zu hören ist und verharrt, wenn das Horn spielt.

Spielformen

- Eine Gruppe (vier Schüler) führt die Aktion aus, die anderen schauen zu.
- Die Klasse wird in Vierergruppen eingeteilt, jeder ist an der Aktion beteiligt.

NI CHI TAI TAI

Playback zu *Ni chi tai tai*

Trad. indianisches Lied

B48

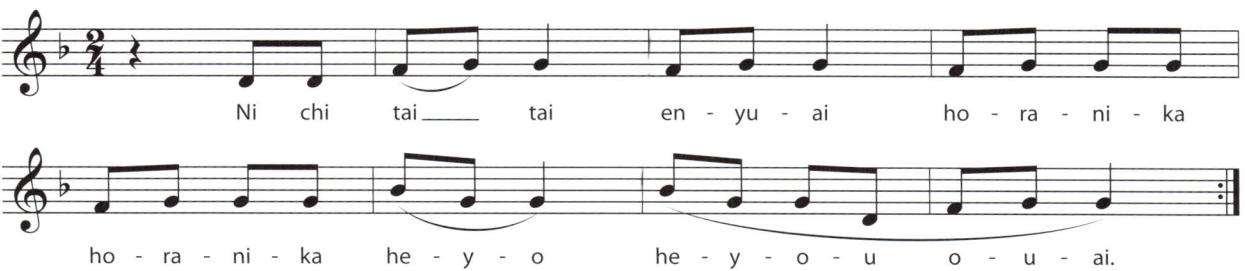

Ni chi tai ___ tai en - yu - ai ho - ra - ni - ka

ho - ra - ni - ka he - y - o he - y - o - u o - u - ai.

Bildet zwei Gruppen und stellt euch in den gegenüberliegenden Ecken des Klassenzimmers auf.
Stellt euch dann vor, dass zwei Indianerstämme einander von einer Bergspitze zur anderen zurufen. Atmet durch den Mund aus, bildet mit beiden Händen einen Trichter vor dem Mund, atmet dabei durch die Nase ein und singt mit deutlicher Aussprache: Ni chi tai tai.
Zwischen den beiden Stämmen soll sich mit dem Anfangsmotiv ein Frage-Antwort-Spiel entwickeln. Eine Gruppe beginnt, die andere antwortet. (Öfter wiederholen!)

Hinweise

- *Ni chi tai tai* ist ein indianisches Lied, das zu einem Feuerritual gesungen wird.

- Der Text des Lieds ist religiös und bedeutet soviel wie: Das Licht möge leuchten!

- Das Lied kann einstimmig und im Kanon gesungen werden.
  Bei jedem Takt oder auch bei jeder Viertel ist ein Kanoneinsatz möglich.

Das Lied kann auch zweistimmig gesungen werden. Die zweite Stimme singt die Melodie eine Quart tiefer:

Ni chi tai ___ tai en - yu - ai

Rhythmisches Ostinato

Bongos

re li re li

Conga

Quiz-Box Kapitel 16

- Nenne vier Blechblasinstrumente.
- Welches ist das tiefste Blechblasinstrument?
- Welches Blechblasinstrument hat ein Trichtermundstück?
- Ein Instrument, bei dem nicht die notierte Tonhöhe erklingt, nennt man …

- Wie heißt die bei Blechblasinstrumenten mit unterschiedlicher Lippenspannung erzeugbare Reihe von Tönen, wobei keine Ventile gedrückt werden?
- Was ist ein Konzert?

◆ **Mehr Fragen im MUSIKQUIZ**

18 Oper

Der Begriff **Oper** ist die Bezeichnung für ein musikalisches Drama.

Die ersten Opern wurden um 1600 geschrieben. Seit dieser Zeit wird diese Musikform bis heute gepflegt. Um Opern aufzuführen, mussten eigene Gebäude errichtet werden.

Wichtige Teile in einem Opernhaus

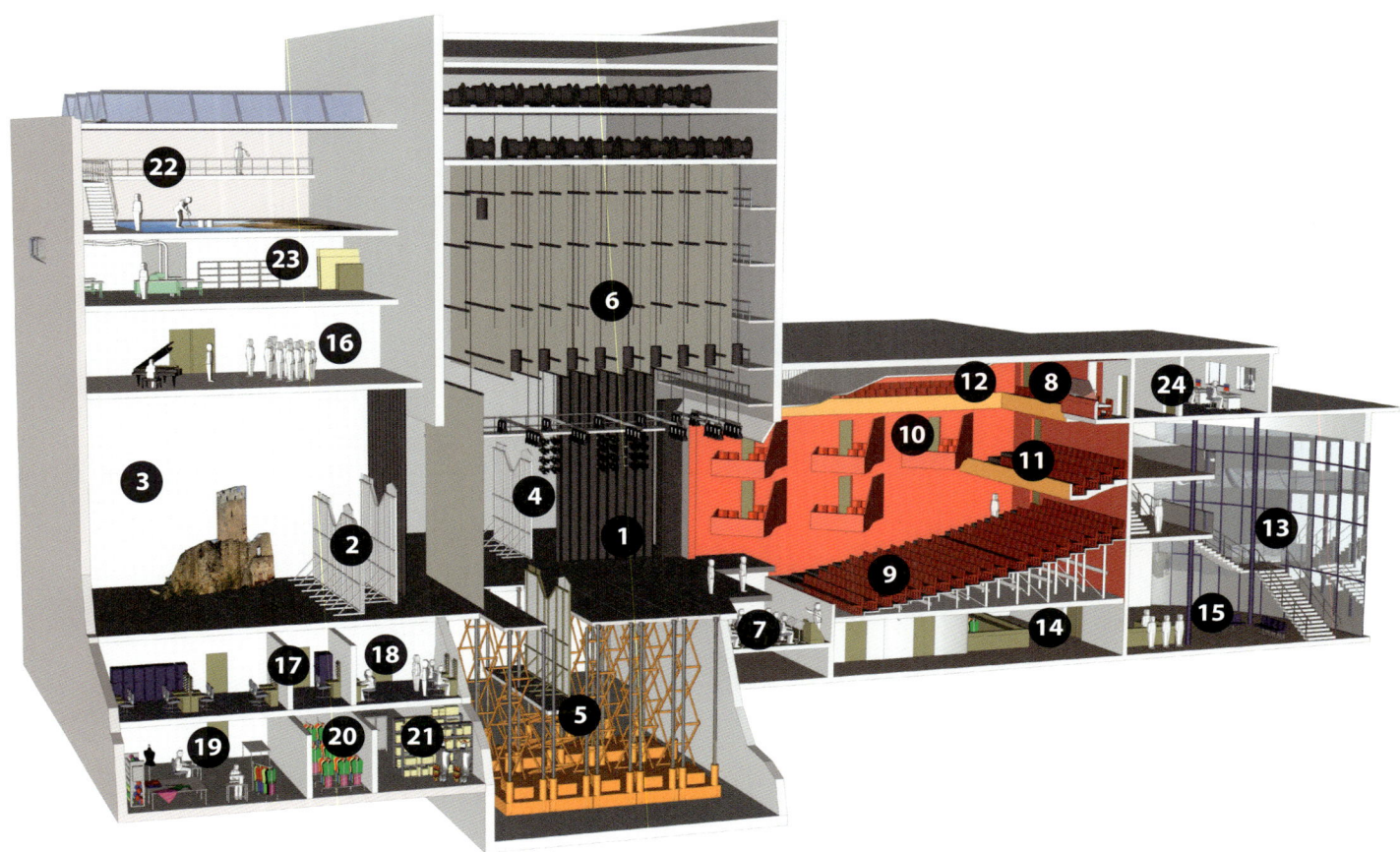

❶	Hauptbühne	❾	Parkett	⓱	Künstler-Garderoben
❷	Kulissen	❿	Loge	⓲	Maske
❸	Hinterbühne	⓫	Balkon	⓳	Schneiderei
❹	Seitenbühne	⓬	Galerie	⓴	Kostümfundus
❺	Unterbühne	⓭	Foyer	㉑	Requisitenkammer
❻	Schnürboden	⓮	Besucher-Garderobe	㉒	Malersaal
❼	Orchestergraben	⓯	Kasse	㉓	Tischlerei
❽	Technikraum	⓰	Probebühne	㉔	Büro

▶ Prägt euch die Teile des Opernhauses ein. Führt nun euren Sitznachbarn durch das Opernhaus. Deckt die Bezeichnungen ab und benennt die einzelnen Teile des Opernhauses nur anhand der grafischen Darstellung. Der Sitznachbar überprüft dies, danach erfolgt ein Rollentausch.

Wichtige Berufsbezeichnungen im Betrieb Oper

Berufsbezeichnung	Erklärung
Beleuchtungsmeister(in)	ist für das richtige, meist computergesteuerte Licht verantwortlich
Bühnenarbeiter(innen)	sind für den Auf- und Umbau auf der Bühne verantwortlich
Bühnenbildner(in)	gestaltet das Bühnenbild
Dirigent(in)	leitet eine Aufführung musikalisch und studiert meist die Oper ein
Dramaturg(in)	berät die Theaterleitung in textlichen, musikalischen und theaterwissenschaftlichen Belangen
Intendant(in)	leitet ein Opernhaus, wird auch Operndirektor(in) genannt
Inspizient(in)	ist für den organisatorischen Ablauf einer Vorstellung verantwortlich
Komponist(in)	vertont das Libretto (Textbuch)
Korrepetitor(in)	studiert mit den Sängerinnen/Sängern am Klavier die Oper ein
Librettist(in)	schreibt das Textbuch (Libretto) der Oper
Maskenbildner(in)	gestaltet das Aussehen einer Darstellerin/eines Darstellers
Orchestermusiker(in)	spielt ein Instrument im Opernorchester
Regisseur(in)	ist für die szenische Darstellung (Inszenierung) verantwortlich
Requisiteur(in)	verwaltet die Requisiten (Zubehör, Gegenstände für eine Aufführung)
Sänger(innen)	Darsteller(innen)
Souffleuse/Souffleur	flüstert den Darstellerinnen/Darstellern den Text zu
Tonmeister(in)	ist für die Tonmischung sowie für diverse akustische Einspielungen zuständig
Verwaltungsdirektor(in)	ist für den finanziellen Haushalt eines Theaterbetriebs verantwortlich

◆ Opernkarten-Spiel

▶ Jeder Schüler schreibt eine Berufsbezeichnung auf die Vorderseite eines Blattes und auf die Rückseite die dazugehörige Erklärung (3 Berufe pro Spieler).

Spielform

Aus einem Set beschrifteter Opernkarten wird vom Lehrer oder von einem Schüler jeweils eine gezogen. Die darauf vermerkte Berufsbezeichnung muss nun ein Schüler den anderen, denen die Berufsbezeichnung auf der Karte nicht genannt wird, erklären. Diese müssen auf Grund der Erklärungen die Berufsbezeichnung erkennen. Die Erklärungen können verbal, zeichnerisch oder pantomimisch erfolgen.

Bei einem Wettbewerb in zwei Gruppen können für die Lösung jeder Aufgabe Punkte vergeben werden:

- für eine wörtliche Erklärung, ohne den Begriff zu nennen: 1 Punkt
- für eine zeichnerische Darstellung des Begriffs: 2 Punkte
- für eine pantomimische Darstellung des Begriffs: 3 Punkte

Arbeitsblatt Opernkarte

▶ Zu dieser Aufgabe können die Opernkarten im Lehrerband benutzt werden.

◆ Opern-Pasticcio

Bei einem **Pasticcio** werden Teile aus verschiedenen Opern zu einem neuen Stück zusammengestellt. Für unser Opern-Pasticcio stehen sechs Beispiele zur Verfügung. Man kann allein (Solist), zu zweit (Duett) oder als Gruppe (Chor) mitmachen. Ein Schüler übernimmt die Aufgabe des Moderators zu Beginn und während des Pasticcios. Bei der Präsentation der einzelnen Stücke sollen die Ausführenden eine kurze Beschreibung der Szene (Handlung) und Erläuterungen zur Musik geben, danach wird der Musikausschnitt mittels Hörbeispiel bzw. Playback gestaltet. Eine Jury (einige Schüler) bewertet die Darbietungen.

B50–53
B55/56

Pasticcio-Teile

	Tonbsp.	Beispiel	Art
1	B50	L. v. Beethoven, *Fidelio*, *Gott, welch Dunkel hier!*	Rezitativ
2	B51	W. A. Mozart, *Die Zauberflöte*, *Der Hölle Rache*	Arie
3	B52	W. A. Mozart, *Die Zauberflöte*, *Pa- Pa- Pa*	Duett
4	B53	G. Gershwin, *Porgy and Bess*, *Summertime*	Song
5	B55	G. Puccini, *Turandot*, *Nessun dorma*	Arie
6	B56	G. Verdi, *Nabucco*, *Va pensiero*	Chor

▶ Durchführungshinweise

- Hört kurze Ausschnitte der Pasticcio-Teile und wählt das Stück, das ihr präsentieren wollt, aus.
- Bereitet eure Präsentation mit den Informationen der folgenden Seiten und den Musikbeispielen vor. Ihr könnt auch weitere Bilder, Fotos, Videos und Hörbeispiele verwenden.
- Jedes Musikstück soll im Pasticcio vorkommen, ein Musikbeispiel kann auch mehrmals als Beitrag verwendet werden.
- Legt vor Beginn des Pasticcios eine Reihenfolge der Präsentationen fest.
- Das Pasticcio fängt mit dem Moderator an, der die Ouvertüre vorstellt und in weiterer Folge das Programm ansagt.

Ouvertüre – Orchester

Am Beginn einer Oper steht häufig ein Vorspiel, das **Ouvertüre** genannt wird. Dies ist ein Instrumentalstück, bei dem meist wichtige musikalische Themen, die in der Oper vorkommen, erklingen.

G. Bizet, *Carmen*, Ouvertüre – Ausschnitt

B49

Der französische Komponist **Georges Bizet** (1838–1875 / 36 J.) verwendet in seiner Oper *Carmen* drei signifikante Themen:

1. *Gott, welch Dunkel hier!* – Tenorrezitativ

| Oper: *Fidelio* (siehe auch S. 95 ff.) | Komponist: **Ludwig van Beethoven** (1770–1827 / 56 J.) Uraufführung: **1814** (3. Fassung), **Wien** |

Beispiel für eine Präsentation

Ich bin Florestan, eine Figur aus der Oper *Fidelio* von Ludwig van Beethoven. Ich wurde ungerechtfertigt in einen dunklen Kerker gesteckt. An einer Kette hängend muss ich mich erst in der Dunkelheit zurechtfinden und beginne mein Rezitativ mit den Worten „Gott, welch Dunkel hier!". Beethoven hat an dieser Stelle der Oper die Form des Rezitativs gewählt, weil der Text hier wichtiger ist als die Melodie.

Bei einem **Rezitativ** (Sprechgesang) wird der Text so vertont, dass man ihn gut verstehen kann. Die musikalische Begleitung tritt in den Hintergrund.

Handlung

Don Pizarro hält Florestan unschuldig gefangen. Florestans Ehefrau Leonore will ihm, als Mann (Fidelio) verkleidet, helfen. Als Pizarro Florestan ermorden will, hindert ihn Leonore daran. Da erscheint der Minister, der Pizarro schon länger im Verdacht hat, Unschuldige im Kerker einzusperren, und Florestan kommt frei.

B50

L. v. Beethoven, *Fidelio, Gott, welch Dunkel hier!* – Ausschnitt

2. *Der Hölle Rache* – Sopranarie

Oper:	Komponist: **Wolfgang Amadeus Mozart** (1756–1791 / 35 J.)
Die Zauberflöte	Uraufführung: **1791, Wien**

Handlung

Die *Zauberflöte* erzählt vom Streit zwischen der Königin der Nacht und Sarastro, dem Hohenpriester des Sonnenreichs. Die Königin der Nacht wählt den Prinzen Tamino zur Befreiung ihrer Tochter Pamina aus, die von Sarastro entführt worden ist. Als sie erfährt, dass Tamino am Sonnenreich Gefallen gefunden hat, fordert sie in der Koloraturarie *Der Hölle Rache* Pamina mit Nachdruck auf, Sarastro zu töten.

Eine **Koloraturarie** ist ein technisch äußerst schwieriges Sologesangsstück, das große stimmliche Virtuosität erfordert.

Königin der Nacht

B51

W. A. Mozart, *Die Zauberflöte, Der Hölle Rache*

Verstoßen sei auf ewig, verlassen sei auf ewig, zertrümmert sei'n auf ewig alle Bande der Natur. Verstoßen, verlassen und zertrümmert alle Bande der Natur,

wenn nicht durch dich Sarastro wird erblassen! Hört, hört, hört, Rachegötter, hört der Mutter Schwur!

3. *Pa- Pa- Pa* – Duett Sopran / Bariton

Oper:	Komponist: **Wolfgang Amadeus Mozart** (1756–1791 / 35 J.)
Die Zauberflöte	Uraufführung: **1791, Wien**

Handlung

Die Königin der Nacht stellt dem Prinzen Tamino zur Befreiung ihrer Tochter Pamina den lustigen Vogelfänger Papageno zur Seite. Zum Schutz vor Gefahren bekommen beide Zauber-Instrumente: Tamino eine Flöte und Papageno ein Glockenspiel. Nach vielen Prüfungen, die Tamino und Pamina bestehen, finden sie zusammen und auch Papageno erhält schließlich eine Frau, seine Papagena. Im folgenden Duett singen Papagena und Papageno von ihrer Zuneigung und träumen von ihren gemeinsamen Kindern.

Ein **Duett** ist ein Gesangsstück für zwei Personen.

Papagena und Papageno

W. A. Mozart, *Die Zauberflöte, Pa- Pa- Pa*

B52

Welche Freude wird das sein, wenn die Götter uns bedenken,
unsrer Liebe Kinder schenken, so liebe kleine Kinderlein.
Erst einen kleinen Papageno. Dann eine kleine Papagena.
Dann wieder einen Papageno. Dann wieder eine Papagena.
Es ist das höchste der Gefühle, wenn viele, viele Pa-pa-pa-pa-pa-pa-geno/gena
der Eltern Segen werden sein.

4. *Summertime* – Song

Oper:	Komponist: **George Gershwin** (1898–1937 / 38 J.)
Porgy and Bess	Uraufführung: **1935, New York**

Informationen

Porgy and Bess gilt als die erste eigenständige Oper Nordamerikas und schildert das afroamerikanische Leben in der Schwarzensiedlung Catfish Row.

Die Hauptpersonen sind der gehbehinderte Porgy und die leichtlebige Bess. Nach Gershwins Verfügung darf die Oper nur von Schwarzen aufgeführt werden. Das Stück wird als „American Folk Opera" bezeichnet, weil Gershwin viele Elemente amerikanischer Musik wie Spiritual, Blues und Jazz eingebracht hat.

George Gershwin

Szene aus ‚Porgy and Bess'

Einige Melodien aus *Porgy and Bess* wie etwa *Summertime* oder *I got plenty o´nuttin´* sind zu Jazz-Standards geworden und wurden von vielen berühmten Musikern interpretiert.

Mit dem Lied *Summertime* singt Clara (eine Bewohnerin der Catfish Row) ihr Kind in den Schlaf.

Libretto: Textbuch einer Oper

B53/54

G. Gershwin, *Porgy and Bess, Summertime*
Playback zu *Summertime*

Text: Ira Gershwin, DuBose Heyward, Musik: George Gershwin
© Chappell

One of these mornin's you're goin' to rise up singin'.
Then you'll spread yo' wings and you'll take the sky.
But till that mornin' there's a nothin' can harm you
with Daddy and Mammy standing by.

Original in h-Moll

5. *Nessun dorma* – Tenorarie

| Oper: **Turandot** | Komponist: **Giacomo Puccini** (1858–1924 / 65 J.)
Uraufführung: **1926, Mailand** |

Handlung

Die grausame chinesische Prinzessin Turandot lässt jeden Brautwerber köpfen, der drei Rätsel nicht lösen kann. Ein unbekannter Prinz (Kalaf) errät jedoch zu ihrer Überraschung die Lösungen.

Turandot will den Prinzen trotzdem nicht zum Gemahl nehmen. Der Prinz bietet einen Ausweg an: Er wird den Freitod wählen, wenn Turandot bis Sonnenaufgang herausfindet, wie er wirklich heißt.

In dieser Nacht ordnet Turandot an, dass keiner schlafen darf, bis der Name des unbekannten Prinzen herausgefunden wird. An dieser Stelle singt Kalaf *Nessun dorma* (*Keiner schlafe*). Der Prinz wirft Turandot zwar ihre Grausamkeit vor, liebt sie aber und sie ihn. Er nennt seinen Namen und beide werden glücklich.

Nessun dorma ist eine der berühmtesten Tenorarien der Opernliteratur.

Kalaf

G. Puccini, *Turandot, Nessun dorma*

Text: Giuseppe Adami, Renato Simoni
Musik: Giacomo Puccini · © Ricordi CO

B55

Ed il mio bacio scioglierà il silenzio,
che ti fa mia!
Chor Il nome suo nessun saprà
e noi dovrem, ahimè, morir, morir.
Kalaf Dilegua, o notte! Tramontate, stelle!
Tramontate, stelle!
All'alba vincerò! Vincerò! Vincerò!

Mein Kuss allein soll dieses Schweigen lösen,
durch das du mein wirst!
Chor Wenn niemand seinen Namen weiß,
dann müssen wir den Tod erleiden!
Kalaf Die Nacht entweiche, jeder Stern erbleiche!
Jeder Sterne erbleiche,
damit der Tag ersteh und mit ihm mein Sieg!

6. *Va pensiero* – Chor

| Oper: **Nabucco** | Komponist: **Giuseppe Verdi** (1813–1901 / 87 J.)
Uraufführung: **1842, Mailand** |

Handlung

Der babylonische König Nabucco hat die Hebräer (Juden) besiegt, die ihr Schicksal beklagen. Sie werden zu harter Arbeit gezwungen und denken im Gefangenenchor *Va pensiero* an ihr schönes Heimatland. Schließlich hat Nabucco ein Einsehen und lässt die Hebräer frei.

Der Gefangenenchor aus *Nabucco* ist der meistgesungene Chor der Opernliteratur. Er wird auch oft als selbstständiges Musikstück aufgeführt.

Szene aus ‚Nabucco': Gefangenenchor

B56/57

G. Verdi, *Nabucco, Va pensiero* – Ausschnitt
Playback zu *Va pensiero*

Original in Fis-Dur

Chor
pp

Va', pen-sie-ro, sull' a-li do-ra-te; va', ti po-sa sui cli-vi, sui col-li, o-ve o-
Zieht, Ge-dan-ken, auf gol-de-nen Flü-geln, zieht, Ge-dan-ken, ihr dürft_ nicht ver-wei-len! Lasst euch

lez-za-no te-pi-de e mol-li l'au-re dol-ci__ del suo-lo__ na-tal! Del Gior-
nie-der auf son-ni-gen Hü-geln, dort, wo Zi-ons Tür-me bli-cken_ ins Tal! Um die

da-no__ le ri-ve__ sa-lu-ta, di Sï-on-ne le tor-ri at-ter-ra-te. Oh mia
U-fer_ des Jor-dan_ zu grü-ßen, zu den teu-ren Ge-sta-den_ zu ei-len, zur ver-

Pa-tria sì bel-la e per-du-ta! Oh mem-bran-za__ sì ca-ra e fa-tal!
lo-re-nen Hei-mat, der sü-ßen, zieht, Ge-dan-ken, lin-dert der Knecht-schaft Qual!

Quiz-Box Kapitel 18

- Wie lautet eine andere Berufsbezeichnung für einen Operndirektor?
- Wofür ist bei einer Opernproduktion der Regisseur zuständig?
- Das Orchestervorspiel einer Oper nennt man ...
- Was bedeutet der Begriff Rezitativ in der Musik?
- Wie wird in der Oper ein virtuoses Sologesangsstück mit Instrumentalbegleitung genannt?

- Die Koloraturarie *Der Hölle Rache* wird in der Oper *Die Zauberflöte* von der … gesungen.
- Wie heißt der Song, mit dem Clara in der Oper *Porgy and Bess* ihr Kind in den Schlaf singt?
- Das Textbuch einer Oper trägt den Namen …
- Für welche Stimmlage ist die berühmte Arie *Nessun dorma* aus der Oper *Turandot* geschrieben?
- Wer komponierte die Oper *Nabucco*?

◆ **Mehr Fragen im MUSIKQUIZ**

nach einem Traditional
Bearbeitung: Gerhard Wanker
© Helbling

Der *Puzzlekanon* wird aus sechs Puzzleteilen (1, A, B, C, D, E) zusammengestellt.

▶ Singt die sechs Puzzleteile auf Singsilben (na, da …), um
sie kennenzulernen. Wiederholt dabei die einzelnen Teile
mehrere Male.
Singt die Teile A bis E auch in verschiedener Reihenfolge.
(Lehrer oder Schüler zeigt die Reihenfolge der Felder an.)

▶ Überlegt euch in einer Gruppe eine Reihenfolge und
notiert diese in euer Heft. Beginnt dabei mit Teil 1.

Arbeitsblatt *Puzzlekanon*

Beispiel:

Puzzlekanon

▶ Vergleicht eure Ergebnisse und einigt euch auf eine Klassenlösung.
Notiert die Klassenlösung so in euer Notenheft, dass darunter noch ein Text passt.

Klassen-Puzzlekanon

Playback zu *Puzzlekanon*

C1

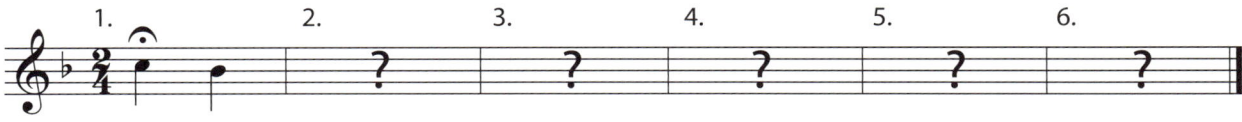

Wenn …

Wo …

Ich …

▶ Singt den Kanon zuerst auf Singsilben. In jedem Takt ist ein Stimmeneinsatz möglich.
Ergänzt die oben angefangenen Textvorschläge oder erfindet eigene.

Unter **Programmmusik** versteht man Musik, mit der versucht wird, außermusikalische Inhalte, wie z. B. Bilder, Texte oder Stimmungen der Natur, musikalisch nachzuzeichnen.

Beispiele zu Programmmusik

C2–5

▶ In den Hörbeispielen C2–5 erklingen Ausschnitte aus programmatischen Werken.
Unten sind die Titel der Stücke angegeben. Die Stücke werden nicht in der angegebenen Reihenfolge gespielt.
Hört jeden Ausschnitt aufmerksam bis zum Schluss. Ordnet die vier Hörbeispiele den fünf angegebenen Titeln zu (ein Titel wird nicht gespielt) und schreibt die richtige Reihenfolge in euer Heft.

a) *Ballett der Küchlein in ihren Eierschalen*

b) *Der Kobold*

c) *Spiel der Wellen*

d) *Gewitter und Sturm*

e) *Pacific 231* (Lokomotive)

◆ Die Moldau

Im Orchesterwerk *Die Moldau* hat **Friedrich** (tschech. Bedřich) **Smetana** den Flusslauf der Moldau musikalisch nachgezeichnet. Vom Ursprung strömt der Fluss durch Wälder, wandert an menschenbelebten Ufern und Spielplätzen der Nymphen (weibliche Naturgottheiten) vorbei, überspringt die St. Johann-Stromschnellen und fließt dann majestätisch unter der Prager Burg dahin.

Friedrich Smetana (1824–1884 / 60 J.)

Der im heutigen Tschechien geborene Komponist erhielt bereits im Alter von vier Jahren Geigen- und Klavierunterricht. Mit 19 Jahren nahm er ein Klavierstudium auf und arbeitete anschließend als Klavierlehrer. Er engagierte sich leidenschaftlich für die Unabhängigkeit des damals zu Österreich gehörenden Landes, weshalb er einige Jahre ins Ausland fliehen musste.
Berühmt ist heute vor allem sein Orchesterwerk *Mein Vaterland*, aus dem auch *Die Moldau* stammt.

Friedrich Smetana

Die Moldau in Prag

Die beiden Quellen

F. Smetana, *Die Moldau, Quellen* – kommentierte Fassung

▶ Hört das Stück in der kommentierten Fassung und achtet auf die gesprochenen Erläuterungen.

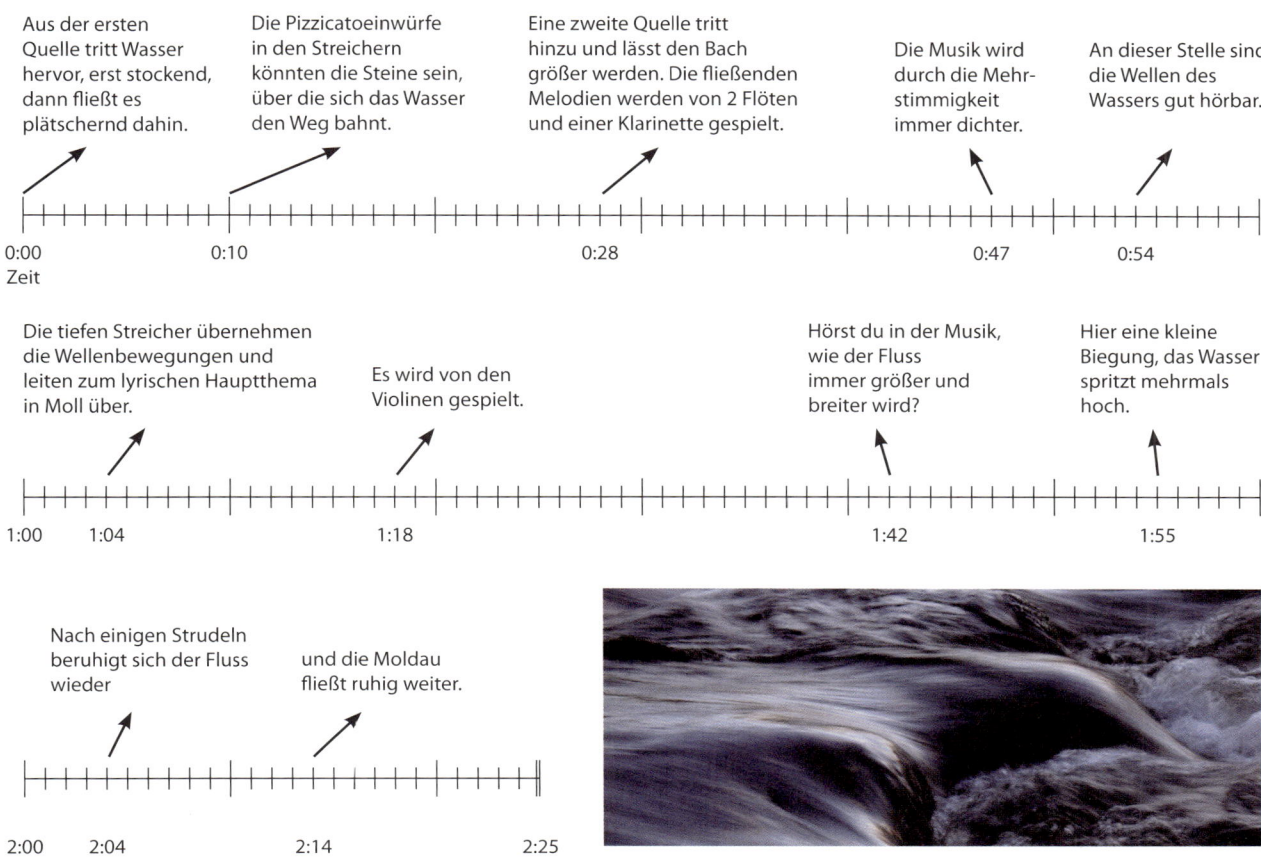

Aus der ersten Quelle tritt Wasser hervor, erst stockend, dann fließt es plätschernd dahin.

Die Pizzicatoeinwürfe in den Streichern könnten die Steine sein, über die sich das Wasser den Weg bahnt.

Eine zweite Quelle tritt hinzu und lässt den Bach größer werden. Die fließenden Melodien werden von 2 Flöten und einer Klarinette gespielt.

Die Musik wird durch die Mehrstimmigkeit immer dichter.

An dieser Stelle sind die Wellen des Wassers gut hörbar.

0:00 Zeit — 0:10 — 0:28 — 0:47 — 0:54

Die tiefen Streicher übernehmen die Wellenbewegungen und leiten zum lyrischen Hauptthema in Moll über.

Es wird von den Violinen gespielt.

Hörst du in der Musik, wie der Fluss immer größer und breiter wird?

Hier eine kleine Biegung, das Wasser spritzt mehrmals hoch.

1:00 — 1:04 — 1:18 — 1:42 — 1:55

Nach einigen Strudeln beruhigt sich der Fluss wieder

und die Moldau fließt ruhig weiter.

2:00 — 2:04 — 2:14 — 2:25

F. Smetana, *Die Moldau, Quellen* – Original

▶ Hört das Stück im Original und erinnert euch dabei an die Erläuterungen.

Waldjagd

F. Smetana, *Die Moldau, Waldjagd*

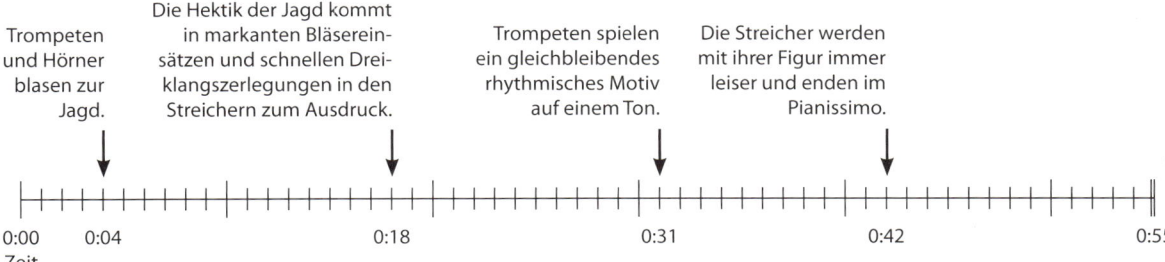

Trompeten und Hörner blasen zur Jagd.

Die Hektik der Jagd kommt in markanten Bläsereinsätzen und schnellen Dreiklangszerlegungen in den Streichern zum Ausdruck.

Trompeten spielen ein gleichbleibendes rhythmisches Motiv auf einem Ton.

Die Streicher werden mit ihrer Figur immer leiser und enden im Pianissimo.

0:00 Zeit — 0:04 — 0:18 — 0:31 — 0:42 — 0:55

▶ Produziert selber eine kommentierte Fassung der *Waldjagd*:

- Hört das Beispiel C8 und lest den Text in der Zeitleiste mit.
- Sprecht den Text so zur Musik, dass er jeweils bei der Pfeilposition endet.
  Übt einige Male und findet den richtigen Zeitpunkt für den Einsatz.
- Nehmt euren Kommentar zusammen mit der Musik mit einem Aufnahmegerät auf und hört das Ergebnis an.

Spiel-mit-Satz zu *Bauernhochzeit*

Die *Bauernhochzeit* zeichnet musikalisch mit einer Polka (böhmischer Tanz im ^{2}/4-Takt) eine Dorfhochzeit am Ufer des Flusses nach.

F. Smetana, *Die Moldau, Bauernhochzeit*

Multimedialer Spiel-mit-Satz

Einleitung

Einrichtung: Gerhard Wanker, Bernhard Gritsch
© Helbling

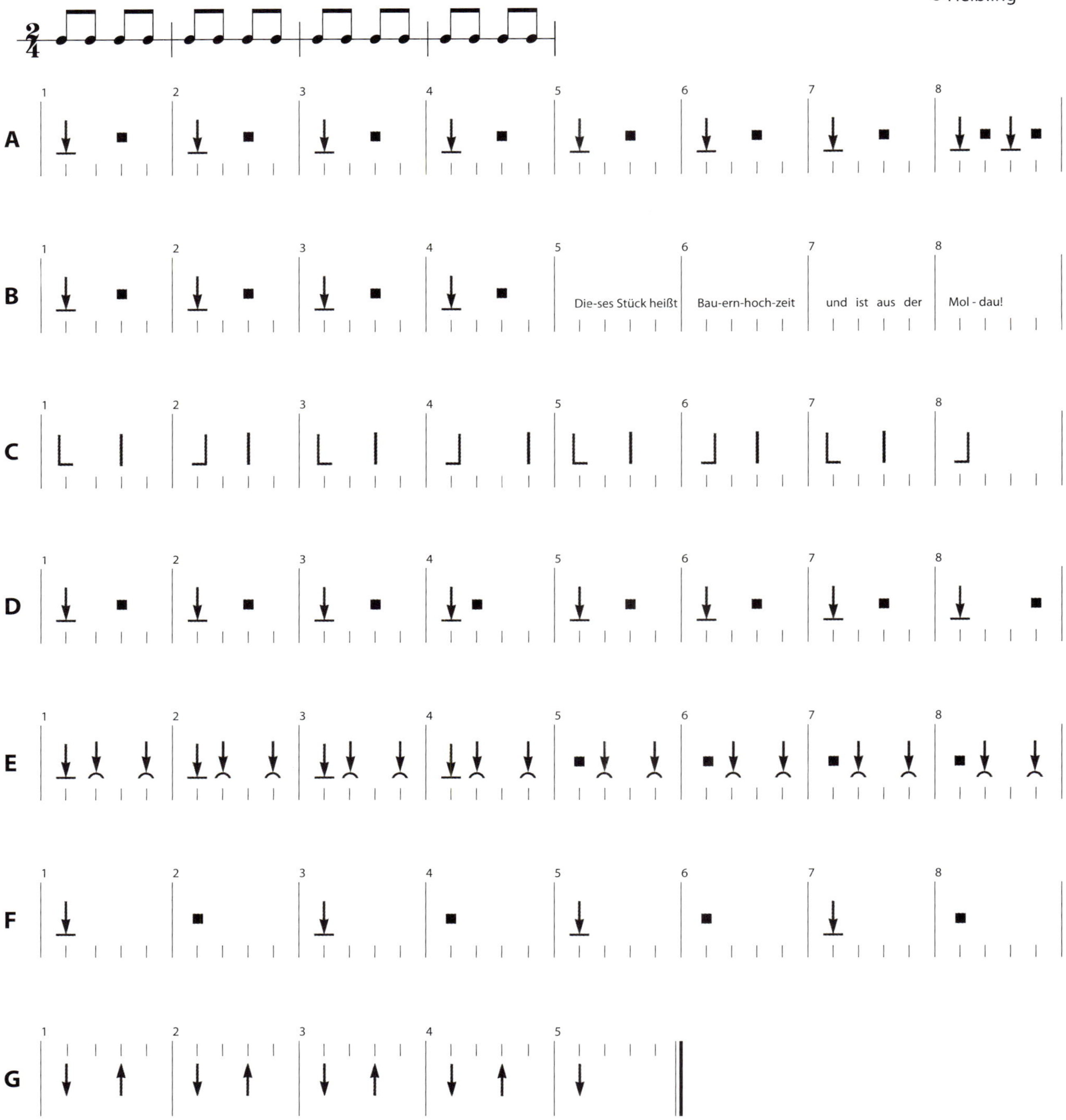

In Takt B, Takte 5–8: Die-ses Stück heißt | Bau-ern-hoch-zeit | und ist aus der | Mol - dau!

◆ Don Juan und Till Eulenspiegels lustige Streiche

Unter dem Begriff **Sinfonische Dichtung** versteht man ein in der Form freies, zumeist einsätziges Orchesterwerk, das durch eine außermusikalische Vorlage (z. B. Gedicht, Bild, Erlebnis) bestimmt ist. Richard Strauss nannte seine sinfonischen Dichtungen Tondichtungen, womit er klar zum Ausdruck bringen wollte, dass es sich um „musikalische Gedichte" handelt.

Richard Strauss (1864–1949 / 85 J.)

Richard Strauss wurde in München als Sohn des 1. Hornisten des Münchner Hoforchesters geboren. Neben seinem kompositorischen Schaffen trat Strauss immer wieder erfolgreich als Dirigent in Erscheinung. Er war auch Generalmusikdirektor in Berlin und leitete einige Jahre die Wiener Staatsoper. Seine Rolle zur Zeit der nationalsozialistischen Herrschaft in Deutschland weist einige Widersprüche auf. Strauss konzentrierte sein musikalisches Schaffen auf die Bereiche Kunstlied, Oper und sinfonische Dichtung (Tondichtung).

Richard Strauss

Die beiden Tondichtungen **Don Juan** und **Till Eulenspiegels lustige Streiche** sind eindrucksvolle Werke und werden nach wie vor bei internationalen Festspielen aufgeführt.

Don Juan (1889) beruht auf dem gleichnamigen Gedicht des österreichischen Lyrikers **Nikolaus Lenau** (1802–1850 / 48 J.). Die Figur des Don Juan taucht in der Weltliteratur des Öfteren auf: Don Juan ist ein Edelmann und Liebhaber, den höchste Leidenschaft und Genusssucht von einer Frau zur anderen treiben. Einige seiner Liebesabenteuer werden von Strauss musikalisch beschrieben.

Till Eulenspiegels lustige Streiche (1895) basiert auf der Titelfigur eines mittelalterlichen Volksbuchs: Till Eulenspiegel ist ein Schalk, der seinen Schabernack mit jedem treibt, vom einfachen Bauern bis zum König. Strauss zeichnet die Abenteuer dieses Spaßmachers musikalisch vortrefflich nach. Er meinte zu diesem Werk: „Ich wollte damit den Leuten im Konzertsaal einmal einen ordentlichen Spaß gönnen."

Die Titelfiguren der beiden Tondichtungen haben den Tod am Ende des Stücks gemeinsam: Don Juan kommt in einem Duell durch einen Degenstich um, Till stirbt am Galgen.

R. Strauss, *Don Juan* – Todesszene
R. Strauss, *Till Eulenspiegels lustige Streiche* – Todesszene

C10/11

Die beiden Orientierungspartituren auf der nächsten Seite zeigen den Moment des Sterbens von Don Juan und Till Eulenspiegel.

▶ ▪ Lest beim Hören der Beispiele C10/11 in der jeweiligen Orientierungspartitur (Seite 76) mit. In der unteren Spalte der beiden Orientierungspartituren findet ihr jene Beschreibung der Szenen, die Strauss musikalisch ausdrücken wollte.
▪ Hört die Beispiele öfter und macht euch dabei immer mehr die musikalische Umsetzung des Inhalts bewusst.

Quiz-Box Kapitel 20

▪ Was ist Programmmusik?
▪ Das Orchesterwerk *Die Moldau* von Friedrich Smetana zeichnet musikalisch einen … nach.

▪ Welche sinfonische Dichtung beruht auf der Titelfigur eines mittelalterlichen Volksbuchs?

◆ Mehr Fragen im MUSIKQUIZ

Orientierungspartitur 1

R. Strauss, *Don Juan* – Todesszene

Multimediale Hörpartitur

C10

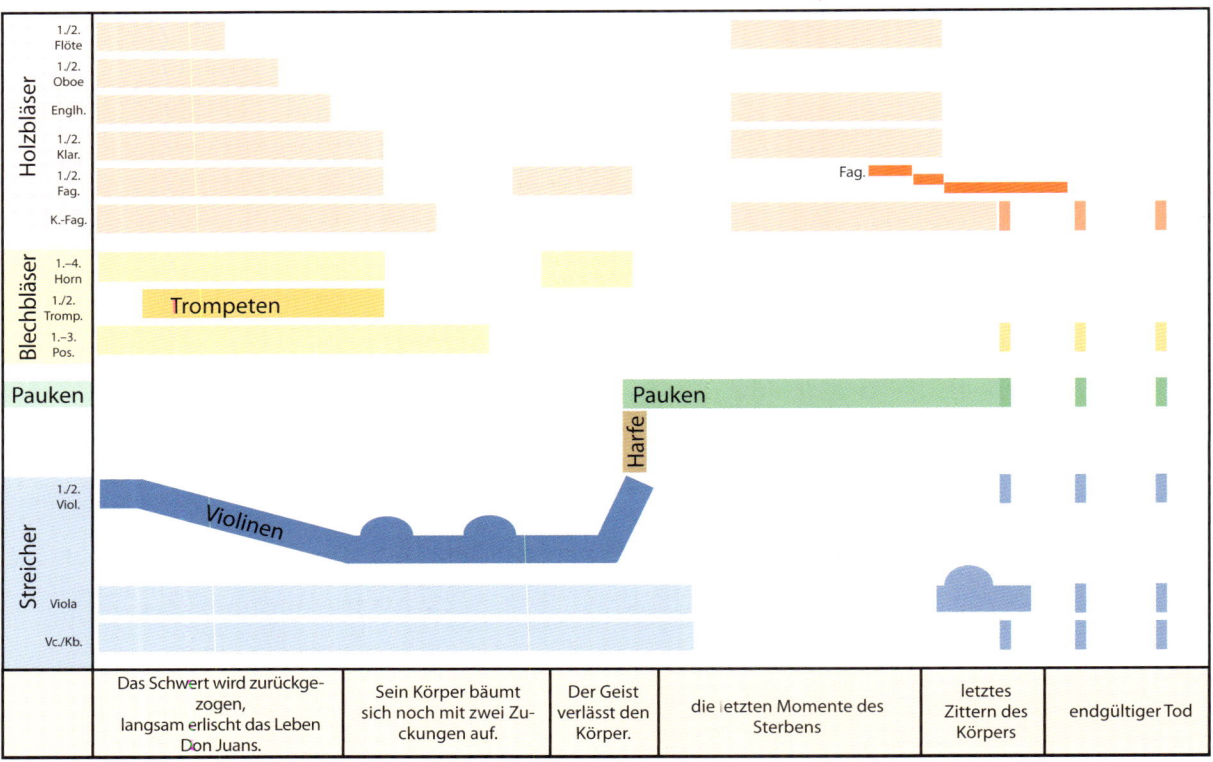

	Das Schwert wird zurückgezogen, langsam erlischt das Leben Don Juans.	Sein Körper bäumt sich noch mit zwei Zuckungen auf.	Der Geist verlässt den Körper.	die letzten Momente des Sterbens	letztes Zittern des Körpers	endgültiger Tod

Orientierungspartitur 2

R. Strauss, *Till Eulenspiegels lustige Streiche* – Todesszene

Multimediale Hörpartitur

C11

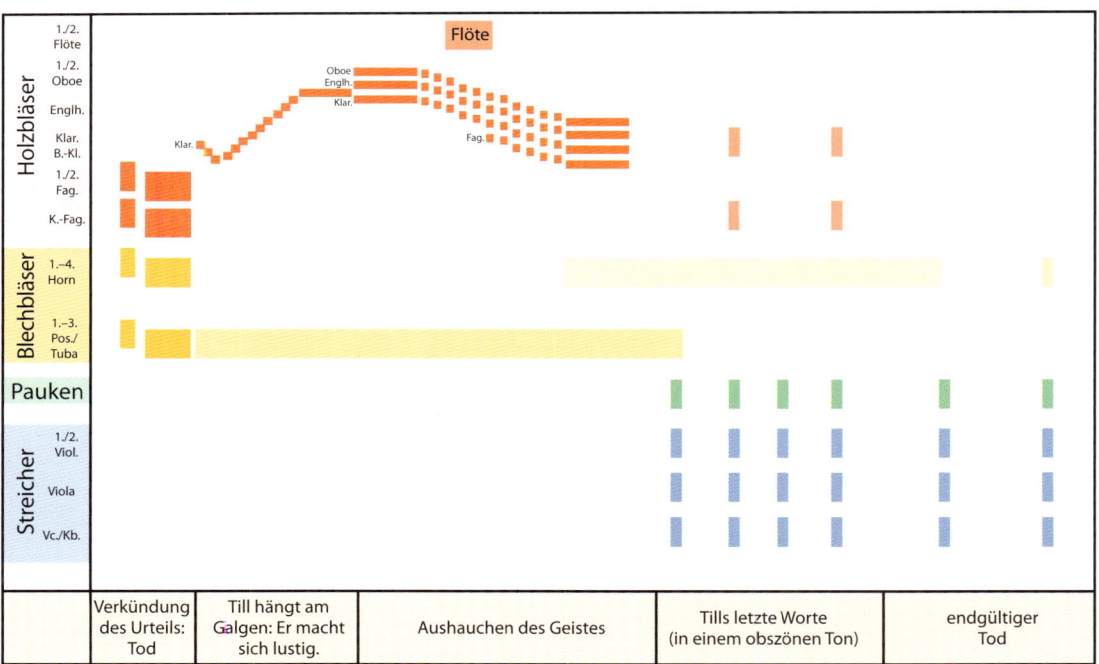

	Verkündung des Urteils: Tod	Till hängt am Galgen: Er macht sich lustig.	Aushauchen des Geistes	Tills letzte Worte (in einem obszönen Ton)	endgültiger Tod

▶ Beschreibt die beiden Todesszenen und vergleicht sie. Sprecht über Unterschiede und Gemeinsamkeiten.

Unter dem Begriff **Liedermacher** versteht man im deutschen Sprachraum Musiker, die über das Lied bestimmte Probleme in unserer Welt aufzeigen. Sie wollen die Zuhörer zum Nachdenken anregen. Im französischen Sprachraum wird ein Liedermacher als Chansonnier, im englischen Sprachraum als Singer-Songwriter bezeichnet.

Text

Liedermacher gehen beim Schreiben ihrer Lieder hauptsächlich vom Text aus und interpretieren sie meist selbst.

▶ Welche Lieder von Liedermachern kennt ihr? Sprecht über ihre Texte, wobei euch folgende Impulsfelder Anregungen geben sollen:

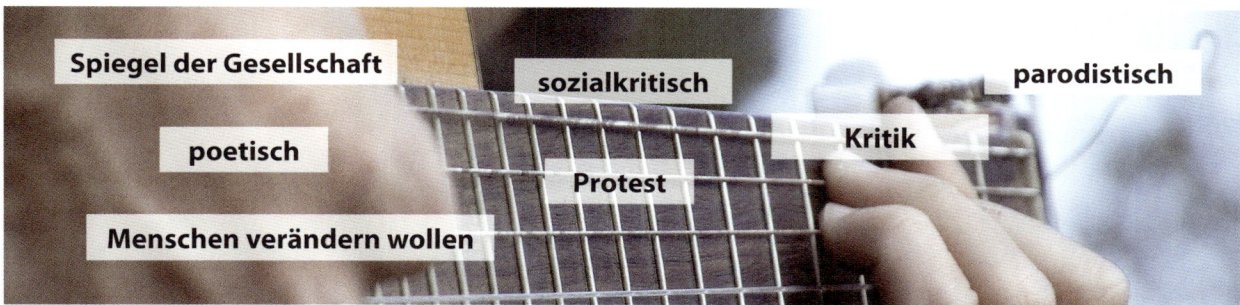

Spiegel der Gesellschaft · sozialkritisch · parodistisch · poetisch · Kritik · Protest · Menschen verändern wollen

Musik

Die Melodien sind meist gut singbar. Das Arrangement reicht von der einfachen Begleitung mit Gitarre oder Klavier bis zu aufwändigen orchestralen Fassungen, wobei verschiedene Stile der Popmusik verwendet werden können.

PROTEST-KANON

Musik: nach *Hejo, spann den Wagen an*
Text: 1. Str.: mündl. überliefert, 2./3. Str.: Maria Schausberger
© Helbling

1. Wehrt euch, leistet Widerstand gegen das Atomkraftwerk im Land!
2. Kinder sollen Kinder sein, Kinderarbeit geht durch Mark und Bein!
3. Tiere sind uns nicht egal, Tiertransporte gibt's in großer Zahl.

Schließt euch fest zusammen, schließt euch fest zusammen.
Stoppt die Kinderarbeit! Stoppt die Kinderarbeit!
Schluss mit Tiertransporten! Schluss mit Tiertransporten!

Die erste Strophe dieses Protestlieds ist seit den 1980er-Jahren immer wieder bei Demonstrationen gegen Atomkraftwerke zu hören.

Vielfach wird bei Protestliedern auf einfache und allgemein bekannte Melodien wie z. B. *Hejo, spann den Wagen an* zurückgegriffen, damit möglichst viele Menschen mitsingen können.

▶ Findet Themen und verfasst zur obigen oder einer anderen euch bekannten Melodie ein Protestlied mit eigenem Text.

ERMUTIGUNG

C12/13

W. Biermann, *Ermutigung*
Playback zu *Ermutigung*

Musik und Text: W. Biermann
© 1991 by Wolf Biermann

2. Du, lass Dich nicht verbittern
   in dieser bittren Zeit.
   Die Herrschenden erzittern –
   sitzt du erst hinter Gittern –
   doch nicht vor deinem Leid.

3. Du, lass dich nicht erschrecken
   in dieser Schreckenszeit.
   Das wollen sie bezwecken,
   dass wir die Waffen strecken
   schon vor dem großen Streit.

4. Du, lass dich nicht verbrauchen,
   gebrauche deine Zeit.
   Du kannst nicht untertauchen,
   du brauchst uns, und wir brauchen
   grad deine Heiterkeit.

5. Wir wolln es nicht verschweigen
   in dieser Schweigezeit.
   Das Grün bricht aus den Zweigen,
   wir wolln das allen zeigen,
   dann wissen sie Bescheid.

▶ Singt und musiziert das Lied *Ermutigung*. Als Begleitung könnt ihr die Grundtöne der Akkorde über dem Notat spielen. Achtung: An zwei Stellen ist ein Taktwechsel!

Wolf Biermann schrieb dieses Lied im Jahr 1966 für seinen Freund, den deutschen Lyriker und Chefredakteur der Literaturzeitschrift „Sinn und Form" Peter Huchel. Ähnlich wie Wolf Biermann geriet Peter Huchel mit dem DDR-Regime wegen seiner systemkritischen und freiheitlichen Haltung in Konflikt, wurde überwacht und isoliert und durfte erst im Jahr 1971 nach Westdeutschland ausreisen. Das Lied schaffte in den 1980er-Jahren die Aufnahme in das offizielle evangelische Kirchengesangsbuch Schwedens, obwohl Biermann Atheist (Person, die die Existenz Gottes verneint) ist.

▶ Bringt den Text des Lieds *Ermutigung* in Verbindung mit der Biografie und den Erfahrungen Wolf Biermanns (Seite 79):
   In der DDR widersetzten sich viele Menschen der diktatorischen Regierung. Welche Botschaften enthält das Lied an diese Gruppen? Erklärt dabei auch einige Schlüsselwörter des Texts:
   „… bittren Zeit …", „… die Waffen strecken …", „… kannst nicht untertauchen …", „… in dieser Schweigezeit …", „… das Grün bricht aus den Zweigen …"

▶ Fertigt zu den einzelnen Strophen Zeichnungen an:
   Verwendet diese für einen Videoclip, indem die Zeichnungen passend zur Musik mit einer Videokamera aufgenommen werden. Die Zeichnungen könnt ihr auch in einer Ausstellung präsentieren.

Wolf Biermann: Liedermacher zwischen den Fronten

1936: Wolf Biermann wird in Hamburg als Sohn einer Arbeiterfamilie geboren.

1943: Sein Vater wird in Auschwitz als Jude und Angehöriger des kommunistischen Widerstands ermordet.

1953: Übersiedlung in die DDR.

1960: Er beginnt, Gedichte zu schreiben und Lieder zu komponieren.

1965: Nachdem in der Bundesrepublik Deutschland sein Gedichtband *Die Drahtharfe* erscheint, erhält er Auftrittsverbot durch die DDR-Behörden. Man wirft ihm „Verrat an der Arbeiterklasse" vor.

1976: Die Regierung der DDR beschließt die Ausbürgerung Wolf Biermanns. Er geht nach Hamburg.

Wolf Biermann, 1976

ab 1977: Biermann unternimmt erste Tourneen durch westeuropäische Länder. In seinen Liedern rechnet er mit der DDR ab, bekundet aber immer wieder seine sozialistische Einstellung.

1989: Biermann spielt nach 25 Jahren erstmals wieder ein Konzert in der DDR. Er wird als „Legende" bezeichnet und von DDR-Bürgern begeistert empfangen.

ab 1990: Mit Aufsätzen und Reden mischt sich Biermann in den Prozess der Wiedervereinigung der beiden deutschen Staaten ein und beteiligt sich an der Besetzung der Zentrale der „StaSi" (Ministerium für Staatssicherheit, Geheimdienst der DDR).

2007: Biermann erhält die Ehrenbürgerwürde der Stadt Berlin.

Seine Gesinnung und sein Engagement zeigen sich auch in folgenden Zitaten:

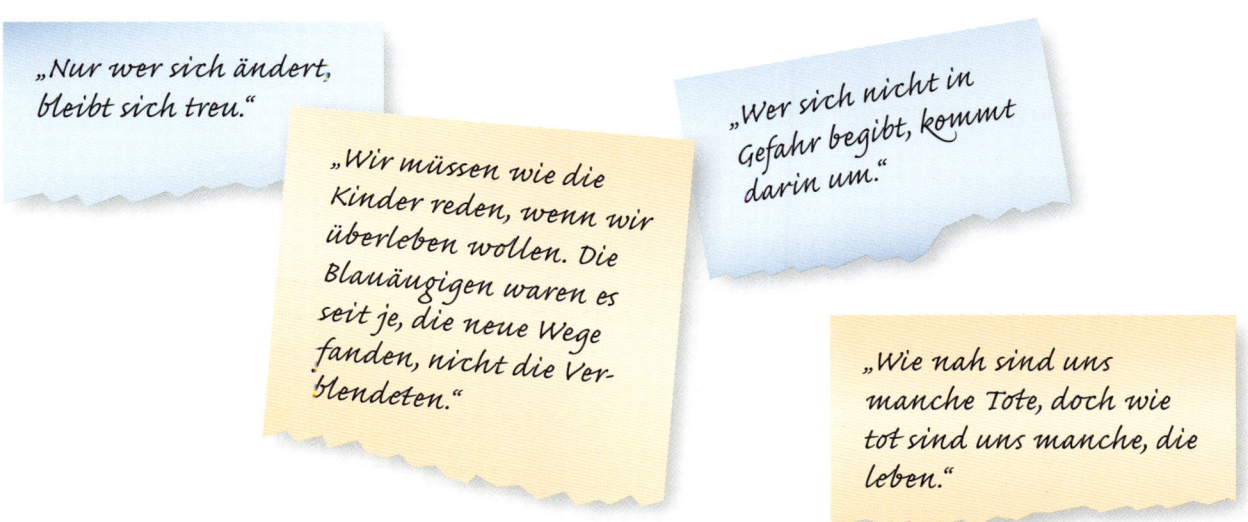

„Nur wer sich ändert, bleibt sich treu."

„Wer sich nicht in Gefahr begibt, kommt darin um."

„Wir müssen wie die Kinder reden, wenn wir überleben wollen. Die Blauäugigen waren es seit je, die neue Wege fanden, nicht die Verblendeten."

„Wie nah sind uns manche Tote, doch wie tot sind uns manche, die leben."

▶ Klärt zunächst in der Kleingruppe, was die Zitate meinen könnten.
Wie steht ihr zu den Aussagen?
Um eure Meinung zu verdeutlichen, könnt ihr das Positionsspiel durchführen: Stellt euch im Kreis auf. Ein Zitat wird auf ein Blatt geschrieben und in die Mitte des Kreises gelegt. Jeder stellt sich zum Zitat in einer bestimmten Entfernung auf (je näher am Zitat, desto größer die Zustimmung). Begründet die gewählte Entfernung.

DAS HAT DIE WELT NOCH NICHT GESEHEN

Söhne Mannheims, *Das hat die Welt noch nicht gesehen*

Text: Xavier Naidoo, Henning Wehland, James Marlon, Tino Oechsler
© Hanseatic / Universal

Sag mal, hast du das gesehen,
wie sie lachen, wie sie geh'n?
Manche Wesen sind so schön.
Innen wie außen. Sie verwöhnen
deine Sinne und gewöhnen
dich wieder an Liebe, die du kennst,
zu der du immer wieder rennst.
Diese Liebe ist real, so real wie Höllenqualen.
Höllenqualen sind egal,
wenn sich die Liebe dir entfacht.

Doch es ist gut, wie es ist.
Der Mensch lernt nur, wenn er Scheiße frisst,
sonst reift er nicht. Er weiß doch nichts.
Ich weiß noch nicht, wann verstreicht die Frist?

Refrain: Das hat die Welt noch nicht gesehen.
Trotzdem ist Liebe wunderschön,
ist unsichtbar und trotzdem da.
Freud und Leid das ganze Jahr,
man nimmt das Leben sonst nicht wahr.
Denn mit dem Herz sind wir meist blind.
Wer von uns ist schon wie ein Kind?
Offen für alles wie der Wind,
der doch dem Meer den Regen bringt.
Er ist so frei und doch gewillt.

Gib mir einen Koffer für mein Herz,
der ist unendlich viel mehr wert,
wenn du ihn mitnimmst, wenn du gehst,
ihn bei dir trägst von früh bis spät,
ihn dann zurückbringst unversehrt.
Ich lauf des öfteren Gefahr,
zu vergessen, wie schön das Leben bisher war.
Mit dir von Anfang an verflochten
bis ans Ende meiner Zeit.
Wir lieben das Leben und sind dafür bereit.
Denn wir alle werfen Schatten auf des Nächsten Licht.
Lass dich nicht zerbrechen und fürchte dich nicht
vor dem, was da kommt, vor dem, was du fühlst,
vor dem, was du liebst.

Refrain: Das hat die Welt noch nicht gesehen.
Trotzdem ist Liebe wunderschön,
ist unsichtbar und trotzdem da.
Freud und Leid das ganze Jahr,
man nimmt das Leben sonst nicht wahr.
Denn mit dem Herz sind wir meist blind.
Wer von uns ist schon wie ein Kind?
Offen für alles wie der Wind,
der doch dem Meer den Regen bringt.
Er ist so frei und doch gewillt.
Das hat die Welt noch nicht gesehen.

Die Musikgruppe **Söhne Mannheims** wurde 1995 in Mannheim (Deutschland) gegründet. Die vier Sänger dieses Songs sind auch gemeinsam die Komponisten und Textautoren. Zum Inhalt des Lieds sagt **Xavier Naidoo** (geb. 1971), einer der Sänger, in einem Fernsehinterview:

„Das ist eine Ballade und es geht um die Liebe, die ja eigentlich etwas Unsichtbares, also ein Gefühl ist, etwas, das man nicht unbedingt immer beschreiben kann, das man nicht sieht, das man nicht schmeckt, manchmal aber doch [...] Im Endeffekt spiegelt jeder in seinen Text ein bisschen das hinein, was für ihn damit zusammenhängt."

Xavier Naidoo (Mitte)

Texte guter Lieder leben von sprachlichen Bildern, auch **Metaphern** genannt, die die Zuhörenden individuell verschieden deuten können. Interessante sprachliche Bilder sind im Text des Lieds oben farbig unterlegt.

▶ Interpretiert sie zunächst für euch selbst und diskutiert dann darüber in der Klasse. Sucht auch noch weitere Textstellen, über die ihr euch austauschen könnt.

Die Söhne Mannheims

Das hat die Welt noch nicht gesehen wurde von den Söhnen Mannheims erstmals im Jahr 2008 beim Konzert *Wettsingen in Schwetzingen* vorgestellt, bei dem Xavier Naidoo auch als Solokünstler auftrat. Dieses Konzert fand im Rahmen von MTV Unplugged statt, einer Konzertreihe, die vom Fernsehsender MTV (Music Television) ins Leben gerufen wurde. MTV ist ein Fernsehnetzwerk, das sich auf die Ausstrahlung von Musikvideos spezialisiert hat.

Das Live-Album *Wettsingen in Schwetzingen* und die Single *Das hat die Welt noch nicht gesehen* waren in den Hitparaden Deutschlands und Österreichs mit einigen Top-Plätzen überaus erfolgreich. Das Album erhielt im Jahr 2008 in Deutschland eine Goldene Schallplatte und eine Platin-Schallplatte. Das Musikvideo erzielte in Deutschland 2009 drei Mal Gold.

Goldene Schallplatten und Platin-Schallplatten

Goldene Schallplatte

Eine Goldene Schallplatte oder Platin-Schallplatte ist eine Auszeichnung der Musikindustrie für künstlerisch und wirtschaftlich erfolgreiche Musikproduktionen, die an Künstler, Komponisten, Songwriter und Musiker vergeben wird. Von wesentlicher Bedeutung ist die Anzahl verkaufter Singles, Alben oder Musikvideos, wobei alle Formate (CD, LP, DVD-Audio, SACD, Downloads, DVD-Video, etc.) berücksichtigt werden.

Die Anzahl der verkauften Tonträger und Bildtonträger, die zu einer Auszeichnung führt, ist in jedem Land unterschiedlich:

		Gold	Platin
Deutschland	Single	150.000	300.000
	Album	100.000	200.000
	Musikvideo	25.000	50.000
Österreich	Single	15.000	30.000
	Album	10.000	20.000
	Musikvideo	5.000	10.000
Schweiz (deutschsprachig)	Single	15.000	30.000
	Album	15.000	30.000
	Musikvideo	3.000	6.000

▶ Sucht aus der Datenbank der Musikindustrie in Deutschland (www.musikindustrie.de) die Auszeichnungen mit Goldenen und Platin-Schallplatten für aktuelle Lieder heraus und tauscht eure Ergebnisse in der Klasse aus.

Quiz-Box Kapitel 21

- Wie nennt man jemanden, der durch seine Lieder Menschen zum Nachdenken anregen will?

- Texte guter Lieder zeichnen sich u. a. durch die Verwendung interessanter sprachlicher Bilder aus. Wie nennt man diese mit dem Fachausdruck?

- Wie viele Singles müssen in Deutschland für den Erhalt einer Platin-Schallplatte verkauft werden?

- Wie viele Alben müssen in Deutschland für den Erhalt einer Goldenen Schallplatte verkauft werden?

◆ **Mehr Fragen im MUSIKQUIZ**

Unter **Kunstlied** versteht man die Vertonung eines Texts im Bereich der E-Musik (Ernste Musik).

Für die Interpretation ist eine ausgebildete Singstimme notwendig. Der Sänger wird in der Regel vom Klavier begleitet.

Lieder aus dem Popularmusikbereich rechnet man zur U-Musik (Unterhaltungsmusik).

Formen

Wenn ein Komponist jede Strophe eines Texts auf gleiche Weise (Melodie und Begleitung) in Musik setzt, nennt man dies **Strophenlied**.

Ist die Aussage einzelner Strophen so unterschiedlich, dass dieselbe Melodie nicht zu jeder Strophe passt, vertont der Komponist die Strophen unterschiedlich. Dies nennt man **variiertes Strophenlied**.

Gibt es bei der Vertonung von Texten keine musikalischen Wiederholungen, nennt man dies **durchkomponiertes Lied**.

Einer der bedeutendsten Liedkomponisten ist **Franz Schubert** (1797–1828 / 31 J.). Er hat über 600 Lieder geschrieben.

Das Wandern ist das erste von 20 Liedern aus dem Liederzyklus *Die schöne Müllerin*. Als Liederzyklus bezeichnet man eine Sammlung von Liedern zu einem Themenbereich.

Franz Schubert wurde 1797 in Wien geboren und starb dort bereits 31-jährig im Jahr 1828. Sein musikalisches Talent wurde schon früh entdeckt und zunächst von seinem Vater und älteren Bruder gefördert (Violin- und Klavierunterricht). Wegen seiner schönen Stimme wurde er im Alter von 11 Jahren als Sängerknabe in die Hof-kapelle in Wien aufgenommen. Ab dem 13. Lebensjahr unternahm er erste Kompositionsversuche und mit 16 Jahren schrieb er bereits seine erste Sinfonie.

Bemerkenswert an Schubert ist die Fülle an Kompo-sitionen in einem nur sehr kurzen Leben. Weltweit berühmt wurde er als Liedkomponist, daneben auch als Schöpfer kammermusikalischer Werke (z. B. Klaviertrios, Streichquartette), Messen, Werke für Klavier sowie Sinfonien. Bedeutend ist seine Sinfonie in h-Moll, die den Beinamen „Die Unvollendete" erhielt, weil nur zwei Sätze vollständig und der dritte nur als Fragment erhalten sind.

Franz Schubert

▶ Zeichnet während des Hörens der Strophen 2 bis 5 des Lieds *Das Wandern* (S. 83) Bilder, die zum jeweiligen Strophentext passen, in euer Heft oder auf ein Blatt Papier.

DAS WANDERN

F. Schubert, *Das Wandern*

Text: Wilhelm Müller, Musik: Franz Schubert
Sing-mit-Stimme: Gerhard Wanker
© Helbling

C15

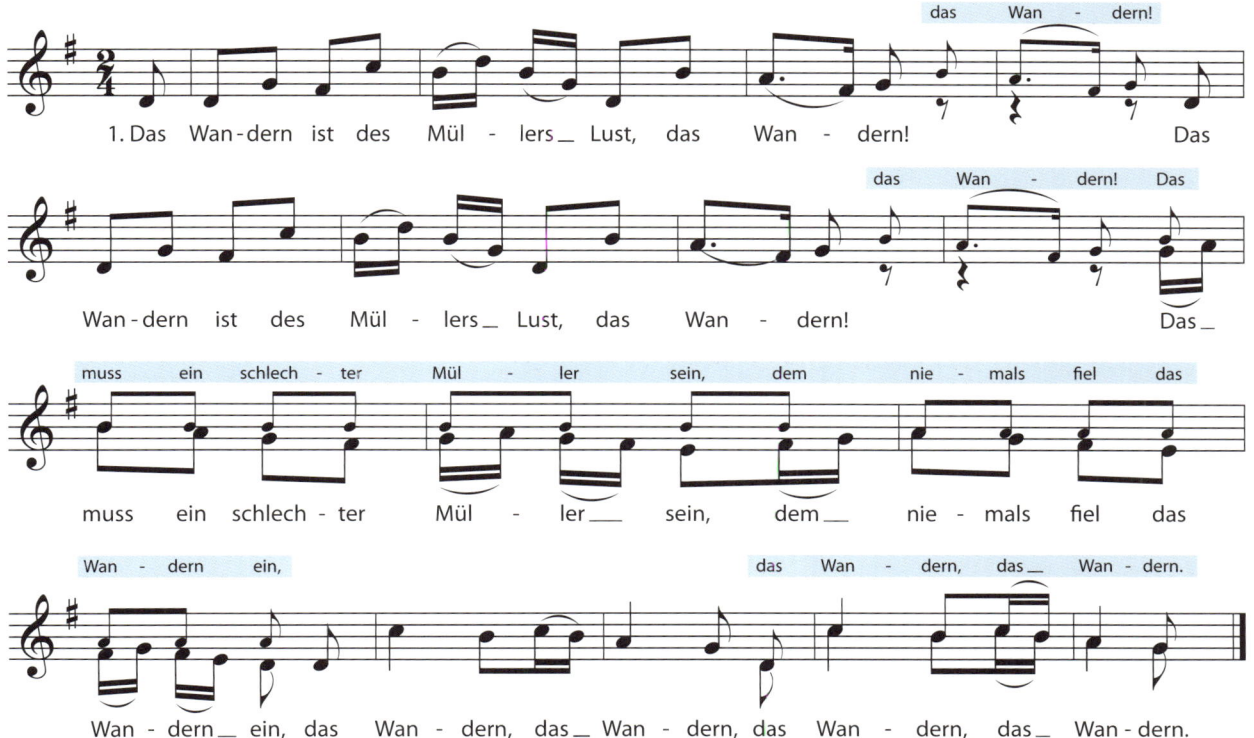

1. Das Wan-dern ist des Mül-lers_ Lust, das Wan-dern! Das
Wan-dern ist des Mül-lers_ Lust, das Wan-dern! Das_
muss ein schlech-ter Mül-ler_ sein, dem_ nie-mals fiel das
Wan-dern_ ein, das Wan-dern, das_ Wan-dern, das Wan-dern, das_ Wan-dern.

2. Vom Wasser haben wir's gelernt, vom Wasser!
Vom Wasser haben wir's gelernt, vom Wasser!
Das hat nicht Rast bei Tag und Nacht,
ist stets auf Wanderschaft bedacht,
das Wasser, das Wasser, das Wasser, das Wasser.

3. Das sehn wir auch den Rädern ab, den Rädern!
Das sehn wir auch den Rädern ab, den Rädern!
Die gar nicht gerne stille stehn,
die sich bei Tag nicht müde drehn,
die Räder, die Räder, die Räder, die Räder.

4. Die Steine selbst, so schwer sie sind, die Steine!
Die Steine selbst, so schwer sie sind, die Steine!
Sie tanzen mit den muntern Reihn
und wollen gar nicht schneller sein,
die Steine, die Steine, die Steine, die Steine.

5. O Wandern, Wandern, meine Lust, o Wandern!
O Wandern, Wandern, meine Lust, o Wandern!
Herr Meister und Frau Meisterin,
lasst mich in Frieden weiterziehn
und wandern und wandern und wandern und wandern.

▶ In welcher Form wurde das Kunstlied
Das Wandern vertont?
Schreibt die Lösung in euer Heft.

a) Strophenlied
b) variiertes Strophenlied
c) durchkomponiertes Lied

Der Text spricht anhand verschiedener Beispiele
aus der Natur Folgendes an: in Bewegung sein,
Neues erkunden, in die Zukunft blicken …

▶ Was bedeuten diese Inhalte für euch?
Sprecht darüber in der Klasse.

Sing-mit zu *Das Wandern*

- Stellt verschiedene Verben aus der Wortfamilie „gehen" dar und führt die Bewegung aus:
  gehen – laufen – hüpfen – schleichen …
- Steht locker in gerader Haltung und atmet aus. Breitet dann die Arme aus, atmet dabei ein, macht mit beiden Händen kurz eine kräftige Faust, lasst die Arme wieder locker fallen und atmet aus. (Öfter wiederholen!)
- Singt die folgenden Takte mit lockerem Unterkiefer und achtet dabei auf saubere Intonation:

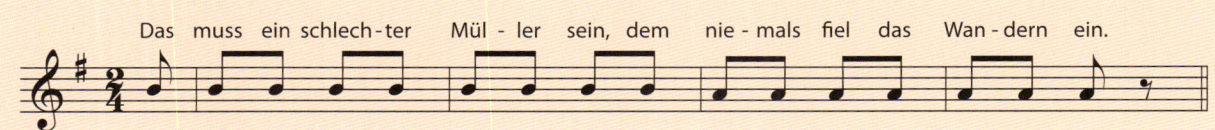

▶ Im Notentext des Lieds ist die Sing-mit-Stimme blau markiert. Singt diese zum Hörbeispiel C15.

Das Wandern in verschiedenen Stimmlagen

C16–19

F. Schubert, *Das Wandern* – 1. Strophe (Sopran, Alt, Tenor, Bass)

▶ Prägt euch beim Hören der Beispiele C16–19 den Klang der einzelnen Stimmlagen (Sopran, Alt, Tenor, Bass) ein.

C20

F. Schubert, *Das Wandern* – Mix

▶ Im Hörbeispiel C20 kommen die vier Stimmlagen Sopran, Alt, Tenor und Bass in beliebiger Reihenfolge vor. Schreibt die Anfangsbuchstaben der einzelnen Stimmlagen (S, A, T, B) in jener Reihenfolge, in der sie zu hören sind, in euer Heft. Ihr hört die 1. und die 5. Strophe. (Tipp: Pro Strophe wechseln die Stimmlagen acht Mal.)

◆ Erlkönig

Franz Schubert hat die **Ballade** (erzählendes Gedicht) *Erlkönig* von **Johann Wolfgang von Goethe** (1749–1832 / 82 J.) im Alter von 18 Jahren als durchkomponiertes Lied eindrucksvoll vertont.

Inhalt
Die Ballade beschreibt den nächtlichen Ritt eines Vaters mit seinem Kind, das sich von der Gestalt des Erlkönigs (König der Elfen) bedroht fühlt. Der Vater versucht, seinen Sohn zu beruhigen und den Visionen des Kinds natürliche Erklärungen zu geben, wie Nebel, das Rascheln der Blätter oder den Schimmer der Bäume.
Das Kind wird jedoch immer unruhiger; es fühlt sich mehr und mehr von gespenstischen Gestalten verfolgt. Als sich der Sohn schließlich vom Erlkönig tätlich angegriffen fühlt, verliert auch der Vater seine Fassung und versucht nur noch, so schnell es geht den heimatlichen Hof zu erreichen. Dort muss er erkennen, dass das Kind tot ist.

Statue des Erlkönig in Jena

Text

▶ Im Text kommen ein Erzähler und drei verschiedene Personen vor (Erzähler = Ez, Vater = V, Kind = K, Erlkönig = E). Lest den Text mit verteilten Rollen.

Ez
1. Wer reitet so spät durch Nacht und Wind?
   Es ist der Vater mit seinem Kind;
   er hat den Knaben wohl in dem Arm,
   er fasst ihn sicher, er hält ihn warm.

V 2. Mein Sohn, was birgst du so bang dein Gesicht?
K   Siehst, Vater, du den Erlkönig nicht?
         Den Erlenkönig mit Kron' und Schweif?
V   Mein Sohn, es ist ein Nebelstreif.

E
3. „Du liebes Kind, komm geh mit mir!
   Gar schöne Spiele spiel' ich mit dir;
   Manch' bunte Blumen sind an dem Strand,
   meine Mutter hat manch' gülden Gewand."

K 4. Mein Vater, mein Vater, und hörest du nicht,
         was Erlenkönig mir leise verspricht?
V   Sei ruhig, bleibe ruhig, mein Kind;
         in dürren Blättern säuselt der Wind.

E
5. „Willst, feiner Knabe, du mit mir gehn?
   Meine Töchter sollen dich warten schön;
   meine Töchter führen den nächtlichen Reihn
   und wiegen und tanzen und singen dich ein."

K 6. Mein Vater, mein Vater, und siehst du nicht dort
         Erlkönigs Töchter am düstern Ort?
V   Mein Sohn, mein Sohn, ich seh' es genau:
         Es scheinen die alten Weiden so grau.

E 7. „Ich liebe dich, mich reizt deine schöne Gestalt;
         und bist du nicht willig, so brauch' ich Gewalt!"
K   Mein Vater, mein Vater, jetzt fasst er mich an!
         Erlkönig hat mir ein Leids getan!

Ez 8. Dem Vater grauset's, er reitet geschwind,
          er hält in den Armen das ächzende Kind,
          erreicht den Hof mit Müh' und Not;
          in seinen Armen das Kind war tot.

Musik

Bei dieser Komposition sind in der Klavierbegleitung die durchgehenden und schwierig zu spielenden Triolen in Akkorden kennzeichnend. Sie bringen das galoppierende Reiten und die dramatische Situation zum Ausdruck. In der letzten Textzeile „in seinen Armen das Kind war tot" setzt die Begleitung aus und das Stück endet mit zwei Schlussakkorden.

▶ Weshalb ist die Interpretation dieses Lieds für jeden Sänger eine große Herausforderung?

F. Schubert, Erlkönig

C21

▶ Achtet darauf, wie der Gesangssolist die einzelnen Personen durch seine wechselnde Stimmgebung darstellt.

ERLKÖNIG-RAP

Playback zu *Erlkönig-Rap*

C22

▶ Gestaltet die Strophen des *Erlkönig* als Rap zum Playback C22. Der gesungene Refrain ist vorgegeben.

Form des Playbacks

4 T. **Intro**	8 T. **Refrain** gesungen	16 T. **Rapteil** Strophen 1–4	8 T. **Refrain** gesungen	16 T. **Rapteil** Strophen 5–8	8 T. **Refrain** gesungen

Quiz-Box Kapitel 22

- Wenn ein Komponist jede Strophe eines Texts auf die gleiche Weise in Musik umsetzt, nennt man das …
- Wie nennt man ein Kunstlied, bei dem jede Strophe anders vertont wird?
- Wie viele Lieder komponierte Franz Schubert?

- Was versteht man unter einem Liederzyklus?
- Ein bekanntes Lied von Franz Schubert beginnt mit dem Text „Das Wandern ist …"
- Welche drei Charaktere kommen in Schuberts Lied *Erlkönig* neben dem Erzähler vor?

◆ **Mehr Fragen im MUSIKQUIZ**

Nach der Art der Tonerzeugung unterscheidet man:

- **Lippenpfeifen:** Blockflöte, Querflöte

Bei der Blockflöte entsteht der Ton dadurch, dass ein Luftstrom durch einen schmalen Spalt gegen eine Kante, das Labium, geblasen wird. Bei der Querflöte wird der Luftstrom gegen die Kante des Mundlochs geblasen. Dabei bricht sich der Luftstrom und beginnt im Inneren des Instruments zu pendeln, wodurch die Luftsäule in Schwingung gebracht wird.

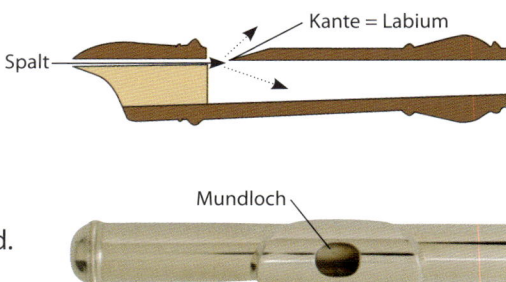

Flaschenkonzert

▶ Blast über die Kante einer Flaschenöffnung und probiert aus, wie Lippenpfeifen funktionieren. Durch Einfügen von Flüssigkeit verändert sich die Tonhöhe der Flasche. Mit verschieden gestimmten Flaschen könnt ihr auch Melodien spielen.

- **Zungenpfeifen – einfaches Rohrblatt:** Klarinette, Saxofon

Am Mundstück dieser Instrumente befindet sich ein einseitig befestigtes Plättchen aus flexiblem Material, das von einem Luftstrom zum Schwingen gebracht wird.

Einfaches Rohrblatt

- **Zungenpfeifen – doppeltes Rohrblatt:** Oboe, Fagott

Das Mundstück dieser Instrumente besteht aus einem Doppelrohr, das beim Anblasen in Schwingung versetzt wird.

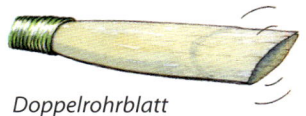

Doppelrohrblatt

 Holzblasinstrumente – Tonerzeugung

◆ ## Instrumente mit Lippenpfeifen

Die Blockflöte

Die **Blockflöte** war in der Barockzeit (ca. 1600–1750) ein beliebtes Melodieinstrument. Auch heute wird die Blockflöte in der zeitgenössischen Kunstmusik wieder häufig verwendet, wobei besonders auch neue, ungewöhnliche Spieltechniken zum Einsatz kommen.

Die Familie der Blockflöten besteht aus folgenden Instrumenten: Sopranino, Sopran, Alt, Tenor, Bass und Großbass.

In den folgenden zwei Beispielen hört ihr, wie die Blockflöte in der Barock- und zeitgenössischen Musik eingesetzt wird.

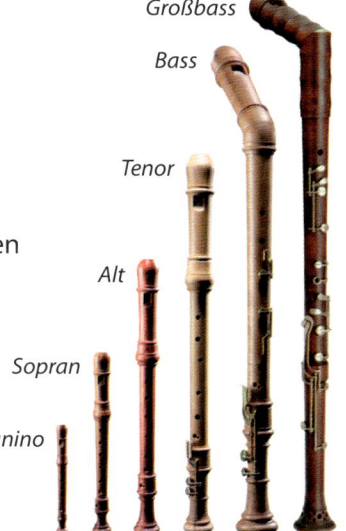

Großbass
Bass
Tenor
Alt
Sopran
Sopranino

 **C23/24**

J. S. Bach, Partita c-Moll, Allemande (Altblockflöte) – Beginn
Agnes Dorwarth, *Articulator 1* (Altblockflöte) – Beginn

 Blockflöten

Blockflöten-Familie

Die Querflöte

Querflöten

Claude Debussy, *Prélude à l´après-midi d´un faune* (Querflöte) – Ausschnitt

C25

Um 1750 wurde die Blockflöte von der **Querflöte** verdrängt. Sie ist bis heute ein bedeutendes Solo- und Orchesterinstrument und wird auch im Jazz und in der Rockmusik eingesetzt.

Die kleinere und um eine Oktave höher klingende Querflöte nennt man **Piccoloflöte**. Sie ist das höchste Holzblasinstrument.

Die Querflöte wurde ursprünglich aus Holz gebaut. Seit ca. 1870 werden Querflöten aus Metall (z. B. Weißgold, Silber) hergestellt, zählen aber trotzdem zu den Holzblasinstrumenten, weil die Tonerzeugung die einer Lippenpfeife ist.

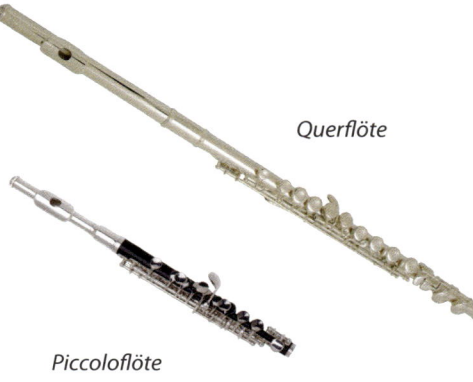

Querflöte

Piccoloflöte

Sergej Prokofjew, *Leutnant Kishe* (Piccolo) – Ausschnitt

C26

Badinerie – dirigiert

Die *Badinerie* ist ein virtuoses Stück für die Querflöte und stammt aus der Orchestersuite Nr. 2 in h-Moll von **Johann Sebastian Bach** (1685–1750 / 65 J.).

J. S. Bach, *Badinerie*

C27

▸ Dirigiert bei den Zeilen B, C, E und F und zählt bei den Zeilen A und D leise mit.

Formplan

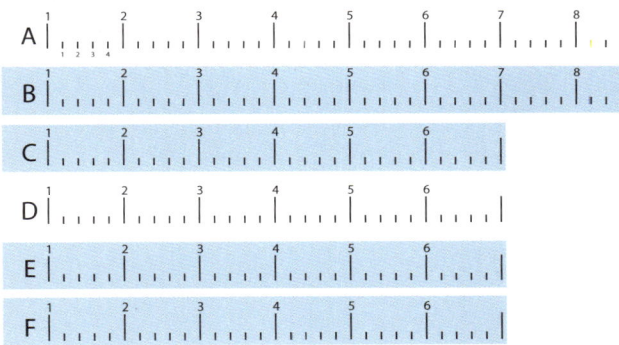

◆ Instrumente mit einfachem Rohrblatt

Die Klarinette

N. Rimski-Korsakow, *Der goldene Hahn* (Klarinette) – Ausschnitt

C28

Die **Klarinette** ist üblicherweise ein transponierendes Instrument. Die gebräuchlichste ist die B-Klarinette. Weitere Klarinetteninstrumente: Es-Klarinette, C-Klarinette, A-Klarinette, Bassklarinette.

Igor Strawinsky, *Le sacre du printemps* (Bassklarinette) – Ausschnitt

C29

Klarinette

Klarinette   *Bassklarinette*

Das Saxofon

Der belgische Instrumentenbauer **Adolphe Sax** (1814–1894 / 69 J.) hat das von ihm erfundene Instruent 1846 in Paris als **Saxofon** patentieren lassen.

Es ist ein transponierendes Instrument in mehreren Größen:
Sopransaxofon (B), Altsaxofon (Es), Tenorsaxofon (B), Baritonsaxofon (Es).

C30

Beispiele Saxofon klassisch (S., A., T., Brt.)

Sopransaxofon   Altsaxofon   Tenorsaxofon   Baritonsaxofon

C31

Charlie Parker, *The hymn* (Saxofon Jazz) – Beginn   Saxofon

Das Saxofon wird hauptsächlich in der Big Band, in der Blasmusik und als Soloinstrument im Jazz verwendet. Mitunter setzen es Komponisten auch in der traditionellen Konzertmusik ein.

Das Saxofon hat die gleiche Anblastechnik wie die Klarinette und zählt deshalb, obwohl es aus Metall besteht, zu den Holzblasinstrumenten.

◆ Instrumente mit doppeltem Rohrblatt

Die Oboe

C32

J. S. Bach, *Brandenburgisches Konzert* Nr. 2, 2. Satz (Oboe) – Ausschnitt

Der Klang der **Oboe** ist sehr ausdrucksstark und deutlich hörbar. Die Oboe gibt beim Stimmen des Orchesters immer den Ton a^1 (Kammerton) vor, nach dem alle Instrumente eingestimmt werden.

Das **Englischhorn** ist das Alt-Instrument aus der Familie der Oboen und hat einen festen Platz im Sinfonieorchester. Es klingt um eine Quinte tiefer als die Oboe und hat einen warmen und weichen Klang.

Oboe   Englischhorn

C33

Antonín Dvořák, Sinfonie *Aus der neuen Welt*, 2. Satz (Englischhorn) – Ausschnitt   Oboe, Englischhorn

Das Fagott

Das **Fagott** wird hauptsächlich als Bassinstrument verwendet. Seine gesamte Rohrlänge beträgt fast drei Meter. Das Fagott ist in erster Linie ein Orchesterinstrument. Sein vielseitiger Klang veranlasste Komponisten aber auch dazu, es solistisch für ganz unterschiedliche Charaktere, Musikstile und -arten einzusetzen.

Das **Kontrafagott** ist das tiefste Holzblasinstrument. Die Röhre ist bis zu vier Mal geknickt und die schwingende Luftsäule ist ca. sechs Meter lang.

▶ Beschreibt nach dem Hören der Beispiele C34 und C35 die Klangvielfalt des Fagotts und Kontrafagotts mit Worten. Vergleicht eure Ergebnisse in der Klasse.

Fagott   *Kontrafagott*

P. Dukas, *Der Zauberlehrling* (Fagott) – Ausschnitt

C34

M. Ravel, *La Valse* (Kontrafagott) – Ausschnitt

C35

Fagott, Kontrafagott

Instrumentenquiz – Holzblasinstrumente

▶ In welcher Reihenfolge erklingen im Hörbeispiel C36 die Instrumente? Die richtige Reihenfolge ergibt ein Lösungswort. Wie lautet es?

Instrumentenquiz – Holzblasinstrumente

C36

i	Sopransaxofon	r	Oboe	n	Blockflöte	k	Fagott	t	Klarinette
a	Baritonsaxofon	t	Englischhorn	l	Querflöte	e	Kontrafagott	e	Bassklarinette

Quiz-Box Kapitel 23

- Blockflöte und Querflöte zählen zu den …pfeifen.
- Um wie viele Oktaven ist die Piccoloflöte höher gestimmt als die Querflöte?
- Die Querflöte zählt zu den Holzblasinstrumenten. Aus welchem Material wird sie heute aber üblicherweise gebaut?
- Wer komponierte die berühmte *Badinerie* aus der Orchestersuite Nr. 2 in h-Moll?

- Die Klarinette ist ein Holzblasinstrument mit einem … Rohrblatt.
- Wie heißt der Erfinder des Saxofons?
- Wie heißt der Ton, den die Oboe im Orchester angibt und nach dem alle Instrumente eingestimmt werden?
- Das Alt-Instrument unter den Oboen heißt …
- Wie viele Meter beträgt die gesamte Rohrlänge des Fagotts in etwa?

◆ **Mehr Fragen im MUSIKQUIZ**

Banuwa ist ein berühmtes Lied aus Liberia (Westafrika), das alljährlich bei einem Festival in der Hauptstadt Monrovia gesungen wird. Der Text des Lieds erzählt von einem schönen Mädchen, das nicht weinen soll. Das Lied kann ein- oder mehrstimmig gesungen werden.

BANUWA

Playback zu *Banuwa*

C37

Volkslied aus Liberia

Ba - nu - wa, Ba - nu - wa, ba - nu - wa - yo. _____

Ba - nu - wa, Ba - nu - wa, ba - nu - wa - yo. _____

A - la - no - neh - ni - o la - no, a - la - no - neh - ni o la - no. A -

Be - ka - chu - wa. _____ Be - ka - chu - wa. _____

Stellt euch im Kreis auf, macht eine leichte Grätsche und setzt die Fußsohlen fest auf den Boden. Beugt ein wenig die Knie und verlagert das Gewicht in langsamem Tempo von links nach rechts. Hebt dabei die rechte bzw. linke Fußsohle vom Boden und stellt sie wieder hin. Die Arme baumeln locker neben dem Oberkörper.
Die Atmung konzentriert sich auf den Bauch. Zu unserer Bewegung singen wir die erste Stimme des Lieds. Bewegung und Gesang sollen einen mit der Erde und Natur verbundenen Charakter vermitteln, wie das in afrikanischen Tänzen und Gesängen oft zum Ausdruck kommt.

▶ **Führt die Bewegungsgestaltung auch beim mehrstimmigen Singen des Lieds aus.**

Mit den drei folgenden *Voice ups* werden Artikulation, Zwerchfellatmung und Vokalausgleich trainiert.

VOICE UP 1: Artikulation

Playback zu *Voice up* 1

D1

Text und Musik: Gerhard Wanker
© Helbling

(1.)

tui ra ta tui ra ta tui ra ta tui ra ta ra ta ra ta ra ta ra ta tui ra ta

tui ra ta tui ra ta tui ra ta tui ra ta ra ta ra ta ra ta ra ta tui

(2.)

Ki - ri - ba - ti, Ki - ri - ba - ti, Fid-schi - in - seln, Fid-schi - in - seln, Va-nu - a - tu, Ton-ga und Sa-mo - a.

Em-men-din-gen, Em-men-din-gen, Zwischenwässern, Zwischenwässern, Brüg-ge, Gent, Jo-han-nes-burg und Rom.

▶ Achtet bei der Ausführung auf deutliche Aussprache und einen lockeren Unterkiefer. Das Stück kann einstimmig oder im Kanon gesungen werden.

Bewegungsvorschläge

▪ Takt 1–4: beide Unterarme vor dem Körper umeinander kreisen, als würde man ein Kabel aufrollen (Bild 1)

▪ Takt 5–8: bei jedem Ortswechsel auf Schlag mit einer Hand akzentuiert in eine andere Richtung zeigen

Bild 1

VOICE UP 2: Zwerchfellatmung

Eine gute Bauchatmung ermöglicht die erforderliche Stütze für einen Sington. Wenn man die Hände auf den Bauch legt, spürt man, wie sich das Zwerchfell hebt und senkt. Mit den Konsonanten p, t, k, s, f kann die Bauchatmung trainiert werden.

D2

Playback zu *Voice up* 2

Text und Musik: Gerhard Wanker
© Helbling

▸ Gestaltet das Stück auch in drei Gruppen. Jede Gruppe übernimmt einen Teil (A, B, C). Die Gruppen können gleichzeitig oder hintereinander musizieren.

Bewegungsvorschläge

- „p t k" – abwechselnd mit den Zeigefingern beider Hände Luftballons zerplatzen (Bild 2)
- „ff ff" – Fahrradpumpe betätigen
- „ss ss" – Luftstrom abwechselnd mit je einer Hand aus dem Mund ziehen (Bild 3)
- „husch husch" – mit beiden Händen und Armen Hühner verscheuchen
- „ta ta" – mit dem Zeigefinger einer Hand kurz auf den Handrücken der anderen Hand tippen
- „ha ha" – beide Hände auf den Bauch legen, bei jedem „ha" die Bauchdecke „springen" lassen

Bild 2

Bild 3

VOICE UP 3: Vokalausgleich

Die fünf Vokale (a, e, i, o, u) werden durch die Stellung der Lippen und der Zunge gebildet. Beim Singen soll der Wechsel der Vokale in der Klangfarbe kaum merkbar sein. Dies kann mit dem folgenden Stück trainiert werden.

Playback zu *Voice up* 3

D3

Text und Musik: Gerhard Wanker
© Helbling

▶ Wechselt bei jeder Wiederholung die Singsilben, damit alle Vokale an die Reihe kommen: z. B. no-a, no-e, no-i, no-u; ne-a, ne-i, ne-o, ne-u usw.
Auch die Anfangsbuchstaben der Singsilben sollen bei mehrmaligen Durchläufen des Stücks verändert werden: z. B. fi-a, ma-e, so-a, tu-i usw.
Findet auch eigene Texte, in denen alle fünf Vokale häufig vorkommen.

Bewegungsvorschlag

- mit beiden Händen Wellenbewegungen vor dem Körper ausführen (Bild 4)

Bild 4

„Die Musik drückt das aus, was nicht gesagt werden kann und worüber zu schweigen unmöglich ist."

▶ Was könnte der französische Schriftsteller **Victor Hugo** (1802–1885 / 83 J.) mit diesem Ausspruch gemeint haben? Tauscht euch darüber aus.

◆ Music talk

Um Musik zu beschreiben, brauchen wir ein fachgerechtes Vokabular („Wie ist Musik gemacht?"). Wenn Musik beurteilt oder bewertet werden soll, spielt aber auch der persönliche Geschmack eine große Rolle („Warum gefällt mir Musik?").

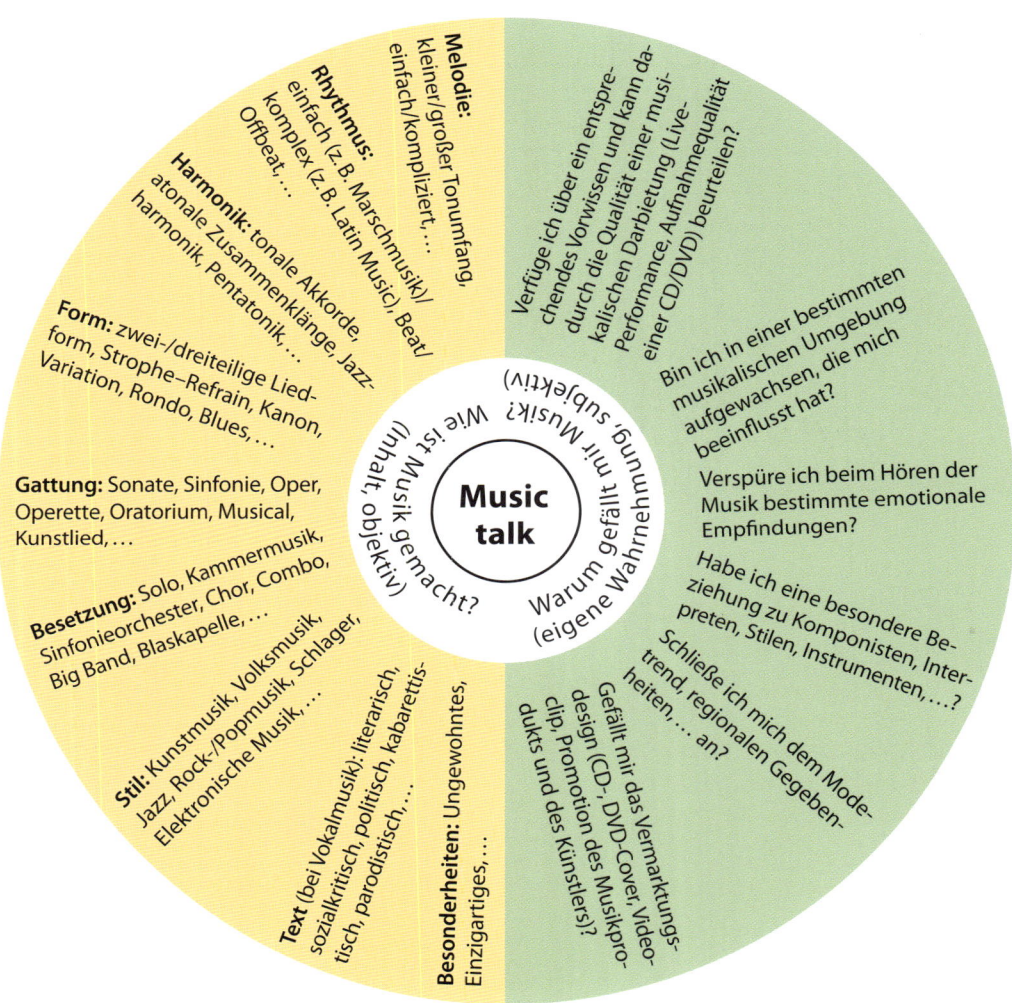

▶ Stellt euer Lieblingsmusikstück der Klasse vor:
  • Analysiert die Musik mithilfe der linken Kreishälfte.
  • Macht euch Gedanken über euren Musikgeschmack und begründet eure Wahl anhand der angegebenen Fragen in der rechten Kreishälfte.
  • Präsentiert euer Ergebnis, indem ihr das Musikstück zur Gänze oder in Ausschnitten vorspielt:
    - Sprecht euren Kommentar vor/nach dem Musikbeispiel oder passend zur laufenden Musik oder
    - verfasst einen Artikel für eine Zeitung oder ein CD-Booklet, macht ihn durch Poster/Beamer sichtbar und diskutiert ihn mit euren Mitschülern.

Musikfestivals oder Musikfestspiele sind regelmäßig wiederkehrende musikalische Großveranstaltungen, die sich oft durch den Ort und vornehmlich durch ihre Gestaltung vom Rahmen des alltäglichen Konzertbetriebs unterscheiden. Sie zeichnen sich besonders durch ihre gesellschaftliche Bedeutung, ihre Größe, ihre musikalische Vielfalt und ihre hohe Qualität aus. Festivals haben heute zumeist hohe Besucherzahlen und können sich über einen längeren Zeitraum erstrecken. Sie sind häufig auf eine bestimmte Musikrichtung oder Interessengruppe ausgerichtet (z. B. **Bayreuther Festspiele:** Opernfestspiele mit Werken Richard Wagners; **Salzburger Festspiele:** klassische Musik im Bereich Oper und Konzert; **Donaueschinger Musiktage:** zeitgenössische Musik; **North Sea Jazz Festival Rotterdam:** Jazz).

▶ Welche Musikfestivals kennt ihr? Gibt es in eurer Umgebung Musikfestspiele? Erstellt eine Liste.

◆ Bregenzer Festspiele

In Bregenz am Bodensee finden alljährlich im Sommer Opern- bzw. Operettenaufführungen auf einer Seebühne statt. Das ist in dieser Form weltweit einmalig.

Seebühne Bregenz (‚Tosca')

Die ersten **Bregenzer Festspiele** fanden im Jahr 1946 statt. In Bregenz musste damals nicht nur die vom Krieg zerstörte Stadt wiederaufgebaut werden, man wollte auch die kulturelle Durststrecke des 2. Weltkriegs beenden und geistig-kulturelle Ereignisse schaffen, die auch dem Fremdenverkehr nützlich sein sollten.

Die Bregenzer Bevölkerung identifizierte sich schnell mit ihren Festspielen, weil viele auch als Statisten oder Chorsänger beteiligt waren.

Festspielhaus Bregenz

Neben der weltweit größten Seebühne finden die Veranstaltungen auch im Kongress- und Festspielhaus statt, das im Jahr 1980 mit der 9. Sinfonie Beethovens eröffnet wurde. Die Wiener Symphoniker sind von Beginn an ständiges Festspielorchester.

Seit 1985 steht jede Seeproduktion zwei Jahre auf dem Spielplan.

Über die Bregenzer Festspiele

In der Spielzeit 1995/96 wurde die Oper *Fidelio* von **Ludwig van Beethoven** (1770–1827 / 56 J.) mit großem Erfolg auf der Seebühne aufgeführt.

◆ Fidelio
(siehe auch S. 65)

Hauptpersonen

Don Pizarro	= Gouverneur eines Staatsgefängnisses (Brt)	Leonore (Fidelio)	= Florestans Gemahlin (S)
		Rocco	= Kerkermeister (B)
Florestan	= ein Gefangener (T)	Don Fernando	= Minister (Brt)

Inhalt

Pizarro hält willkürlich viele politische Gefangene in Haft, darunter auch Florestan, einen Freund des Ministers, der aber gleichzeitig Pizarros persönlicher Widersacher war. Offiziell wird Florestan für tot erklärt. Leonore glaubt dies nicht und möchte die Wahrheit wissen. Sie begibt sich in Männerkleidern unter dem Namen Fidelio ins Gefängnis und arbeitet als Gehilfin des Kerkermeisters Rocco.
Rocco verbietet Fidelio, die im tiefsten Keller gelegene Zelle des Florestan zu betreten. Der Minister will das Gefängnis besuchen. Pizarro hat Angst, aufgedeckt zu werden, da er Florestan nicht rechtmäßig gefangen hält und plant deshalb, ihn zu beseitigen. Durch Pizarros Auftrag, ein Grab zu schaufeln, kann Leonore nun erstmals in den tiefen Keller und erkennt wegen der Dunkelheit den Gefangenen nur an seiner Stimme als ihren Gatten Florestan. Pizarro kommt und will Florestan mit einem Dolch ermorden, doch Leonore springt dazwischen und gibt sich mit den Worten: „Töt' erst sein Weib!" zu erkennen. In diesem Augenblick wird die Ankunft des Ministers durch ein Trompeten-signal angekündigt. Der Minister erkennt den totgeglaubten Florestan, der Gouverneur Pizarro wird verhaftet. Leonore hat ihren Florestan gerettet. Alle sind beeindruckt von dieser Gattentreue.

Bregenzer Aufführung 1995/96

Der englische Regisseur David Pountney stellte das Geschehen gegenwarts-bezogen in eine Kleinstadt mit Reihenhäu-sern und Gemüsegärten in unmittelbarer Nähe des Gefängnisses.
Die Bürger gehen ihrer alltäglichen Beschäfti-gung nach und kümmern sich kaum um den Kerker.

Der gnadenlose Gouverneur Don Pizarro regiert von einem gläsernen Kontrollturm. Die Kontrolle erfolgt per Abhöranlage. Mittels Knopfdruck verteilt er seine Befehle. Mit seinen Untergebenen kommuniziert er über Bildschirm.

Seebühne Bregenz ('Fidelio')

L. v. Beethoven, *Fidelio, Ha, welch ein Augenblick* – Ausschnitt

D4

> Pizarro:
> Ha, welch ein Augenblick, die Rache werd´ ich kühlen, dich rufet dein Geschick! In seinem Herzen wühlen, o Wonne, großes Glück! Schon war ich nah, im Staube, dem lauten Spott zum Raube, dahin gestreckt zu sein! Nun ist es mir geworden, den Mörder selbst zu morden. In seiner letzten Stunde, den Stahl in seiner Wunde, ihm noch ins Ohr zu schrei´n: Triumph, der Sieg ist mein!

Sehr eindrucksvoll ist die konkav (nach innen gewölbte) hoch aufsteigende Außenwand des Gefängnisbaus. Beim Öffnen der Gefängnisse werden große Rollbalken hochgezogen und man sieht die Gefangenen in ihren Zellen.

L. v. Beethoven, *Fidelio, Oh welche Lust* (Chor der Gefangenen)

D5

> Chor der Gefangenen:
> |: O welche Lust, in freier Luft den Atem leicht zu heben, o welche Lust; nur hier ist Leben, der Kerker eine Gruft! :| Nur hier ist Leben, o welche Lust!

▶ Stellt die folgende Schlüsselszene der Oper szenisch dar (Szene 14).

Ort/Szene: Florestan im Kerker. Pizarro betritt die Zelle, um Florestan zu töten. Leonore ist auch anwesend, Rocco kommt später dazu.

Pizarro: (*zu Florestan*) Er sterbe! Doch er soll erst wissen, wer ihm sein stolzes Herz zerfleischt!
Der Rache Dunkel sei zerrissen, sieh her, du hast mich nicht getäuscht! Pizarro, den du stürzen wolltest, (*Er schlägt den Mantel auf und zieht den Dolch heraus.*) Pizarro, den du fürchten solltest, steht nun als Rächer hier.

Florestan: (*gefasst*) Ein Mörder steht vor mir!

Pizarro: Noch einmal ruf ich dir, was du getan, zurück, nur noch ein Augenblick, und dieser Dolch … (*Er will Florestan durchbohren.*)

Leonore: (*Sie stürzt mit einem durchdringenden Geschrei hervor und schützt Florestan mit ihrem Leib.*) Zurück!

Florestan: O Gott!

Rocco: Was soll?

Leonore: Durchbohren musst du erst diese Brust, der Tod sei dir geschworen für deine Mörderlust.

Rocco: (*zu Leonore*) Halt ein, halt ein!

Leonore: (*noch einmal ihren Mann schützend*) Töt' erst sein Weib!

Pizarro: Sein Weib?

Rocco: Sein Weib?

Florestan: Mein Weib?

Leonore: (*zu Florestan*) Ja, sieh hier Leonore! (*zu den anderen*) Ich bin sein Weib, geschworen hab ich ihm Trost. Verderben dir! (*Leonore zieht hastig eine Pistole aus der Brust und hält sie Pizarro vor.*) Noch ein Laut, und du bist tot!
(*Das Trompetensignal ertönt, das die Ankunft des Ministers bedeutet.*)

L. v. Beethoven, *Fidelio,* Nr. 14 Quartett (Pizarro, Florestan, Leonore, Rocco) – Beginn

D6

Leonore (mit Pizarro, Florestan, Rocco):
Es schlägt der Rache Stunde, der Rache Stunde, du sollst gerettet sein, du sollst gerettet sein, gerettet sein! Die Liebe wird im Bunde mit Mute dich befrein, die Liebe wird im Bunde mit Mute dich befrein, ja, wird dich befrein, die Liebe wird im Bunde mit Mute dich befrein, die Liebe wird im Bunde mit Mute dich befrein, wird dich befrein, mit Mute, ja, wird dich befrein, wird dich befrein, wird dich befrein, die Liebe wird im Bunde mit Mute dich befrein. – (*Orchesternachspiel*)

Der im entscheidenden Augenblick auftretende Minister, Symbolfigur, die alles zum Guten wendet, wird als selbstsüchtiger Politiker der Gegenwart dargestellt. Medienwirksam inszeniert der Minister die Gerechtigkeit. Sein Auftritt als Befreier ist begleitet von Fotografen, der Freiheitsjubel wird mit viel Glamour, Glitzer und Girls revueartig aufgezogen. Im Finale wird der unerschütterliche Glaube an die Menschlichkeit und an den Triumph der Freiheit durch Liebe ausgedrückt. Die Oper *Fidelio* erzählt eine Geschichte von der Macht der Liebe über die Gewalt.

L. v. Beethoven, *Fidelio,* Finale – Ausschnitt

D7

Quiz-Box Kapitel 27

- Wie definiert man ein Musikfestival?
- Welches berühmte Orchester ist seit Beginn der Bregenzer Festspiele das ständige Festspielorchester?

- Wer komponierte die Oper *Fidelio*?

◆ **Mehr Fragen im MUSIKQUIZ**

◆ Musik der griechischen Antike

Das griechische Wort **Musiké** bedeutete in der Antike die Einheit von Dichtung, Musik und Tanz. Die Musik war in der griechischen Ethoslehre (Sittenlehre) ein Grundpfeiler im Staats- und Erziehungswesen. In Arkadien (Landstrich des Peloponnes) war es eine staatliche Verpflichtung, bis zum 30. Lebensjahr am Musikunterricht teilzunehmen. Auch der große Philosoph **Platon** sah in der Musik eine menschenbildende und wichtige staatstragende Kraft: „Erst wenn sich die Musik ändert, kann sich die Staatsform ändern!"

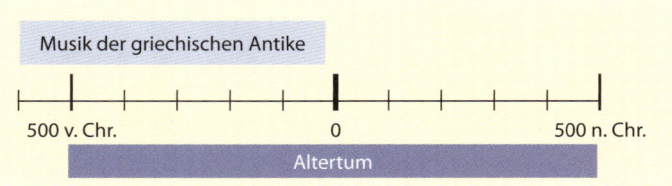

Musik der griechischen Antike

500 v. Chr.   0   500 n. Chr.

Altertum

Grabinschrift des Seikilos in Buchstabennotation

Das **Seikiloslied** ist eines der wenigen Musikstücke aus dieser Zeit, die erhalten geblieben sind. Es wurde erst 1883 auf der Grabsäule eines gewissen Seikilos entdeckt. Die Noten wurden damals in einer Buchstabenschrift festgehalten. Buchstaben gaben die Tonhöhe, Zusatzzeichen die Tondauer an.

Seikiloslied

D8

Seikiloslied in moderner Notation

Ὅ - σον	ζῆς,	φαί - νου,	μη - δὲν ὅ - λως__	σὺ λυ - ποῦ,__
Ha - son	zes,	phai - nu,	me - den ho - los,__	sy ly - pu;__
Lacht das	Licht,	freu - e dich,	hal - te fern dir__	Leid und Gram,__

πρὸς ὀ - λί - γον ἐ -	στὶ τὸ	ζῆν,__	τὸ τέ - λος ὁ χρό - νος ἀπ - αι - τεῖ.__
pros o - li - gon e -	sti to	zen,__	to te - los ho chro - nos ap - ai - tei.__
denn nur zu kurz ist des	Le - bens	Frist,__	ih - ren Tri - but for - dert bald die Zeit.__

Die zwei wichtigsten Instrumente waren zu jener Zeit die **Lyra** (Zupfinstrument, 4–7 Saiten) und der **Aulos** (der Oboe ähnelndes Instrument), der meist als Doppelaulos gespielt wurde. Bei Theateraufführungen einer griechischen Tragödie war der **Chor** ein wichtiger musikalischer Bestandteil. Er wurde meist am Anfang und am Schluss sowie bei dramatischen Szenen eines Theaterstücks eingesetzt.

Das Odeon (Freilufttheater) in Athen (erbaut 161 n. Chr., 5.000 Plätze) bildet heute noch den Mittelpunkt der jährlich stattfindenden Athener Festspiele.

Lyra

Doppelaulos

Odeon, Athen

◆ Gregorianischer Choral

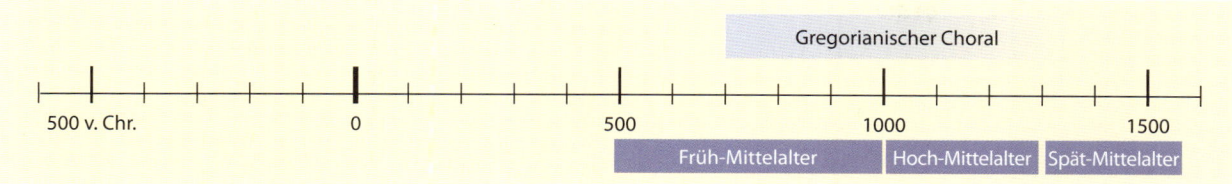

Zentren der Musikausübung waren im ersten Jahrtausend hauptsächlich die Klöster mit ihren liturgischen Gesängen. In seiner heutigen Form stammt der **Gregorianische Choral** aus dem 8./9. Jahrhundert (Frankenreich). Einer Legende nach wird er dem Liturgiereformer **Papst Gregor I.** (+ 604) zugeschrieben. Mit Gregorianischem Choral wird der einstimmige, liturgische Gesang der westlichen Kirchen in lateinischer Sprache bezeichnet. Er wird ohne Instrumentalbegleitung ausgeführt.

D9

Die liturgischen Gesänge wurden zu ihrer Entstehungszeit ausschließlich durch das Singen weitergegeben. Deshalb hat die älteste Notation, seit dem 9. Jahrhundert in Form von linienlosen **Neumen** (neuma = griech. Wink, Geste, Zeichen), primär die Funktion, aufführungspraktische Hinweise zu geben (Rhythmus, Dynamik, Textgliederung). Erst in zweiter Linie wird der ungefähre Melodieverlauf angegeben.
Das heute gebräuchliche Liniensystem (siehe unten) geht auf **Guido von Arezzo** (um 992 – ca. 1050 / ca. 58 J.) zurück, der vier Linien im Terzabstand einführte, um die Tonhöhe anzugeben.

Introitus zu Epiphania – Beginn

Linienlose Neumen

◆ Organum

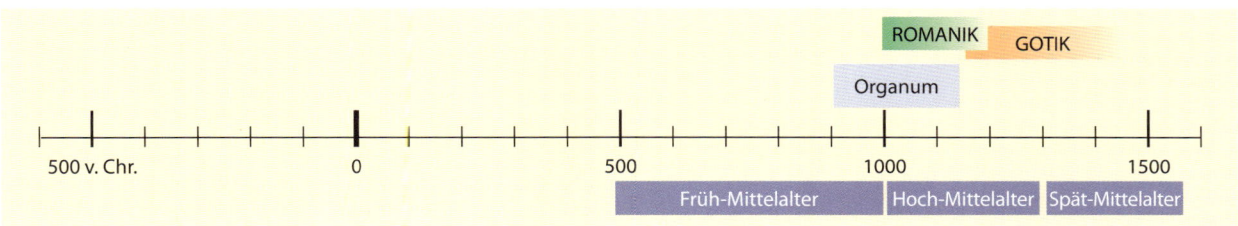

Organum ist die Bezeichnung für die erste improvisierte Mehrstimmigkeit, die erstmals um 900 überliefert ist. Zu einer gegebenen Stimme (vox principalis) tritt eine zweite (vox organalis) im Abstand einer Quinte oder Quarte hinzu.

Quintorganum/Quartorganum (3x)

D10/11

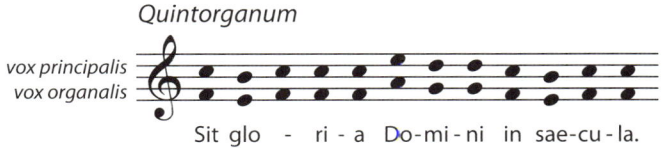

▶ Singt die Notenbeispiele oben oder nehmt ein euch bekanntes Kirchenlied und singt es nach dem organalen Prinzip.

Die Kirchenbauten von 1000 bis ca. 1150 sind vom **romanischen Baustil** geprägt. Charakteristisches Merkmal ist der Rundbogen.

Romanische Basilika innen und außen
(Dom zu Speyer, Deutschland)

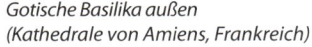

Die **Romanik** wurde ab 1150 von der **Gotik** abgelöst. Diese Kunstrichtung ging von Paris (Ile-de-France) aus und breitete sich bis ca. 1500 zuerst nach Deutschland, dann auch nach Italien und Spanien aus. In der Baukunst ist der Spitzbogen das kennzeichnende Element.

Gotische Basilika außen
(Kathedrale von Amiens, Frankreich)

Gotische Basilika innen
(Kathedrale von Rouen, Frankreich)

In der Kathedrale Notre-Dame in Paris wirkte um 1200 der Komponist **Perotinus Magnus**, der drei- und vierstimmige Organa schrieb. Es sind dies die ersten bedeutenden mehrstimmigen Werke der Musikgeschichte. Als Notenschrift verwendete er die sogenannte römische Choralnotation, die bereits Linien aufweist und wegen ihrer quadratischen Neumen auch **Quadratnotation** genannt wird. Sie bildet die eigentliche Grundlage unserer heutigen Notation.

D12

Perotinus, Organum quadruplum –
Sederunt principes (gekürzte Fassung)

▶ Der gelb markierte Anfang ist vierstimmig, danach wird einstimmig weitergesungen.

Verfolgt beim Hören des Beispiels D12 den einstimmigen Teil im Notenbild.

Sederunt principes (einstimmig) in Quadratnotation, aus dem *Graduale Romanum*

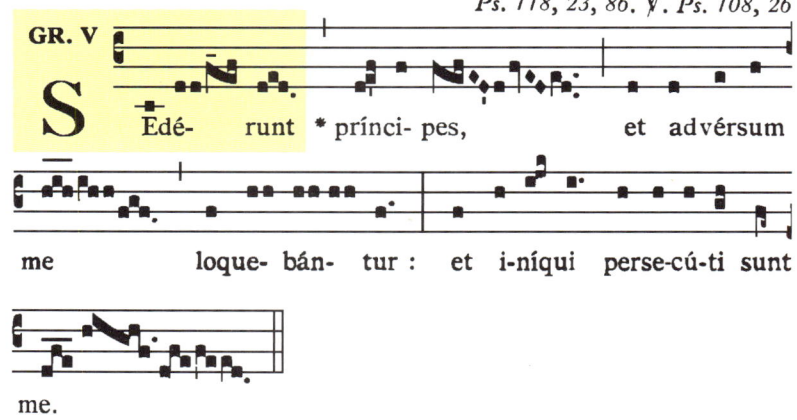

◆ Minnesang

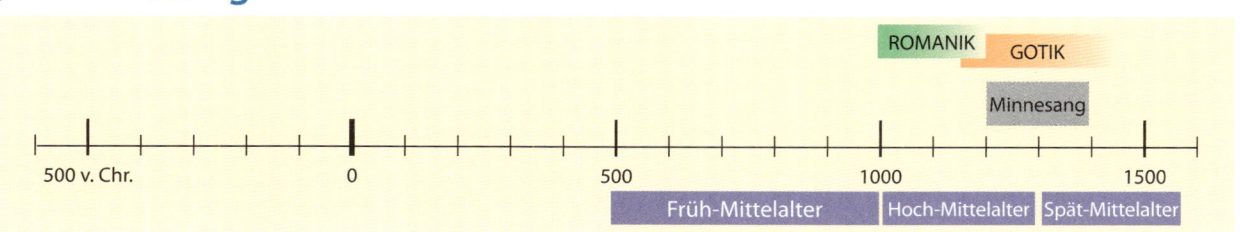

Seit dem Zeitalter des Rittertums gibt es erstmals Zeugnisse einer weltlichen, nicht mehr nur geistlichen Musikausübung. In Frankreich heißen die fahrenden Spielleute der damaligen Zeit **Troubadours** (südlich der Loire) oder **Trouvères** (nördlich der Loire). Sie waren Dichter, Komponist und Sänger in einer Person. In ihren Liedern sangen sie über Natur, Heldentaten der Ritter, Lebensweisheiten, Religion und vor allem Frauenverehrung.

Im deutschen Sprachraum nennt man die fahrenden Sänger **Minnesänger** (minne = Liebe im weitesten Sinn). Wichtigster Vertreter war **Walther von der Vogelweide** (um 1170–1230 / ca. 60 J.), der an den Fürstenhöfen ein gern gesehener Gast war. Von ihm sind sehr viele Gedichte und einige Melodien erhalten.

Walther von der Vogelweide

WOL MICH DER STUNDE

W. v. d. Vogelweide, Wol mich der Stunde

Walther von der Vogelweide

D13

Übersetzung

Gesegnet sei die Stunde, da ich die kennenlernte,
die mir Leib und Seele bezwungen hat,
seitdem meine Gedanken, die sie mir durch
ihre Güte geraubt, sich ihr zuwendeten.

Dass ich von ihr nicht loskommen kann,
daran ist ihre Schönheit und ihre Güte schuld
und ihr roter Mund, der so freundlich lacht.

Quiz-Box Kapitel 28

- Welches griechische Wort bedeutete in der Antike die Einheit von Dichtung, Musik und Tanz?
- Wie nennt man die einstimmigen, liturgischen Gesänge der westlichen Kirchen in lateinischer Sprache?
- Wie heißt einer der wichtigsten Vertreter des deutschen Minnesangs?

29 Taktwechsel

Taktwechsel sind rhythmisch-musikalische Gestaltungselemente, die Musikstücke abwechslungsreich und interessant machen können. Die zwei folgenden Beispiele zeigen einen Wechsel zwischen geraden und ungeraden Takten.

◆ Carmina Burana

Die *Carmina Burana* sind eine Sammlung von Frühlings-, Tanz- und Liebesliedern aus dem 12. Jahrhundert. Die Handschrift stammt vermutlich aus der Steiermark (Seckau), wurde im Kloster Benediktbeuern (Bayern) gefunden und wird heute in der bayerischen Staatsbibliothek in München aufbewahrt.

Der deutsche Komponist **Carl Orff** (1895–1982 / 86 J.) komponierte 1935/36 zu einigen ausgewählten Texten eine szenische Kantate mit dem Titel *Carmina Burana* (weltliche Gesänge für Soli und Chor mit Begleitung von Instrumenten und mit Bildern).

Seite aus der ‚Carmina-Burana'-Handschrift: Das Rad der Fortuna

Beim Stück *Uf dem anger* verwendet Carl Orff einen Taktwechsel. Folgende fünftaktige Melodie (Teil A) wird in diesem Stück oftmals wiederholt (siehe Formplan):

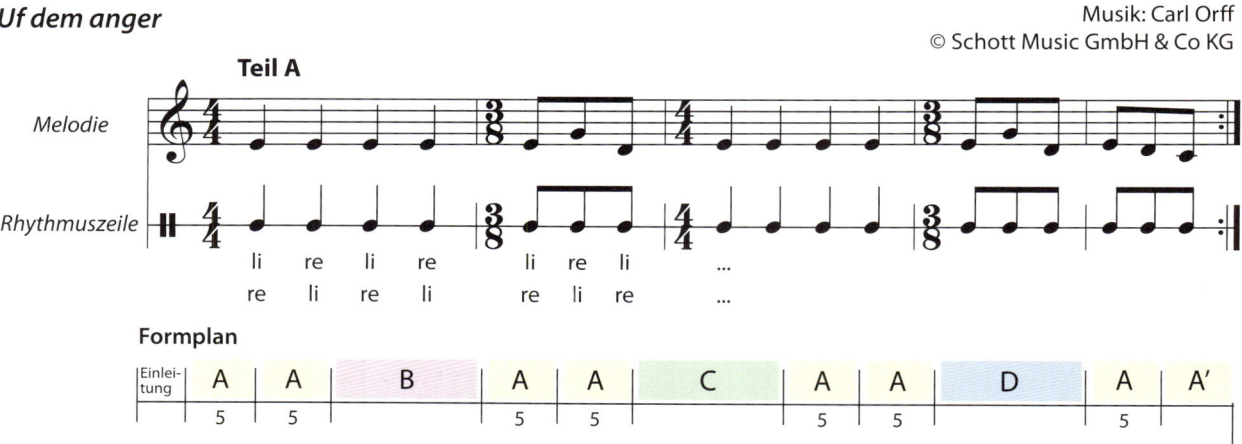

Uf dem anger

Musik: Carl Orff
© Schott Music GmbH & Co KG

C. Orff, *Carmina Burana, Uf dem anger*

▶ Lest beim ersten Hören von Beispiel D14 im Formplan (siehe oben) mit.
Führt beim zweiten Hören zu Teil A die obige Rhythmuszeile aus, indem ihr bei jeder Note abwechselnd mit der li bzw. re Hand auf die Tischfläche (Oberschenkel) patscht. Singt während des Patschens die Melodie auf der Silbe ta mit.

Quiz-Box Kapitel 29

- Das Werk *Carmina Burana* stammt von …

♦ **Mehr Fragen im MUSIKQUIZ**

Moritat

Eine **Moritat** ist ein von einem Bänkelsänger vorgetragenes Lied, das schreckliche Begebenheiten und grausige Verbrechen, aber auch rührselige Geschichten schildert und mit moralisierenden Worten endet. **Bänkelsänger** waren Nachrichtenüberbringer im Mittelalter. Sie sangen ihre Lieder meist auf Bänken stehend vor, damit das Publikum sie besser sehen konnte. Die im Text geschilderten Szenen wurden auf Tafeln aufgemalt, auf die die Bänkelsänger während des Singens mit einem Stock zeigten.

HADUBRAND

Einleitung / Zwischenspiel

Playback zu *Hadubrand*

D15

Text: mündlich überliefert
Musik: Gerhard Wanker
© Helbling

Teil A

1. Hört, Leu - te, die - se Mo - ri - tat, die sich einst zu - ge - tra - gen hat.
2. Ei - nes Ta - ges kam Ha - du - brand mit dem Pferd in ein frem - des Land.
3. Lieb - te dort einst ein Mägd - de - lein, ging mit ihr auch Ver - lo - bung ein.
4. Er hat - te dann in ei - ner Nacht ihr gan - zes Geld schnell durch - ge - bracht.
5. Das ar - me Mägd - lein wei - net sehr, so sehr weint heut kein Mägd - lein mehr.
6. Wäh - rend er in der Kam - mer schlief, ihn ein Ge - spenst beim Na - men rief.
7. So kam der Spuk nun je - de Nacht, hat ihn um den Ver - stand ge - bracht.
8. Geis - ter - stund bracht ihm Schreck und Graus, das hielt der Rit - ter gar nicht aus.
9. Und ei - nes Tags in al - ler Fruh, fand man ihn tot am Ka - na - pu.
10. Al - so ward's end - lich nun voll - bracht und fürch - ter - lich die Tat ge - racht.

Teil B

(1.) Lang __ ist's schon her, dass __ die - se Mähr klang von Stadt zu Stadt.
(2.–10.) Ha - du - brand mal hier, Ha - du - brand mal dort! Er war ein Bar - bar!

Der Text der Strophen 2–10 geht auf „Die gar schröckliche Moritat vom Ritter Hadubrand" zurück. Hadubrand ist der Sohn Hildebrands. Dieser ist eine bekannte deutsche Sagenfigur des Mittelalters. Im **Hildebrandslied** (früheste poetische deutsche Texte aus dem 9. Jahrhundert) werden Episoden in althochdeutscher Sprache erzählt.

Gestaltungshinweise:

▶ Singt das Lied *Hadubrand* zum Playback Hörbeispiel D15 und führt dabei die Symbole für körpereigene Instrumente aus. Sowohl Teil A als auch B können zuerst solistisch, bei der Wiederholung dann von allen gesungen werden.

▶ Gestaltet Bilder zum Text und zeigt sie während des Singens wie ein Bänkelsänger. Ihr könnt auch zu den Strophen passende Standbilder erstellen, sie fotografieren und am Computer zu einer Diashow montieren, die während des Singens präsentiert wird.

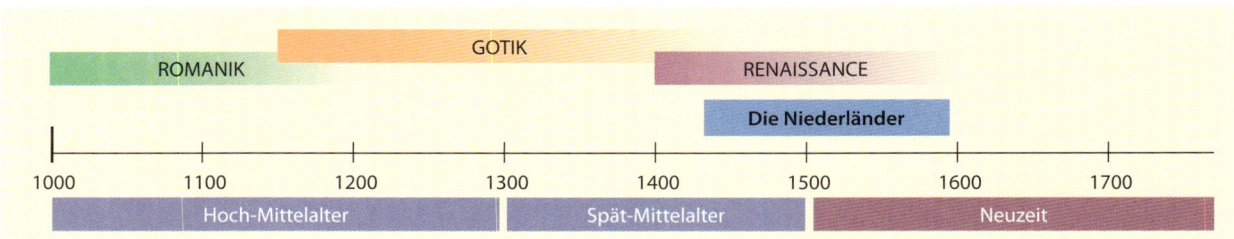

ROMANIK | GOTIK | RENAISSANCE

Die Niederländer

1000 — 1100 — 1200 — 1300 — 1400 — 1500 — 1600 — 1700

Hoch-Mittelalter | Spät-Mittelalter | Neuzeit

Am Übergang vom Mittelalter zur Neuzeit war man bestrebt, das Welt- und Menschenbild geistig umzuformen. Dabei besann man sich auf das Leben und Schrifttum der Antike als Ideal menschlicher Vollkommenheit und feiner Geistesbildung (Humanismus). Die **Renaissance** (frz. Wiedergeburt) ist die Zeitepoche des 15. und 16. Jahrhunderts. Sie ging von Italien aus und verbreitete sich über ganz Europa.

Petersdom, Rom

Pietà im Petersdom

Der Bildhauer, Maler und Baumeister **Michelangelo Buonarroti** (1475–1564 / 88 J.)
ist der Erbauer der Kuppel des Petersdoms in Rom, der Schöpfer der Fresken (Malerei auf noch feuchtem Putz) in der Sixtinischen Kapelle und der Pietà (Darstellung Marias mit dem Leichnam Christi auf dem Schoß) aus Marmor im Petersdom.

Kuppel des Doms, Florenz

Das Zentrum der Renaissance war **Florenz**.
Neben vielen Renaissancebauten in dieser Stadt ragt besonders der Dom mit seiner Kuppel hervor (Filippo Brunelleschi, um 1450).

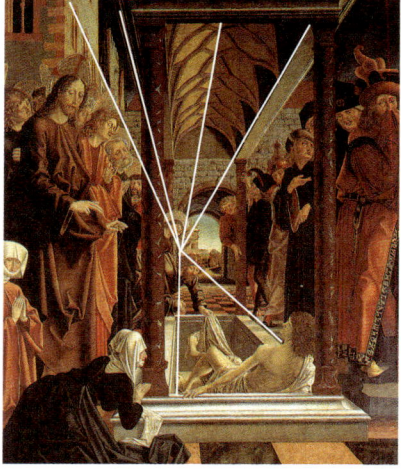

Michael Pacher (um 1435–1498 / ca. 63 J.), ‚Auferweckung des Lazarus‘ (Hochaltar in St. Wolfgang, Oberösterreich)

Die Auseinandersetzung mit Mathematik und Geometrie findet in der Malerei ihren Niederschlag in den sorgfältig berechneten Proportionen und der exakten Darstellung, der sog. **Zentralperspektive**.

Eine universell begabte Persönlichkeit war **Leonardo da Vinci** (1452–1519 / 67 J.). Er war nicht nur Maler, sondern auch Naturforscher und Erfinder. Sein berühmtestes Gemälde, *Mona Lisa*, ist im Louvre in Paris zu sehen.

Albrecht Dürer (1471–1528 / 56 J.), der sich auf einer Italienreise durch die italienische Kunst beeinflussen ließ, war der berühmteste Maler dieser Zeit nördlich der Alpen (Selbstbildnis, 1498).

Den Buchdruck mit beweglichen Lettern (Druckbuchstaben) erfand **Johannes Gutenberg** (um 1400–1468 / ca. 68 J.) um 1450. Sein großes Werk war die 42-zeilige (Gutenberg-)Bibel.
Die Gutenberg'sche Drucktechnik wurde vom Venezianer **Petrucci** für den Notendruck weiterentwickelt.

Christoph Kolumbus (1451–1506 / 54 J.), der spanische Seefahrer, wollte auf dem Seeweg mit seinem Flaggschiff *Santa Maria* Indien erreichen und entdeckte dabei im Jahr 1492 Amerika.

Der Kirchenreformator **Martin Luther** (1483–1546 / 62 J.) übersetzte als einer der Ersten das Neue Testament ins Deutsche. Im Gottesdienst legte er Wert auf die Mitwirkung der Gemeinde. So schuf er eine neue musikalische Gattung: das evangelische Kirchenlied, auch evangelischer Choral genannt.

◆ Musik der Renaissance

War während der Gotik Frankreich führend in der Musik, so beherrschten nun für fast 200 Jahre die „Niederländer" (heute Niederlande, Belgien, Nordostfrankreich) die Musikszene.
In dieser Zeit entwickelte sich die **mehrstimmige Vokalmusik** zur Hochblüte.

Wichtige Gattungen der Renaissancemusik:

Motette	= geistliches Chorwerk, meist a cappella (nur vokal)
Madrigal	= weltliches Chorwerk, meist a cappella
Messe	= Vertonung der gleichbleibenden liturgischen Teile (Ordinarium: Kyrie, Gloria, Credo, Sanctus, Agnus Dei)
Gesellschaftslied	= einstimmiges/mehrstimmiges weltliches Lied

Die bedeutendsten Musiker am Ende der Renaissance waren **Orlando di Lasso** (um 1532–1594 / ca. 62 J.), der in Mons (heute Belgien) geboren wurde und die letzten 30 Lebensjahre als Leiter der Münchner Hofkapelle wirkte, sowie der italienische Komponist **Giovanni Pierluigi da Palestrina** (um 1525–1594 / ca. 69 J.), der 1571 zum Komponisten der päpstlichen Kapelle in Rom ernannt wurde. Diese Stelle bekleidete er mehr als 20 Jahre bis zu seinem Tod.

Neben der **Homofonie** (Satztechnik, in der die Melodiestimme hervortritt und die anderen Stimmen nur begleiten) entwickelte sich die **Polyfonie** (Eigenständigkeit der einzelnen Stimmen) in kunstvolle Höhen.

Orlando di Lasso mit der bayerischen Hofkapelle

Madrigal

O. di Lasso, *Audite nova*

D16

▶ Lest beim Hören des Madrigals *Audite nova* im Notenbild mit und achtet auf die verschiedenen mehrstimmigen Satzweisen. (Lasso verwendete beim lateinischen Text die polyfone, beim Beginn des deutschen Texts die homofone Satzweise. Das grüne Feld zeigt eine Mischform.)

Audite nova

Orlando di Lasso
aus *Sechs Teutsche Lieder,* 1573

▶ gyrigyri gaga Gans! Die hat ein langen, feisten, dicken, weidelichen Hals, bring her die Gans, hab dir's mein trauter Hans! Rupf sie, zupf sie, sied sie, brat sie, z'reiß sie, friss sie! Das ist Sankt Martins Vögelein, dem können wir nit Feind sein! Knecht Heinz, bring her ein guten Wein und schenk uns tapfer ein; lass umhergahn in Gottes Nam trinken wir gut Wein und Bier auf die g'sottne Gans, auf die brat'ne Gans, auf die junge Gans, dass sie uns nit schaden mag.

Messe

G. P. da Palestrina, *Missa Papae Marcelli, Kyrie* – Beginn

D17

Der Komponist **Giovanni Pierluigi da Palestrina** war so bedeutend, dass man nach ihm einen musikalischen Stil (Palestrina-Stil) benannt hat. Die vokale Chormusik erreichte mit seinen Kompositionen ihren Höhepunkt und wurde in dieser Form nicht mehr weiterentwickelt.

Gesellschaftslied

Maximilian I. von Habsburg (1459–1519 / 59 J.), deutscher König und erwählter römisch-deutscher Kaiser, war ein sehr kunstsinniger Mensch. Er beschäftigte eine eigene Hofkapelle, die er auch auf seine Reisen mitnahm. An seinem Hof in Innsbruck wirkte mehrere Jahre der „Niederländer" **Heinrich Isaac** (um 1450–1517 / ca. 67 J.) als Komponist und Leiter der dortigen Hofkapelle.

Die Melodie des Lieds *Innsbruck, ich muss dich lassen* stammt von Heinrich Isaac. Der Überlieferung nach soll Maximilian I. den Text selbst geschrieben haben, als er 1493 von seinem geliebten Innsbruck Abschied nehmen musste.

Kaiser Maximilian I.

INNSBRUCK, ICH MUSS DICH LASSEN

H. Isaac, *Innsbruck, ich muss dich lassen* – 1. Strophe (Chorsatz)

D18

Melodie   Musik: Heinrich Isaac

1. Inns - bruck, ich muss dich las - sen, ich fahr' da - hin
Freud' ist mir ge - nom - men, die ich nit weiß

mein Stra - ßen in frem - de Land' da - hin: mein
be - kom -   men, wo

ich im E - - - - - - lend bin, wo bin.

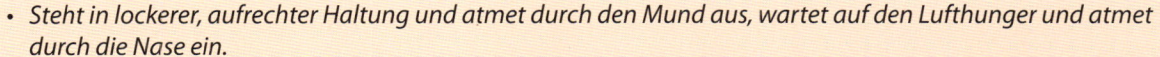
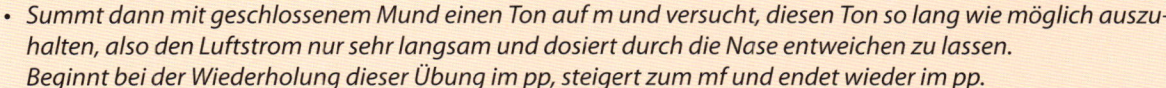

- *Steht in lockerer, aufrechter Haltung und atmet durch den Mund aus, wartet auf den Lufthunger und atmet durch die Nase ein.*
- *Summt dann mit geschlossenem Mund einen Ton auf m und versucht, diesen Ton so lang wie möglich auszuhalten, also den Luftstrom nur sehr langsam und dosiert durch die Nase entweichen zu lassen.*
Beginnt bei der Wiederholung dieser Übung im pp, steigert zum mf und endet wieder im pp.
- *Summt die letzten vier Takte des Lieds auf einem Atem.*

▶ Singt die erste Strophe des Lieds *Innsbruck, ich muss dich lassen* zum Hörbeispiel D18.

Quiz-Box Kapitel 30

- Welche italienische Stadt war das geistige und künstlerische Zentrum der Renaissance?
- Wie heißt ein für die Renaissance typisches Chorstück mit geistlichem Text, das meist ohne Instrumentalbegleitung gesungen wird?
- Was versteht man unter einem Madrigal?

- Wie nennt man die Satztechnik, bei der die Melodiestimme hervortritt und die anderen Stimmen nur begleiten?
- Welcher Komponist schrieb das Lied *Innsbruck, ich muss dich lassen*?

◆ **Mehr Fragen im MUSIKQUIZ**

31 Tanzende Stiefel

Der Spiel-mit-Satz zu *Tanzende Stiefel* entstand in Anlehnung an den heute in Südafrika populären Gumboot Dance (Gummistiefel-Tanz).

Dieser entstand Ende des 19. Jahrhunderts unter den schwarzen Minenarbeitern als Reaktion auf die harten Arbeitsbedingungen und die rassistische Unterdrückung. Als „Instrumente" standen den Arbeitern nur ihr Körper und Gummistiefel zur Verfügung.

Auch Effekte des alpenländischen Schuhplattelns flossen in den Spiel-mit-Satz mit ein. Sie erscheinen hier jedoch nicht in der traditionellen Weise.

▶ Führt den Spiel-mit-Satz zu *Tanzende Stiefel* in zwei Gruppen aus.
  Stellt euch nebeneinander und in mehreren Reihen hintereinander auf.

Ausführungshinweise im Spiel-mit-Satz sind kursiv geschrieben, gerade geschriebener Text wird gesprochen.

Spiel-mit-Satz zu *Tanzende Stiefel*

Konzept: Günter Meinhart
Einrichtung: Gerhard Wanker
Text: Maria Schausberger
© Helbling

D19

 *Tanzende Stiefel* Multimedialer Spiel-mit-Satz

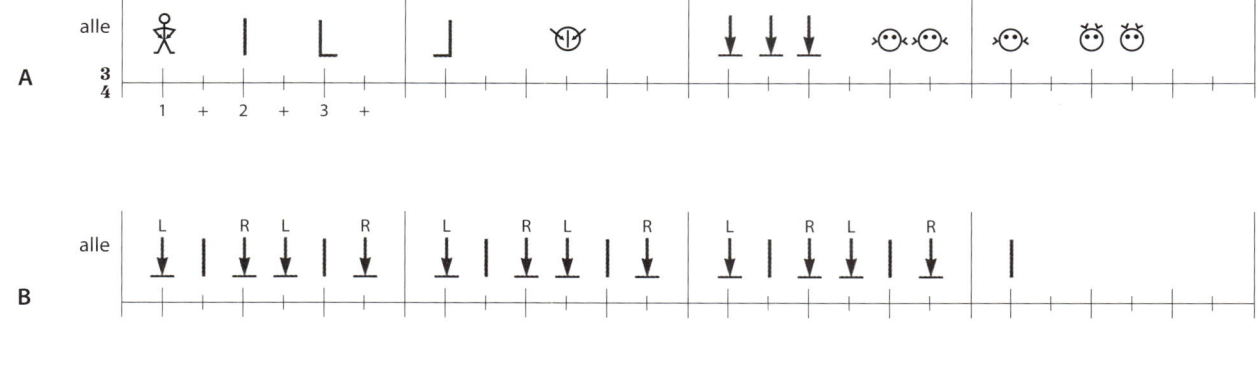

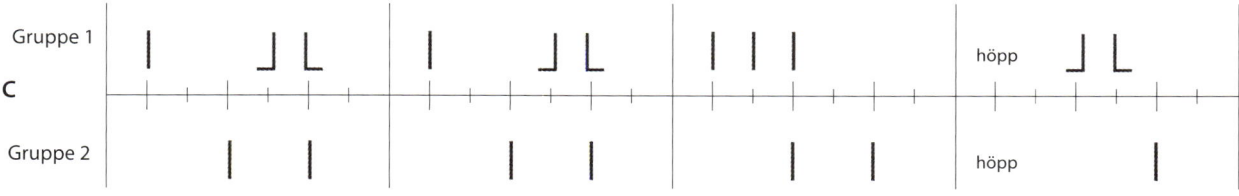

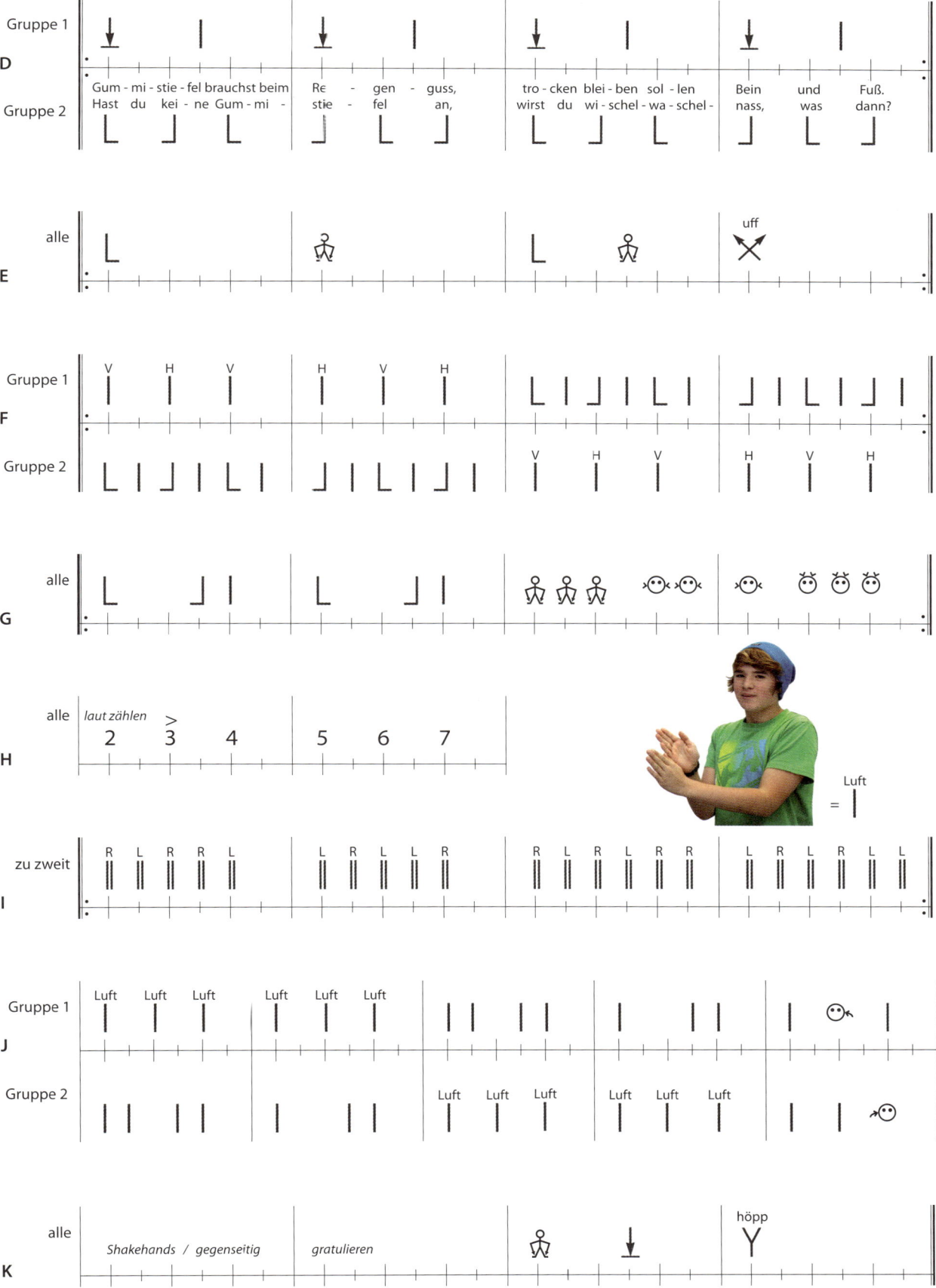

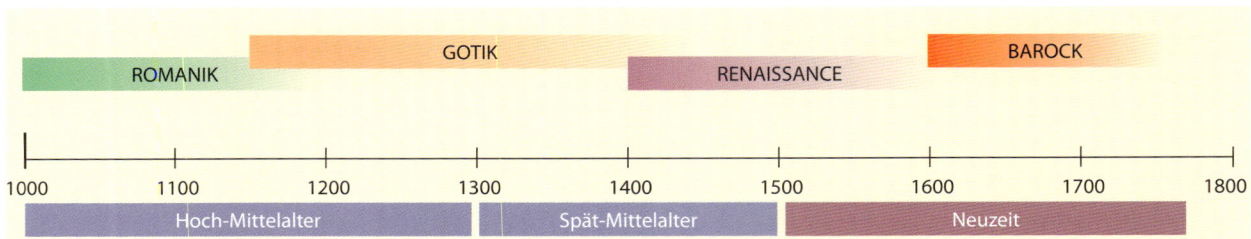

ROMANIK · GOTIK · RENAISSANCE · BAROCK

1000 · 1100 · 1200 · 1300 · 1400 · 1500 · 1600 · 1700 · 1800

Hoch-Mittelalter · Spät-Mittelalter · Neuzeit

Die Entwicklung des barocken Kunststils in Architektur, Malerei, Bildhauerei, Theater und Musik wurde vor allem von weltlichen und geistlichen Herrschern getragen. In dieser Zeit entstanden die prunkvollsten Schloss- und Kirchenbauten. Von der Außenfassade bis zur Inneneinrichtung zog sich ein Stil durch, der durch Formenreichtum und üppige Verzierungen charakterisiert ist.

Das **Schloss Versailles** in Paris (Baubeginn 1661) ist mit seinen weiten Dimensionen, den grandiosen Innenräumen und Gärten der bedeutendste Profanbau (weltliches Gebäude) des Barock.

Das **Schloss Schönbrunn** in Wien wurde nach dem Muster von Versailles nach Plänen des Baumeisters **Fischer von Erlach** erbaut (Bauzeit 1695–1711). Das Schloss hat 1.441 Räume. Der Park ist im französischen Stil angelegt.

Auch die Innenräume der Kirchen sind prunkvoll mit Ornamenten und Deckengemälden dekoriert, wie in der Stiftskirche **St. Florian** (Oberösterreich).
◄

►
Das **Stift Melk**, erbaut nach Plänen von **Jakob Prandtauer** (Beginn 1702), ist einer der prunkvollsten Barockbauten in Mitteleuropa.

▶ Welche barocken Bauwerke kennt ihr in Deutschland, in eurem Bundesland, in eurer näheren Umgebung? Bringt Bildmaterial mit und stellt eine Liste von barocken Bauwerken zusammen.

◆ Musik im Barock

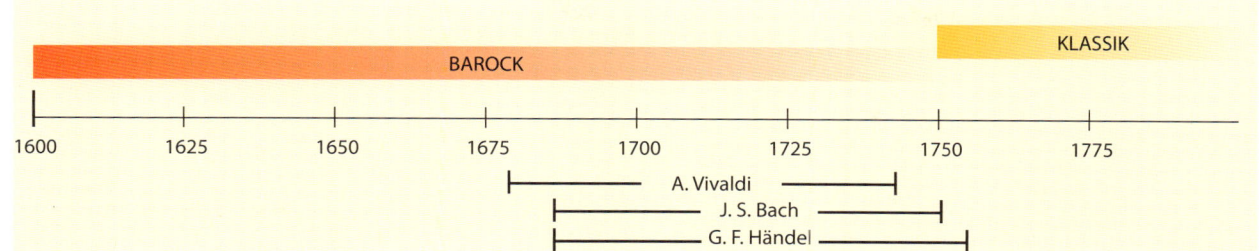

KLASSIK

BAROCK

| 1600 | 1625 | 1650 | 1675 | 1700 | 1725 | 1750 | 1775 |

A. Vivaldi

J. S. Bach

G. F. Händel

Antonio Vivaldi
(um 1678, Venedig – 1741, Wien / ca. 63 J.)

Johann Sebastian Bach
(1685, Eisenach – 1750, Leipzig / 65 J.)

Georg Friedrich Händel
(1685, Halle – 1759, London / 74 J.)

Thomaskirche in Leipzig

Johann Sebastian Bach

war der bedeutendste Komponist aus der wohl größten Musikerdynastie der Geschichte. Er hatte mit zwei Frauen 20 Kinder. Von seinen Söhnen waren viele ausgezeichnete Musiker und Komponisten. J. S. Bach war von 1723 bis zu seinem Tod Thomaskantor in Leipzig.

Matthäuspassion

Unter **Passion** versteht man die Vertonung der Leidensgeschichte Jesu nach der Aufzeichnung eines der vier Evangelisten (Matthäus, Markus, Lukas, Johannes) für folgende Besetzung: Gesangssolisten, Chor und Orchester.
An musikalischen Formen kommen vor: Arien, Rezitative und Chöre.
Eines der geistlichen Hauptwerke Bachs ist die *Matthäuspassion*, in der der berühmte Choral *O Haupt voll Blut und Wunden* zu hören ist. (Bach hat auch eine *Johannespassion* geschrieben.)

J. S. Bach, *Matthäuspassion*, Nr. 62 Rezitativ / Nr. 63 Choral

D20/21

Matthäuspassion, Nr. 62 Rezitativ / Chor

Evangelist: Da nahmen die Kriegsknechte des Landpflegers Jesum zu sich in das Richthaus und sammelten über ihn die ganze Schar; und zogen ihn aus, und legten ihm einen Purpurmantel an; und flochten eine Dornenkrone, und setzten sie auf sein Haupt, und ein Rohr in seine rechte Hand, und beugeten die Knie vor ihm, und spotteten ihn und sprachen:
Chor: Gegrüßet, gegrüßet seist du, Judenkönig!
Evangelist: Und speieten ihn an, und nahmen das Rohr, und schlugen damit sein Haupt.

Matthäuspassion, Nr. 63 Choral (Chor)

O Haupt voll Blut und Wun – den, voll Schmerz und vol – ler Hohn! O
Haupt, zu Spott ge – bun – den mit ei – ner Dor – nen – kron! O
Haupt, sonst schön ge – zie – ret mit höchs – ter Ehr' __ und Zier, jetzt
a – ber hoch schimpf – ret: ge – grü – ßet seist du mir.

Matthias Grünewald, Die Kreuzigung Christi

Concerto grosso

Das **Concerto grosso** ist ein mehrsätziges Instrumentalwerk des Barock, bei dem ein Orchester (Tutti) und eine kleine Solistengruppe (Concertino) gemeinsam musizieren.

Das Kernstück der Instrumentalmusik Bachs bilden die sechs *Brandenburgischen Konzerte*, die dem Markgrafen **Christian Ludwig von Brandenburg** (1677–1734 / 57 J.) gewidmet sind.

D22

J. S. Bach, *Brandenburgisches Konzert* Nr. 2 , 1. Satz – Beginn

Beim *Brandenburgischen Konzert* Nr. 2 verwendete J. S. Bach im Concertino vier Soloinstrumente (Blockflöte = Blfl., Oboe = Ob., Trompete = Tp., Violine = Viol.).

In jedem Concertino-Teil spielt ein anderes Soloinstrument folgendes Thema:

▶ Erkennt beim Hören von Beispiel D22 im jeweiligen Abschnitt das Soloinstrument und schreibt die Reihenfolge in euer Heft.

Tutti	? 1. Soloinstrument Concertino	Tutti	? 2. Soloinstrument Concertino	Tutti	? 3. Soloinstrument Concertino	Tutti	? 4. Soloinstrument Concertino	Tutti

◆ Vivaldi-Report

▶ Gestaltet aus den Angaben auf den folgenden Seiten eine Fernsehsendung.
Verwendet dabei z. B. die Technik der Moderation, des Interviews, Toneinspielungen, Publikumsbefragungen, choreografische Gestaltung von Musik, szenisches Spiel zu Musik.

Antonio Vivaldi

Informationen

Die vier Violinkonzerte von **Antonio Vivaldi**, die unter dem Titel *Die vier Jahreszeiten* (1725) veröffentlicht wurden, sind Meisterwerke der Programmmusik und geben auf außergewöhnliche Art und Weise die unterschiedlichen Stimmungen und Farben der wechselnden Jahreszeiten wieder. Jedes Konzert hat drei Sätze. Außerdem ist jedem Konzert ein Gedicht in vierzehnzeiliger Sonett-Form (zwei Vierzeiler und zwei Dreizeiler) vorangestellt.

Herbst-Sonett

Glücklich feiert der Bauer
mit Tanz und Gesang die gute Ernte
und vom süßen Weine des Bacchus entflammt
endet der Genuss im Schlummer.

So beschließen Tanz
und Gesang das Vergnügen.
Und die beginnende friedliche Zeit
lädt ein zu süßem Ruhen.

Das Tagesgrauen sieht den Aufbruch der Jäger,
mit Hörnern und Flinten eilen sie hinaus,
es flieht das Wild, sie verfolgen die Spur.

Schon erschreckt und ermattet vom Lärm
der Flinten und Hörner,
verwundet versucht es zu fliehen, muss jedoch sterben.

Das Herbst-Konzert handelt von einem Gelage, bei dem die Bauern mit Tänzen die reiche Ernte feiern, wie **Peter Paul Rubens** (1577–1640 / 62 J.) dies in seinem Kirmes-Bild treffend ausgedrückt hat.

Vorarbeiten

Sequenz 1: Moderation – Interview

Der Text auf der nächsten Seite wird in Partnerarbeit geprobt. Einer spielt den Moderator, der andere Vivaldi. Überlegt euch, welche Positionen ihr beim Interview einnehmen werdet (im Stehen, im Sitzen, im Gehen). Ein Paar wird dann für die Aufführung ausgewählt.

A. Vivaldi, Herbst, 1. Satz – Beginn

D23

Sequenz 2: Choreografische Auflösung des 1. Satzes (Hörbeispiel D23)

In mehreren Gruppen (4–5 Paare) sollen zum Hörbeispiel D23 in erster Linie Schrittanzformationen (die Paare gehen hintereinander in einer Reihe, im Kreis, gehen rechts/links außen zurück, bilden einen Kreis etc.) gefunden werden. In der Choreografie soll sowohl der Wechsel zwischen piano und forte als auch zwischen Solovioline und Orchester (z. B. ein Paar bewegt sich/alle Paare bewegen sich) deutlich erkennbar sein.

A. Vivaldi, Herbst, 3. Satz – gekürzte Fassung

D25

Sequenz 4: Herbst-Sonett

Vor dem Hören des 3. Satzes (Hörbeispiel D25) werden die zwei Dreizeiler des Sonetts (siehe oben) vorgelesen. Legt für jeden Dreizeiler einen Sprecher fest.

Ablauf der Sendung

A. Vivaldi, *Herbst,* 1. Satz – Beginn

Sequenz 1: Moderation – Interview

Toneinspielung: Hörbeispiel D23 (nach 10 Sekunden Fade-out)

Moderator:	Willkommen bei unserer Sendung *Musik für junge Leute.* Heute darf ich Ihnen einen ganz besonderen Gast vorstellen. Es ist kein Geringerer als Antonio Vivaldi. Ich begrüße Sie herzlichst! *(Vivaldi tritt auf)* *(Zum Publikum:)* Ich werde mit Herrn Vivaldi ein wenig über sein Leben plaudern. *(Zu Vivaldi:)* Gleich zu Beginn die Frage: Wann sind Sie geboren, Herr Vivaldi?
Vivaldi:	Ich wurde am 4. März 1678 in Venedig geboren und wäre heute … Jahre alt.
Moderator:	Wie kamen Sie zum Komponieren?
Vivaldi:	Ich war zuerst Schüler meines Vaters, Giovanni Vivaldi, und später von Giorgio Legrenzi. Im März 1703, also mit 25 Jahren, wurde ich zum Priester geweiht und wegen meiner roten Haarfarbe „il prete rosso" („der rote Priester") genannt. Wegen meines Asthmaleidens musste ich jedoch auf das Messelesen verzichten.
Moderator:	Wie haben Sie sich musikalisch betätigt?
Vivaldi:	Ich arbeitete als Violinlehrer am Ospedale della Pietà in Venedig, komponierte viel und dirigierte meine Werke bei öffentlichen Aufführungen.
Moderator:	Und was haben Sie, wenn man das so sagen kann, alles komponiert?
Vivaldi:	In erster Linie schrieb ich Instrumentalmusik. Später habe ich mich auch der Oper zugewandt und schrieb davon 50 Stück. Von meinen insgesamt 800 Werken sind heute ca. 700 bekannt, die anderen sind im Lauf der Zeit verschollen.
Moderator:	Wie lange haben Sie eigentlich gelebt, dass Sie so viel schreiben konnten?
Vivaldi:	Ich habe es auf stattliche 63 Jahre gebracht und bin, falls Sie das interessiert, in Wien in ärmlichen Verhältnissen gestorben. Mein Grab existiert heute leider nicht mehr.
Moderator:	Und was ist Ihr bekanntestes Werk?
Vivaldi:	Sehr bekannt sind die vier Violinkonzerte, die unter dem Titel *Die vier Jahreszeiten* veröffentlicht wurden.
Moderator:	Lieber Herr Vivaldi, wir werden nun gleich eine szenische Darstellung des ‚Herbsts' sehen/hören. Welchen Tipp könnten Sie unserem Publikum noch geben, damit es beim Zusehen/Zuhören möglichst viel davon hat?
Vivaldi:	Es ist nicht leicht, einen allgemeinen Ratschlag zu geben. Ich würde aber sagen, dass alle die Musik nach ihrer Art genießen sollen. Also: Genießen, genießen, genießen!
Moderator:	Ich danke Ihnen für das Interview, Herr Vivaldi, und wünsche uns allen ein schönes Musikerlebnis mit der szenischen Aufführung Ihres ‚Herbsts'.

A. Vivaldi, *Herbst*, 1. Satz – Beginn

D23

Sequenz 2: Choreografische Auflösung des 1. Satzes (siehe Seite 111)
(Hörbeispiel D23)

A. Vivaldi, *Herbst*, 2. Satz

D24

Sequenz 3: Szenisches Simultanspiel des 2. Satzes (Hörbeispiel D24)

Diese Sequenz wird in der Sendung live gespielt.
Dargestellt werden soll: Nach getaner Arbeit sitzen alle gemütlich beisammen, werden müder und müder und versinken langsam in den Schlaf.

A. Vivaldi, *Herbst*, 3. Satz – gekürzte Fassung

D25

Sequenz 4: Herbst-Sonett

Vor dem Hören des 3. Satzes (Hörbeispiel D25) werden die zwei Dreizeiler des Sonetts
(siehe Seite 111) vorgelesen.

Sequenz 5: Interviews und Absage

Live: Der Moderator geht nach der Aufführung zu einigen Mitwirkenden und befragt sie nach ihrer Meinung zur Aufführung, zum Werk etc.

Absage: Wir sind nun wieder am Ende unserer Sendung angelangt. Ich bedanke mich fürs Zusehen/Zuhören und verabschiede mich bis zum nächsten Mal, wenn es wieder heißt *Musik für junge Leute*. Tschau, tschüss, servus …

Quiz-Box Kapitel 32

- In welcher Stadt starb der Komponist Georg Friedrich Händel?
- Die *Matthäuspassion* ist eines der berühmtesten Werke von …
- Zu welcher musikalischen Gattung gehört das 2. *Brandenburgische Konzert* von Johann Sebastian Bach?
- Die vier Violinkonzerte, die unter dem Titel *Die vier Jahreszeiten* veröffentlicht wurden, stammen von …

◆ **Mehr Fragen im MUSIKQUIZ**

115

◆ Rondo szenario

Das **Rondo** (französisch: Rondeau) ist ursprünglich ein mittelalterliches Tanzlied. Kennzeichnend ist ein ständig wiederkehrender Teil (Refrain), der sich mit unterschiedlichen Teilen (Couplets) abwechselt.

Der französische Barockkomponist **Jean–Philippe Rameau** (1683–1764 / 80 J.) hat im folgenden Stück die Form des Kettenrondos verwendet.

J. Ph. Rameau, *Les indes galantes, Rondeau*

D26

Formverlauf:

Refrain 16 T.	Couplet 16 T.	Refrain 16 T.	Couplet 16 T.	Refrain 16 T.
A	B	A	C	A

▶ Verfolgt die Grafik beim Hören des Stücks und ordnet die Abschnitte der Musik zu (Takte mitzählen).

▶ Führt während des Hörens von Hörbeispiel D26 folgende Aktionen aus:
Teil A: Zur Musik dirigieren.
Teil B: Szenische Darstellung (höfisches Benehmen: vornehmes Gespräch, Verbeugung, Fächer usw.)
Teil C: Instrumente pantomimisch spielen.

◆ Rondo creativo

Beim *Rondo creativo* gibt es vorgegebene und neu zu erfindende Teile.
Teil A (Refrain) bleibt immer gleich und ist wie die Teile B, C und D (Couplets) bereits festgelegt.
Die Teile E, F und G (Couplets) sind neu zu gestalten.

Teil A (Refrain): Bodypercussion

Teil B (Rhythmisches Couplet): Rhythmusinstrumente

Teil C (Melodisches Couplet): Improvisation auf Stabspielen oder Melodieinstrumenten mit den Tönen: c–d–e–g–a–c

Teil D (Rap-Couplet): Raptext

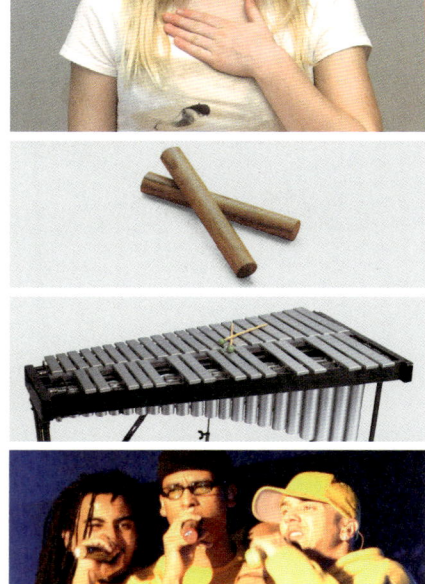

Das Playback hat die Form eines Kettenrondos mit der Abfolge der Teile:

A–B–A–C–A–D–A–E–A–F–A–G–A

▶ Spielt das gesamte *Rondo creativo* zum Playback D27:
- Teil A (Refrain) wird immer von allen musiziert.
- Die Teile B, C und D (Couplets) können in Gruppen oder einzeln ausgeführt werden.
- Findet für die Teile E, F und G (Couplets) eigene Gestaltungsmöglichkeiten, wobei ihr euch an den Vorgaben der Teile B und C orientieren könnt oder neue Möglichkeiten (z. B. Pantomime, Bewegung) finden könnt.

Refrain (Bodypercussion)

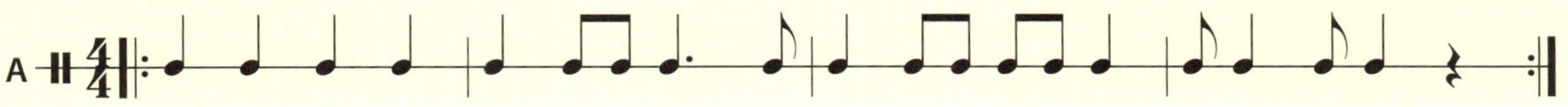

A

Rhythmisches Couplet (Rhythmusinstrumente)

alle bei Wiederholung: come on!

B

Melodisches Couplet (Melodieinstrumente)

alle bei Wiederholung: come on!

C

Rap-Couplet

D

Ron-do, ja, Ron-do, heißt Rund-ge-sang, oh, yeah!   A-B-A-C-A-D-A,   Ket-ten-ron-do, a-ha!

Freie Gestaltung des Couplets

alle bei Wiederholung: come on!

E, F, G

Freie Gestaltung – Freie Gestaltung

◆ Stille Nacht, heilige Nacht – Information

Zur Christmette des Jahres 1818 wurde in der
St. Nikolaus-Kirche in Oberndorf bei Salzburg zum
ersten Mal das Lied *Stille Nacht, heilige Nacht* gesungen.

Folgende Entstehungsgeschichte des Lieds ist über-
liefert:
Am 24. Dezember des Jahrs 1818 übergab der Hilfs-
priester **Joseph Mohr** (1792–1848 / 56 J.) seinem
Freund, dem Lehrer **Franz Xaver Gruber** (1787–1863 /
75 J.), ein Gedicht und bat ihn, diesen Text für zwei
Solostimmen mit Gitarrenbegleitung zu vertonen.
Bei der Aufführung am selben Abend sangen Mohr
und Gruber selbst die Solostimmen. Der Schluss-
vers jeder Strophe wurde vom Chor wiederholt. Die
Begleitung wurde auf der Gitarre gespielt, weil die
Orgel nicht funktionierte.

Die Kirche St. Nikolaus wurde nach kaum 100 Jahren
wegen ihres ungünstigen Standorts (Hochwasser)
abgetragen. An der gleichen Stelle steht heute die
Stille-Nacht-Kapelle.

Stille-Nacht-Kapelle in Oberndorf

Stille-Nacht-Museum und Stille-Nacht-Kapelle

Mohr und Gruber wussten nicht, dass sie ein
Lied geschaffen hatten, das heute als das bekanntes-
te Weihnachtslied gilt.
Es wird auf der ganzen Welt gesungen und gespielt.

Joseph Mohr und Franz Xaver Gruber

Grubers Handschrift

Sowohl die Originalmelodie als auch der Originaltext (sechs Strophen) wurden im Lauf der Zeit
„zurechtgesungen", sodass wir heute folgende Fassung des Lieds kennen:

Playback zu *Stille Nacht, heilige Nacht*

D28

STILLE NACHT, HEILIGE NACHT

Text: Joseph Mohr, Musik: Franz Xaver Gruber

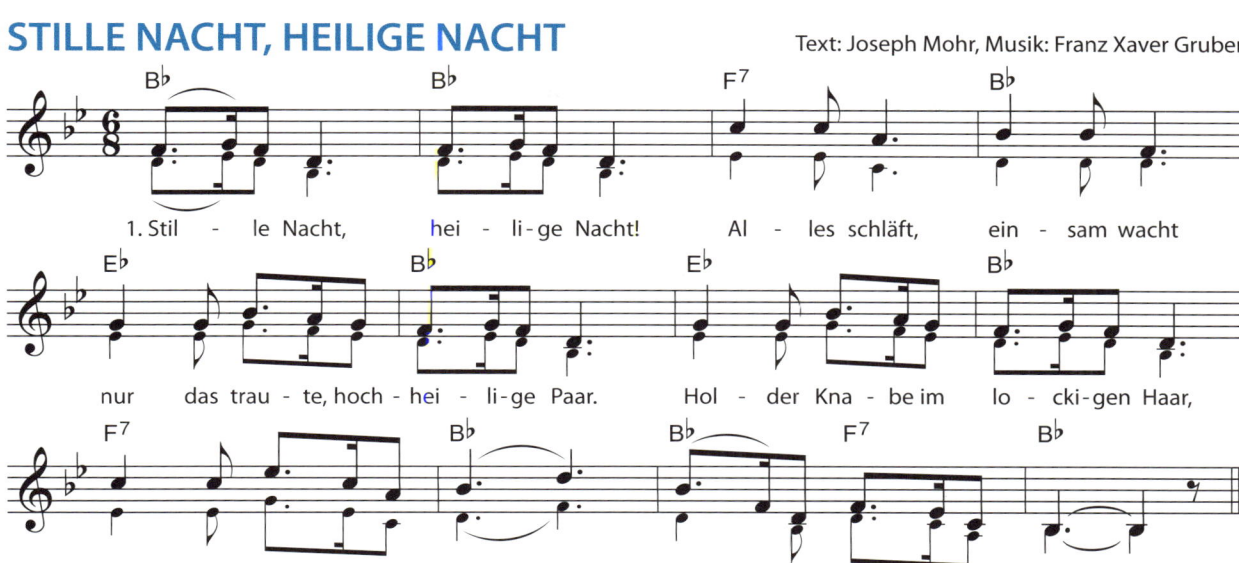

1. Stil - le Nacht, hei - li - ge Nacht! Al - les schläft, ein - sam wacht

nur das trau - te, hoch - hei - li - ge Paar. Hol - der Kna - be im lo - cki - gen Haar,

schlaf in himm - li - scher Ruh, schlaf in himm - li - scher Ruh.

2. Stille Nacht, heilige Nacht! Gottes Sohn, o wie lacht
Lieb' aus deinem göttlichen Mund,
da uns schlägt die rettende Stund',
Christ, in deiner Geburt, Christ, in deiner Geburt.

3. Stille Nacht, heilige Nacht! Hirten erst kundgemacht
durch der Engel Hallelujah,
tönt es laut von ferne und nah:
Christ, der Retter ist da! Christ, der Retter ist da!

Führung durch *Stille-Nacht*-Versionen

5 Beispiele zu *Stille Nacht, heilige Nacht*

D29

▶ Im Beispiel D29 hört ihr jeweils die erste Strophe von fünf verschiedenen *Stille-Nacht*-Einspielungen, die fließend ineinander übergehen. Die Ausschnitte sind unten beschrieben. Versucht, beim Hören die im Text beschriebenen musikalischen Merkmale zu erkennen.

1. Der spanische Text wird in einer reinen Vokalfassung (a cappella) für gemischte Stimmen vorgetragen. Während am Anfang und am Schluss alle Stimmen den Text singen, begleitet im Mittelteil ein Summchor die Melodiestimme. Ein besonderes Gestaltungsmerkmal ist die kurze Spannungspause, bevor die letzte Textzeile („Brilla la estrella de paz") wiederholt wird.

2. Das Lied wird von einem Chor gesungen, wobei die Melodiestimme von der Solistin leicht verändert wird und stärker hervortritt. Für die Begleitung werden die Instrumente Klavier, Orgel, Bass und Schlagzeug verwendet.

    Silent night, holy night. All is calm, all is bright.
    Round yon virgin mother and child.
    Holy infant so tender and mild.
    Sleep in heavenly peace.

3. Die chinesische Fassung wird von einer Kinderstimme gesungen, die Orgel begleitet vornehmlich mit liegenden Akkorden. Am Ende der Strophe wird ein mehrstimmiger synthetischer Backgroundchor eingesetzt.

4. Die sechsköpfige Männer-Vokalgruppe verbindet die schwierig zu singenden Stimmen zu einem äußerst einheitlichen Chorklang ohne Vibrato, wobei sich die Bassstimme deutlich von den anderen Stimmen unterscheidet. Das Arrangement ist rhythmisch und harmonisch jazzig angelegt und erweitert den formalen Ablauf des Lieds kunstvoll. Trotz des hohen Schwierigkeitsgrads klingt die Interpretation überzeugend und leicht.

5. Das Lied erklingt hier im Reggae-Stil. Das Schlagzeug markiert über einem durchgehenden Viertelrhythmus deutlich die Schläge zwei und vier auf der Snare Drum. Die Gitarre spielt Akkorde auf der zweiten Achtel des Beat. Der Bass spielt kurze rhythmische Phrasen. Die Melodie wird von zwei Männerstimmen zweistimmig vorgetragen. Am Ende der Strophe wird das Arrangement durch liegende Orgelakkorde fülliger gestaltet.

HARK, THE HERALD ANGELS SING

Text und Musik: Charles Wesely (1707–1788)
deutscher Text: Siegfried Singer
© Helbling

D30

Playback zu *Hark, the herald angels sing*

1. Hark, the her - ald an - gels sing, ___ Glo - ry to the new - born King.
1. *Hört, die En - gels - bo - ten sin - gen: Lob und Eh - re sei dem Kind!*

Peace on earth, and mer - cy mild, ___ God and sin - ners rec - on - ciled!
Fried' auf Er - den sei den Men - schen, wel - che gu - ten Wil - lens sind!

Joy - ful, all ye na - tions, rise. ___ Join the tri - umph of the skies;
Jauch - zet auf ihr Völ - ker all, ___ freu - et euch und ruft mit Schall:

with the angel - ic hosts pro - claim, Christ is ___ born in Beth - le - hem.
Heu - te ist ge - bo - ren Gott, der er - löst uns in der Not.

Hark, the her - ald an - gels sing, Glo - ry ___ to the new - born King.
Heu - te ist ge - bo - ren Gott, der er - löst uns in der Not.

2. Christ by highest heaven adored, Christ the everlasting Lord.
In the manger born a King, while adoring angels sing.
Peace on earth, to men good will, with the trembling sobbing still.
Christ on earth has come to dwell, Jesus our Emanuel.
Hark, the herald angels sing, Glory to the newborn King.

2. *Gnadenreich ist sein Erscheinen für die Menschen dieser Welt.*
Licht und Leben bringt er ihnen, ew'ge Freuden ungezählt.
Jauchzet auf, ihr Völker all, freuet euch und ruft mit Schall:
Heute ist geboren Gott, der erlöst uns von der Not.
Heute ist geboren Gott, der erlöst uns von der Not.

- *Atmet aus und durch die Nase ein, öffnet leicht den Mund und stellt euch vor, dass ihr in die Dunkelheit lauscht. Nachdem nichts zu hören ist, atmet durch den Mund aus, lauscht wieder, lasst die Atemluft wieder einströmen und seufzt dann erleichtert aus. Wiederholt diese Übung mehrere Male.*
- *Singt die ersten vier Takte des Lieds auf einem Atem, beginnt im mf und endet im ff. Gleicht dabei die Klangqualität vom tiefsten bis zum höchsten Ton aus.*

Hark, the herald angels sing (Take Six)

D31

Im Beispiel D31 hört ihr das obige Weihnachtslied in der Fassung der amerikanischen A-Cappella-Gruppe **Take Six**, die aus sechs Männern besteht. Das Vokalarrangement zeichnet sich durch jazzorientierte Akkorde aus und verlangt von den Interpreten ausgezeichnete Stimmbeherrschung.

WEIHNACHTSBLUES

Playback zu *Weihnachtsblues*

Text und Musik: Gerhard Wanker
© Helbling

D32

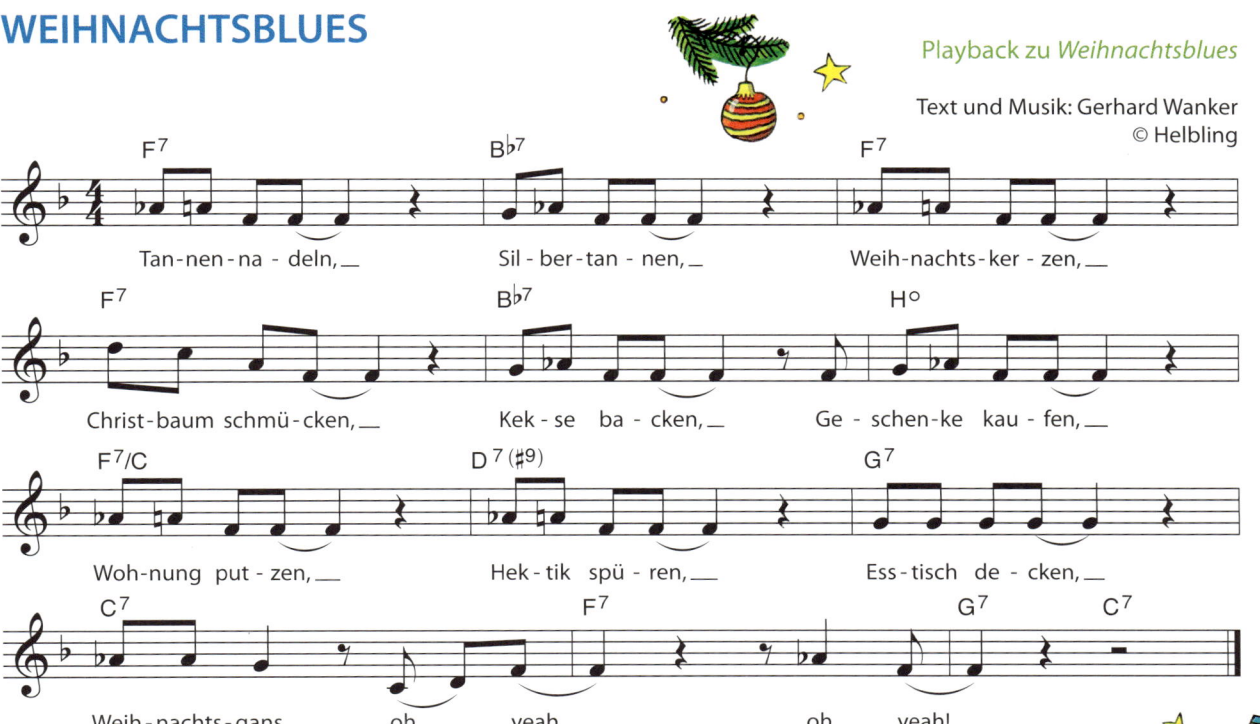

Tan-nen-na - deln, ___ Sil - ber-tan - nen, ___ Weih-nachts-ker - zen, ___

Christ-baum schmü-cken, ___ Kek - se ba - cken, ___ Ge - schen-ke kau - fen, ___

Woh-nung put - zen, ___ Hek - tik spü - ren, ___ Ess - tisch de - cken, ___

Weih - nachts - gans, oh ___ yeah, ___ oh yeah! ___

- *Stellt euch vor, es ist kurz vor dem Weihnachtsabend und ihr müsst noch in letzter Minute etwas einkaufen. Schnell und hektisch geht ihr durch den Raum, bis ihr außer Atem auf einem Platz stehen bleibt.*
- *Atmet kräftig aus, wartet auf den Lufthunger und atmet langsam durch die Nase ein, bis sich euer Puls wieder normalisiert hat.*
- *Einzelne sprechen Begriffe, die zur Weihnachtszeit passen, deutlich ohne Ton vor, die anderen raten und sprechen den jeweiligen Begriff im Chor nach.*
- *Schnipst locker auf 2 und 4 und singt die ersten vier Takte des Lieds. Achtet besonders auf die saubere Intonation der Halbtonschritte.*

▶ Erfindet weitere Strophen, indem ihr wie folgt vorgeht:
  - Nennt Tätigkeiten, Zustände und Gefühle, die für die Weihnachtszeit passen und schreibt sie an die Tafel.
  - Ordnet sie und passt sie an die obige Bluesmelodie an.

Begleitakkorde für Klavier/Keyboard

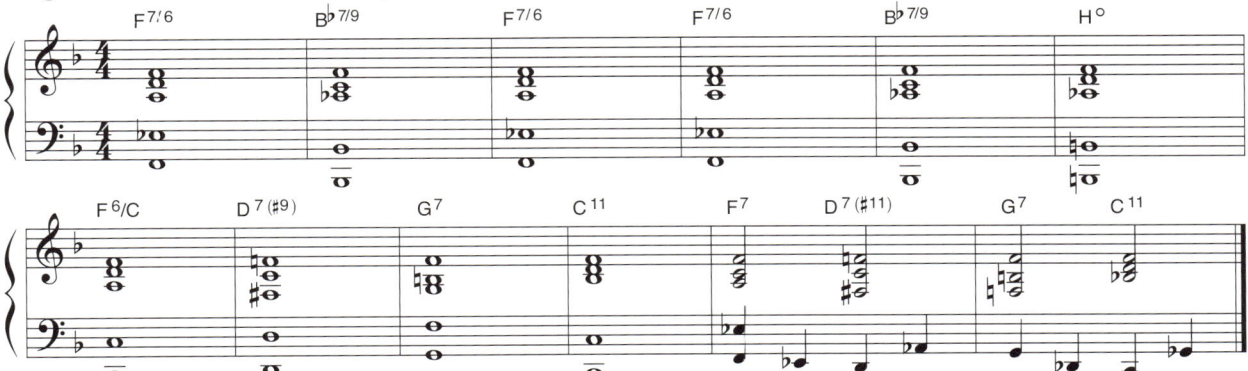

Quiz-Box Kapitel 34

- Wie heißt der Textdichter des Weihnachtslieds *Stille Nacht, heilige Nacht*?

- Der Komponist des Weihnachtslieds *Stille Nacht, heilige Nacht*, Franz Xaver Gruber, war von Beruf …

◆ **Mehr Fragen im MUSIKQUIZ**

Rock am Ring,
eines der größten Rockfestivals Europas

Philipp, du bist 18 und warst 2010 das erste Mal bei Rock am Ring. Was hat dich gereizt an dem Festival?

Rock am Ring ist so etwas wie eine Legende unter den Festivals. Keines hat so viele Stars der internationalen Rockszene auf einmal zu bieten. Das wollten meine Freunde und ich uns nicht entgehen lassen und wir haben für eine Restkarte glatt 200 € auf den Tisch legen müssen. Neben den Haupt-Acts spielen auf den drei Bühnen ab 15.00 Uhr die Neben-Acts, meist echte Spezialitäten z. B. für Hip-Hop-Fans. Du lernst auch dir bislang unbekannte ausge-flippte Bands kennen.

Beschreib doch mal, wie ihr den ersten Tag verbracht habt!

Um noch einen Zeltplatz und einen guten Platz vor der Centerstage zu bekommen, sind wir um 5.00 Uhr morgens losgefahren, obwohl der erste Act mit KISS erst um 18.00 Uhr losgehen sollte. Und trotzdem: Als wir nach drei Stunden ankamen, standen schon kilometerlange Autoschlangen vor dem Festivalgelände. Nach weiteren zwei Stunden waren dann das Zelt und die fünf Gartenstühle schnell aufgebaut und ab ging's zur Bühne.

Wie hast du die Bands erlebt?

Da fällt mir gleich der erste Act ein: KISS. Obwohl KISS nicht wirklich meine Gene-ration ist, haben mich die Herren am ersten Abend richtig vom Hocker ge-hauen. Sie sind wohl mit Sicherheit schon an die 60 Jahre alt, haben aber eine Riesenshow hingelegt und zum Beispiel eine atembe-raubende Aktion mit einer Seilbahnfahrt über die Köpfe der Leute hinweg gemacht. Bei *Rage against the machine* haben wir eindeutig den Andrang unterschätzt. Wir waren zwei Stunden früher da, aber die ersten beiden Wellenbrecher waren schon voll. Wellenbrecher nennt man die abgesperrten Bereiche vor der Bühne. Trotzdem ein unvergessliches Erlebnis!

Facts zum größten Rock-Festival Deutschlands

Veranstal-tungsort	Nürburgring, Formel-1-Rennstrecke in der Eifel	**Bandgagen**	ca. 10.000 € (Nebenact) ca. 200.000 € (Headliner)
Festival-premiere	1985	**Eintrittspreis**	150–200 € inkl. Zeltmöglichkeit
		Dauer	3 Tage im Juni jeden Jahres
Besucherzahl	86.500 (2010)	**Ausstattung**	1000 Mitarbeiter, 500 Truck-Ladungen mit Gerüsten, Bühnen, Zelten, Absperrungen, Containern, ca. 300 Bier-, Bratwurst- und Pizza-ständen, 2600 Essen für die Crew, 600 Essen für die Bands, Partyzelten mit DJs etc.
Konzerte	3 Bühnen (Centerstage, Höhe 60 Meter, Alternastage, Höhe 50 Meter, Clubstage, Höhe 34 Meter)		
Zahl der Bands	85 (2010, z. B. Cypress Hill, Rammstein, Jan Delay, Gossip, Kiss, Motörhead …)		

▶ Welche Aussagen von Philipp findet ihr besonders interessant? Philipp hat einiges investiert, um das Festival zu erleben. Zu welchem Aufwand wärt ihr bereit, um ein derartiges Festival zu besuchen?

▶ Falls ihr einmal bei einem Rockkonzert wart: Berichtet euren Mitschülern von euren Erfahrungen.

▶ Sucht Websites im Internet, die von „Rock am Ring" berichten. Wählt eine von den dort aufgetrete-nen Bands aus und stellt sie der Klasse in einem Kurzreferat vor.

▶ Stellt euch vor, ihr wärt ein Festivalmanager und müsstest ein Rockfestival organisieren: Welche Bands würdet ihr einladen? Welche Events oder Attraktionen würdet ihr den Fans bieten?

ROCKSTAR

Playback zu *Rockstar*

Text: Ines Reiger, Maria Schausberger
Musik: Ines Reiger
© Helbling

D33

(Notenbeispiel „Rockstar" mit folgendem Text:)

I'm a rock - star. I wan - na rock a - round. Live in a rock - a - round - bar. Yes I'm a rock - star. One, two, three, four, five, six, se - ven, I wan - na rock a - round and then I'm in hea - ven. I'm a rock-star. Yeah, yeah, I'm a rock-star. Rock, rock, rock, rock, rock it, rock - star. Rock, rock, rock, rock, rock it, rock - star. Rock, rock, rock, rock, rock it, rock - star. One, two, three, four, five, six, se - ven, I wan - na rock a - round and then I'm in hea - ven. I'm a rock - star. Yeah, yeah, I'm a rock - star. Yeah, yeah, I'm a rock - star. Yeah, yeah, yeah!

Akkorde: F7, Bb7, F7, Bb7, F7, Bb7, F7, Bb7, C7, C7, Bb7, Bb7, F7, Bb7, F7, Bb7, F, F, F, F, F, C7, C7, Bb7, Bb7, F7, Bb7, F7, Bb7, F7, Bb/C, F7 — *clap on 2 + 4*

- Stellt euch paarweise gegenüber auf, reicht euch die Hände, neigt den Oberkörper leicht nach hinten und hüpft mit Rock-'n'-Roll-Schritten zu zwei Strophen des Hörbeispiels D33:

  Rock-'n'-Roll-Grundschritt für einen Takt:
  1. Viertel: li Bein hüpft am Platz, re Fuß Kick nach vor
  2. Viertel: beidbeinig am Platz hüpfen
  3. Viertel: re Bein hüpft am Platz, li Fuß Kick nach vor
  4. Viertel: beidbeinig am Platz hüpfen

- Lasst nun mit vorgeneigtem Oberkörper erschöpft eurem Atem ausströmen („whuuu"), Arme und Kopf baumeln locker nach unten. Haltet eine Pause nach dem Ausatmen und beruhigt so euren Atemrhythmus. Atmet anschließend langsam und gleichmäßig durch die Nase ein, lasst den Atem wieder ausströmen, wartet auf den Lufthunger, atmet ein usw.

- Richtet Kopf und Oberkörper langsam auf und singt die Takte 17 und 18 mehrmals hintereinander.

◆ Populäre Musik (Popularmusik)

Unter dem Begriff **populäre Musik** (Popularmusik) versteht man Musik, die sich im Unterschied zur Kunstmusik (E-Musik = ernste Musik) an ein breites Publikum wendet, mit den neuesten technischen Errungenschaften produziert und über Massenmedien weltweit verbreitet wird und bei der es vorrangig um Unterhaltung geht. Deshalb trägt sie auch die Bezeichnung U-Musik (= Unterhaltungsmusik). Bereits seit dem Mittelalter, besonders aber zu Beginn des 19. Jahrhunderts schufen Komponisten zusehends Musik, die den Geschmack eines möglichst großen Publikums treffen sollte. Einer der ersten Stars der Unterhaltungsmusik war **Johann Strauß (Sohn)** (1825–1899 / 73 J.), der mit seinen Tanzkompositionen und Operetten das Publikum begeisterte.

Irving Berlin

Um 1900 entstand in New York ein Zentrum der Unterhaltungsmusikindustrie, das nach einem Straßenabschnitt der 28. Straße **Tin Pan Alley** genannt wurde. Dort waren bis ca. 1930 die großen Musikverlage mit ihren Komponisten und Textern angesiedelt, die populäre Musik für Theater, später für Radio und Film schrieben. Bedeutende Komponisten und Autoren dieser Zeit waren: **Irving Berlin** (1888–1989 / 101 J.), **George Gershwin** (1898–1937 / 38 J.), **Richard Rodgers** (1902–1979 / 77 J.) und **Oscar Hammerstein** (1895–1960 / 65 J.). Irving Berlin schuf mit dem Weihnachtslied *White Christmas*, das von **Bing Crosby** (1903–1977 / 74 J.) im Jahr 1942 aufgenommen wurde, einen der weltweit meistverkauften Hits.

Einer der bedeutendsten Vertreter der US-amerikanischen Popularmusik des 20. Jahrhunderts war **Frank Sinatra** (1915–1998 / 82 J.). Der berühmte Song *Theme from New York, New York* war seit 1978 jahrelang Teil seines Konzertrepertoires und wurde so zu seinem Markenzeichen.

D34

Theme from New York, New York (Frank Sinatra) – Ausschnitt

Frank Sinatra

◆ Rock- und Popmusik

Die im herkömmlichen Sprachgebrauch seit Mitte der 1950er-Jahre verwendeten Begriffe **Rockmusik** und **Popmusik** sind schwierig voneinander abzugrenzen. Beide haben ihre Wurzeln in der afroamerikanischen Musik der USA. Vielfach verbindet man heute mit Rockmusik Eigenschaften wie authentisch, hart, aggressiv, während mit Popmusik eher die Begriffe weich, kommerziell und unterhaltend verbunden werden.

Rock 'n' Roll (Rock and Roll)

Rock 'n' Roll ist ein vieldeutiger nordamerikanischer Slangausdruck, der eigentlich „wiegen und wälzen" bedeutet. Er beschreibt rhythmische Bewegungen beim Tanzen, aber auch den Vorgang des Geschlechtsverkehrs.
In der Musik des Rock 'n' Roll verbinden sich Elemente des afroamerikanischen Rhythm and Blues und des Country and Western.

Der Rock 'n' Roll erzielte in kürzester Zeit höchste Popularität, nicht zuletzt durch den amerikanischen Discjockey **Alan Freed**. Er benützte schon 1954 die Textzeile „Rock, rock, rock everybody, roll, roll, roll everybody" aus **Bill Haleys** (1927–1981 / 53 J.) Nummer *Rock-a-beatin' boogie* als Kennmelodie seiner Radiosendung *Alan Freed's Rock-'n'-Roll-Party,* die von großen Teilen der amerikanischen Jugend gehört wurde.

Bill Haley and his Comets

Rock-a-beatin' boogie (Bill Haley) – gekürzte Fassung

D35

Ein Vertreter der ersten Stunde des Rock 'n' Roll war **Jerry Lee Lewis** (* 1935), von dem der Titel *Great balls of fire* (Hörbeispiel D36) stammt.
Lewis verwendet oft eine typische Klaviertechnik: Die linke Hand hämmert ostinat den Rhythmus, die rechte macht Einwürfe und Glissandi. Außer dem Soloklavier werden noch Bass und Schlagzeug, gegebenenfalls Gitarre verwendet.

Jerry Lee Lewis

Spiel-mit-Satz zu *Great balls of fire*

Great balls of fire (Jerry Lee Lewis)

Multimedialer Spiel-mit-Satz

Einrichtung: Bernhard Gritsch © Helbling

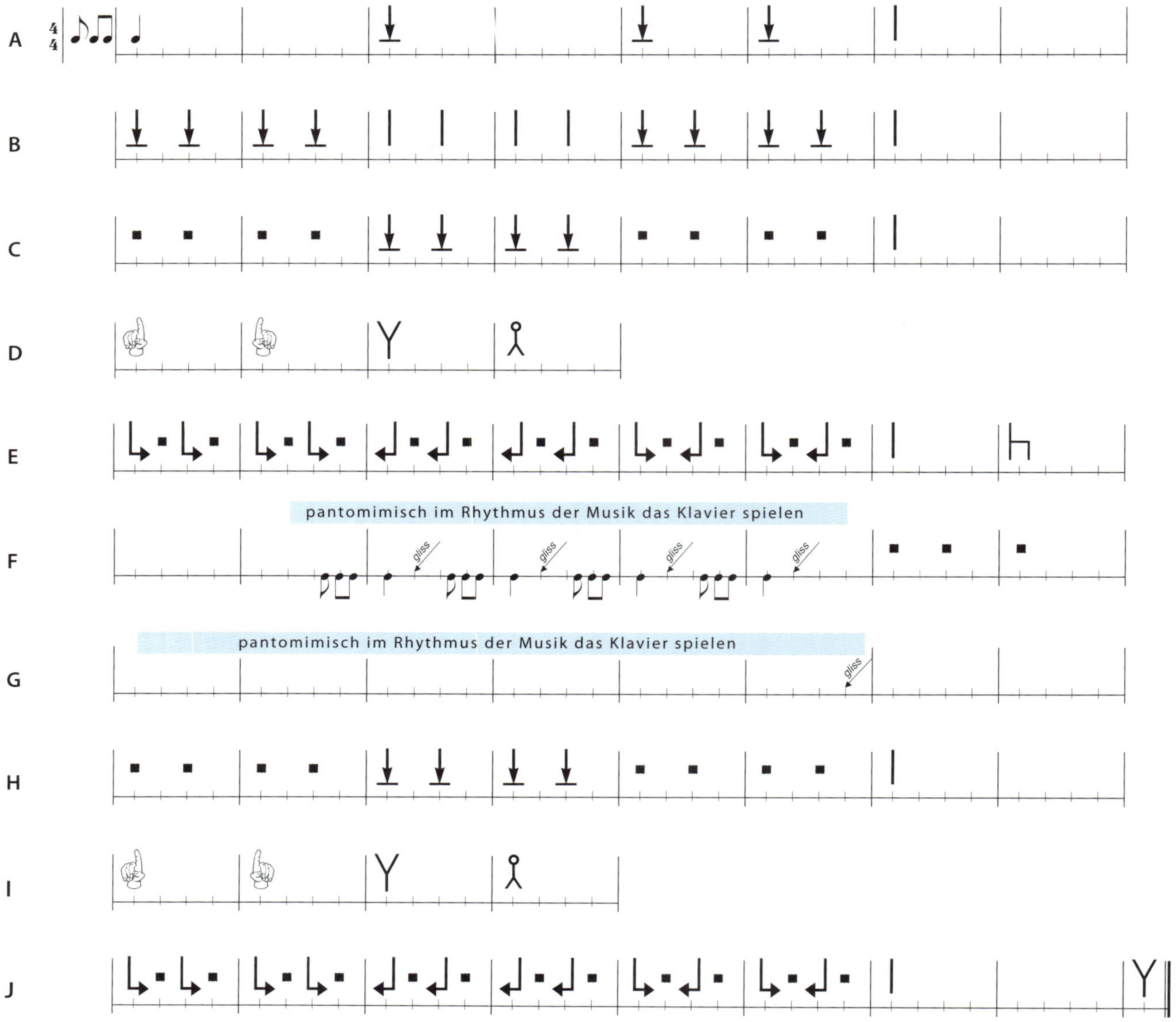

D36

Wichtige Musiker der Rock-'n'-Roll-Ära waren neben den schon genannten Vertretern auch **Chuck Berry** (*1926), **Little Richard** (*1932) und vor allem der „King of Rock 'n' Roll" **Elvis Presley** (1935–1977 / 42 J.).

Das Medley (Hörbeispiel D37) enthält Ausschnitte aus Songs der drei Interpreten Little Richard (*Tutti frutti*), Chuck Berry (*Roll over Beethoven*) und Elvis Presley (*Blue suede shoes*). In den Stücken *Tutti frutti* und *Blue suede shoes* sind Breaks (Pausen) deutlich zu hören.

Rock-'n'-Roll-Medley

D37

Elvis Presley

Rock- / Pop-Report

▶ Die folgenden Informationen können einzeln, aber auch in Gruppen erarbeitet und in Form einer Fernseh- oder Rundfunksendung präsentiert werden.
Denkt dabei an die Möglichkeit der Moderation, eines Interviews, eines Berichts, von Liveauftritten usw.

Nach 1960 ging die Entwicklung der Rockmusik sehr schnell und vielfältig voran.
Jeder Musiker bzw. jede Gruppe versuchte, eine eigene Linie zu finden und griff dabei auf verschiedene musikalische Vorbilder zurück.
So entstanden u. a. folgende Stilrichtungen:

Rock Music und Beat Music

Als die eigentliche Geburtsstunde der **Rock Music** wird oft der Song *I can't get no satisfaction* (Hörbeispiel D38) der englischen Gruppe **The Rolling Stones** bezeichnet, die im Jahr 1962 gegründet wurde und bis heute eine der erfolgreichsten Bands der Rockmusik ist. Die Gruppe wurde immer wieder umbesetzt und besteht heute aus **Mick Jagger** (* 1943, Gesang), **Keith Richards** (*1943, Gitarre), **Ronnie Wood** (* 1947, Gitarre) und **Charlie Watts** (* 1941, Schlagzeug).

Legendär wurde die Gitarreneinleitung zum Song *I can't get no satisfaction*:

The Rolling Stones

Musik: Mick Jagger, Keith Richards
© ABKCO Music Inc, Westminster
Music Ltd

I can't get no satisfaction (The Rolling Stones) – Ausschnitt

D38

In Großbritannien wurde die Rockmusik, nicht zuletzt nach der Gründung der Gruppe **The Beatles** im Jahr 1960, als **Beat Music** bezeichnet. Ihren großen Durchbruch feierten die wegen ihrer Frisur als „Pilzköpfe" bezeichneten und aus Liverpool stammenden Musiker **John Lennon** (1940–1980 / 40 J.), **Paul McCartney** (* 1942), **George Harrison** (1943–2001 / 58 J.) und **Ringo Starr** (* 1940) im Jahr 1963 mit der Single *She loves you* (Hörbeispiel D39) und einem Auftritt in der populären Fernsehsendung *Sunday night at the London Palladium*. Die Begeisterung und Verehrung für die Beatles nahmen bis dahin ungeahnte Ausmaße an und fanden unter dem Begriff „Beatlemania" Eingang in die Geschichtsbücher. Die Gruppe löste sich 1970 auf.

The Beatles

She loves you (The Beatles) – Ausschnitt

D39

SHE LOVES YOU

Playback zu She loves you

Text und Musik: John Lennon, Paul McCartney
© Sony / ATV

D40

[Notenzeilen mit Text:]

She loves you, yeah, yeah, yeah.___ She loves you, yeah, yeah, yeah.___ She

loves you, yeah, yeah, yeah, ___ yeah! _____ 1. You

think you've lost your love, ___ well, I saw her yes - ter - day-ee-ay. It's you she's think - ing of,

___ and she told me what to say-ee-ay. She says she loves you, and you know that can't be bad; ___

yes, she loves you, and you know you should be glad. ___ |1. G⁷ |2., 3. G⁷   2. She Oo. She

loves you, yeah, yeah, yeah. ___ She loves you, yeah, yeah, yeah ___ and with a

love like that, you know you should be glad. ___   *zur Coda* ✛ C   *D.S. al Coda (ohne Wdh.)*   3. You

✛ Coda
With a love like that, you know you should be glad, ___

with a love like that, you know you should ___ be glad. _____

Yeah, yeah, yeah, ___ yeah, yeah, yeah, ___ yeah. _____

2. She said you hurt her so, she almost lost her mind.
But now she says she knows, you're not the hurting kind.
She says she loves you …

3. You know it's up to you, I think it's only fair.
Pride can hurt you too, apologise to her.
Because she loves you …

Rhythmisches Begleitostinato

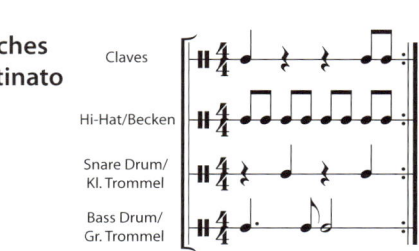

128

Instrumental-vokale Begleitung zu *She loves you*

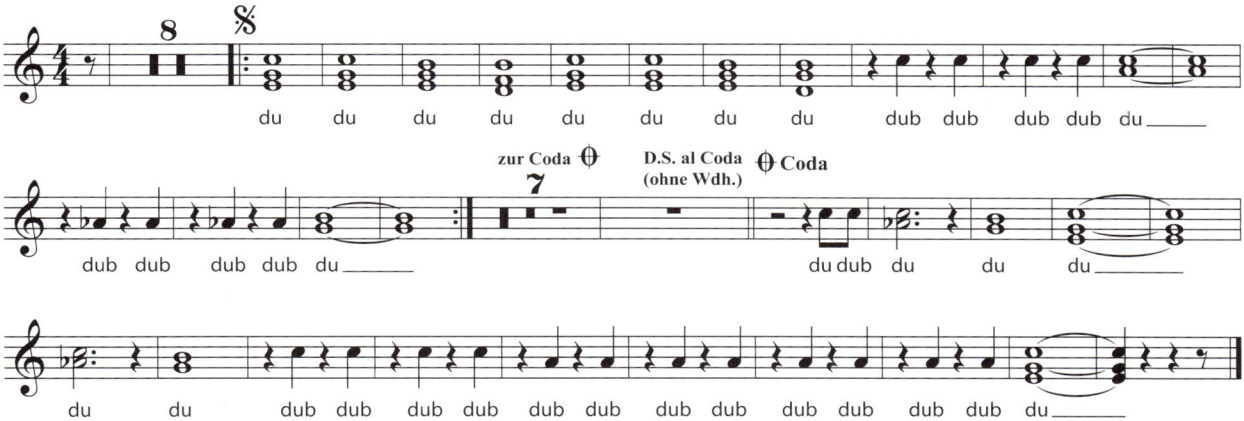

du du du du du du du du dub dub dub dub du _____

dub dub dub dub du _____ du dub du du du _____

du du dub dub dub dub dub dub dub dub dub dub dub dub du _____

Folk Rock

Bob Dylan

Im Jahr 1965 interpretierte **Bob Dylan** (* 1941) am Newport-Folk-Festival traditionelle US-amerikanische Folksongs erstmals mit Band und mit elektrisch verstärkten (Rock-)Instrumenten und leitete damit die Folk-Rock-Welle ein. Er stieß zunächst auf Unverständnis, galt es bis dahin unter Folk-Fans als ehernes Gesetz, die Songs mit ihren sozialkritischen Texten und ihrer „Zurück-zur-Natur-Mentalität" nur mit akustischen Instrumenten darzubieten. Bob Dylan und die Gruppe **The Byrds** schafften aber eine harmonische Verbindung von Folk und Rock. Einer der bedeutendsten Songs dieser Zeit war *Mr. tambourine man*. Diese Hymne an die Freiheit und Kraft der Musik wird im folgenden Hörbeispiel zunächst von Bob Dylan solistisch und dann in einer Coverversion von The Byrds chorisch interpretiert.

Mr. tambourine man (Bob Dylan, The Byrds) – Ausschnitte

D41

Progressive Rock

steht für eine Ende der 1960er-Jahre in Großbritannien entstandene Stilrichtung, bei der die Rockmusik um Elemente (z. B. Kompositionsweise, Harmonien, Instrumentierung) aus anderen Stilrichtungen wie der klassischen Musik, seltener auch des Jazz und nicht-westlicher Musik erweitert wurde. Beabsichtigt war, die Rockmusik auf ein musikalisch und auch textlich-inhaltlich höheres Niveau zu bringen und das Vorurteil, Rockmusiker seien schlechte Musiker, zu entkräften. Die Weiterentwicklung der Rockmusik (progressiv = fortschrittlich) äußert sich u. a. im Entstehen sogenannter Konzeptalben, bei denen die einzelnen Songs eines Albums nicht isoliert nebeneinander stehen, sondern thematisch aufeinander bezogen sind und so einem durchgängigen Konzept folgen, das sich bis zu einer durchdachten Covergestaltung zieht.

Bedeutende Bands dieser Zeit und ihre Konzeptalben: **The Beatles**: *Sgt. Pepper's lonely hearts club band* (1967), **The Who**: *Tommy* (1969), **Pink Floyd**: *The dark side of the moon* (1973) und *The wall* (1979).

The wall enthält den berühmten Song *Another brick in the wall*, mit dem Pink Floyd das starre englische Schulsystem massiv kritisierte.

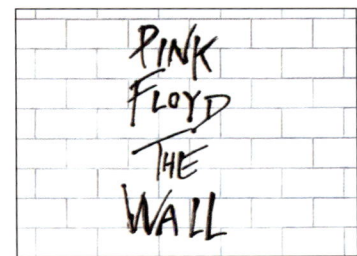

CD-Cover von Pink Floyds 'The wall'

Another brick in the wall (Pink Floyd) – Ausschnitt

D42

Text: Roger Waters
© Roger Waters Music Overseas Ltd, Musikverlag Intersong

▶ Gestaltet *Another brick in the wall* szenisch (im Sinne einer Kundgebung, Demonstration) für ein Musikvideo und singt dabei den Text zur Gänze oder an einigen Stellen synchron zum Hörbeispiel D42 mit. Nehmt eure Gestaltung auf Video auf.

> **Another brick in the wall**
>
> We don't need no education.
> We don't need no thought control.
> No dark sarcasm in the classroom,
> teacher(s) leave them kids alone.
> Hey! Teacher! Leave them (us) kids alone!
> All in all it's (you're) just another brick in the wall.
> All in all you're just another brick in the wall.

Die Einbeziehung von Elementen der klassischen Musik, die dann die speziellen Begriffe **Symphonic Rock** und **Classical Rock** prägte, äußerte sich auf verschiedene Weise: Einerseits ließ sich die englische Band **Deep Purple** im Jahr 1969 in der Londoner Royal Albert Hall vom Royal Philharmonic Orchestra begleiten, andererseits wurden klassische Werke von Rockbands neu arrangiert und interpretiert. Ein Musterbeispiel dafür ist *Pictures at an exhibition* der englischen Band **Emerson, Lake & Palmer**, ein Album, das auf Modest Mussorgskis Klavierwerk *Bilder einer Ausstellung* beruht.

D43

M. Mussorgski, *Bilder einer Ausstellung, Der Gnom* (Original – Emerson, Lake & Palmer) – Ausschnitte

▶ Vergleicht beim Hören des Beispiels D43 das Original und die Bearbeitung. Welche Unterschiede sind festzustellen?

Hard Rock / Heavy Metal

Mit der Entwicklung des **Hard Rock** seit ca. 1970 wollte man dem Rock wieder die ursprüngliche Kraft und Energie verleihen bzw. diese steigern. Man tat dies durch große Lautstärke, unerbittliches Durchschlagen des $^4/_4$-Beat und den Einsatz von Verzerrern.

Die formale Abfolge der Stücke gliederte sich vielfach in Strophe, Zwischenspiel und Refrain und wurde durch Gitarrensoli ergänzt.

Guns N' Roses

Die Entwicklung des Hard Rock vollzog sich in mehreren Phasen, auch heute hat er durch Revivals und das Weiterbestehen der Bands seine Bedeutung nicht verloren. Als wichtige Vertreter der ersten Phase gelten **Led Zeppelin**, **Uriah Heep**, **Deep Purple** und **Black Sabbath**. **AC/DC**, **Scorpions** und **Kiss** werden der zweiten Phase, **Bon Jovi**, **Guns N' Roses** und **Aerosmith** der dritten Phase zugeordnet.

AC/DC-Leadgitarrist Angus Young

Heavy Metal bzw. Metal mit seinen Richtungen Trash, Death, Black, Power und Gothic Metal gilt als Teilbereich des Hard Rock mit exzessiver Lautstärke, dickem Sound, extrem langen Gitarrensoli und oft düsterem Charakter. Headbanging (schnelles Hin- und Herschütteln des Kopfes im Takt der Musik) der Bandmitglieder und Fans wurde zu einem Markenzeichen dieser Stilrichtung.

Bedeutende Vertreter: **Black Sabbath**, **Judas Priest**, **Motörhead**, **Metallica**

E1

Hard-Rock-/Heavy-Metal-Medley: Uriah Heep, *Gypsy*; AC/DC, *Back in black*;
Guns N' Roses, *Use your illusion II*; Scorpions, *Hit between the eyes* – Ausschnitte

Punk Rock, New Wave

Im **Punk Rock** spiegelt sich der Ausdruck von wirtschaftlichem Niedergang und Arbeitslosigkeit in England wider. Die hart hämmernde, von jeder lyrischen Stimmung freie und unpersönlich wirkende Musik läuft in einem hektischen, durchgepeitschten Zeitmaß ab. Die Texte drücken oft die Aggressionen, den Zynismus und die Hoffnungslosigkeit der britischen Jugendlichen um das Jahr 1977 aus.

The Sex Pistols

Charakteristische Merkmale dieser Musik sind: Ablehnung des klanglichen und technischen Standards der Rockmusik, Kult des Dilettantismus (Laienhaftigkeit), Stilisierung des Hässlichen, abstoßende Texte, provokante öffentliche Auftritte der Bands, bewusst unflätiges Benehmen. Irokesenschnitt sowie Piercing, selbstgestaltete T-Shirts, zerschlissene Hosen mit Sicherheitsnadeln und Creepers (Schuhe mit besonders dicken Sohlen) waren Markenzeichen der Punk-Bewegung.

Ende der 1980er-, Anfang der 1990er-Jahre entwickelte sich der Punk Rock weg von einer strikten Antibewegung hin zu einer unter vielen Jugendbewegungen. In den USA und Deutschland wurden im Zuge eines Revivals viele Bands auch kommerziell sehr erfolgreich.
Die Punk-Nachfolgezeit wird als **New Wave**, in Deutschland als **Neue Deutsche Welle** bezeichnet.

Vertreter: **The Sex Pistols, The Clash, Blondie, Die Ärzte, Die Toten Hosen, Green Day**

Punk-Rock-Medley: Sex Pistols, *Anarchy in the UK*; The Clash, *London calling*; Green Day, *American idiot* – Ausschnitte

E2

Soul

Die **Soul Music** hat ihre Wurzeln im Kirchengesang (Gospel) und im Rhythm and Blues der afroamerikanischen Bevölkerung der USA. Ihre Entwicklung steht in engem Zusammenhang mit deren wachsendem Selbstvertrauen Ende der 1950er-Jahre (Black-Power-Bewegung: Black is beautiful) und der damit einhergehenden Bürgerrechtsbewegung gegen Rassendiskriminierung.

Im engeren Sinn versteht man unter dem Soul der 1960er-Jahre Musikstücke, die vokal und instrumental äußerst emotionsgeladen (heart and soul = mit ganzer Seele) interpretiert wurden. Verschiedene US-Plattenfirmen wie Atlantic Records, Stax Records oder Motown förderten die Soulmusik und öffneten sie auch für den weißen Musikmarkt.

Bedeutende Vertreter/-innen: **Percy Sledge** (* 1940), **Aretha Franklin** (* 1942), **James Brown** (1933–2006 / 73 J.), **Ray Charles** (1930–2004 / 73 J.), **The Supremes** – mit **Diana Ross** (* 1944), die später als Solistin große Karriere machte –, **Stevie Wonder** (* 1950), **Tina Turner** (* 1939)

Diana Ross

Soul-Medley: Percy Sledge, *When a man loves a woman*; Aretha Franklin, *Respect*; Stevie Wonder, *Nothing's too good for my baby* – Ausschnitte

E3

R&B

In den 1980er-Jahren erlebte der Begriff **R&B** (Rhythm&Blues), der nicht mit dem Rhythm and Blues der 1940er-Jahre verwechselt werden darf, ein Comeback. R&B, oder auch Contemporary R&B, vermischte Elemente des Soul, Funk und Hip-Hop und gilt heute als Sammelbegriff für schwarze Mainstream-Musik. Damit meint man Musik, die dem Geschmack einer großen Mehrheit entspricht.

Im Jahr 1980 interpretierte **Diana Ross** den Song *Upside down* (Hörbeispiel E4), der die Vermischung der oben angeführten Stile sehr gut wiedergibt. Sein durchgehender Tanz-Beat, die an den Funk angelehnte Singweise und die harmonisch und rhythmisch unkomplizierte Gestaltung machten den Song in vielen Ländern zu einem Nummer-eins-Hit.

Weitere Vertreter/-innen: **Prince** (* 1958), **Rihanna** (* 1988), **Mary J. Blige** (* 1971), **Beyoncé** (* 1981)

Spiel-mit-Satz zu *Upside down*

E4

Upside down (Diana Ross)

Multimedialer Spiel-mit-Satz

Einrichtung: Marianne Danner, Bernhard Gritsch
© Helbling

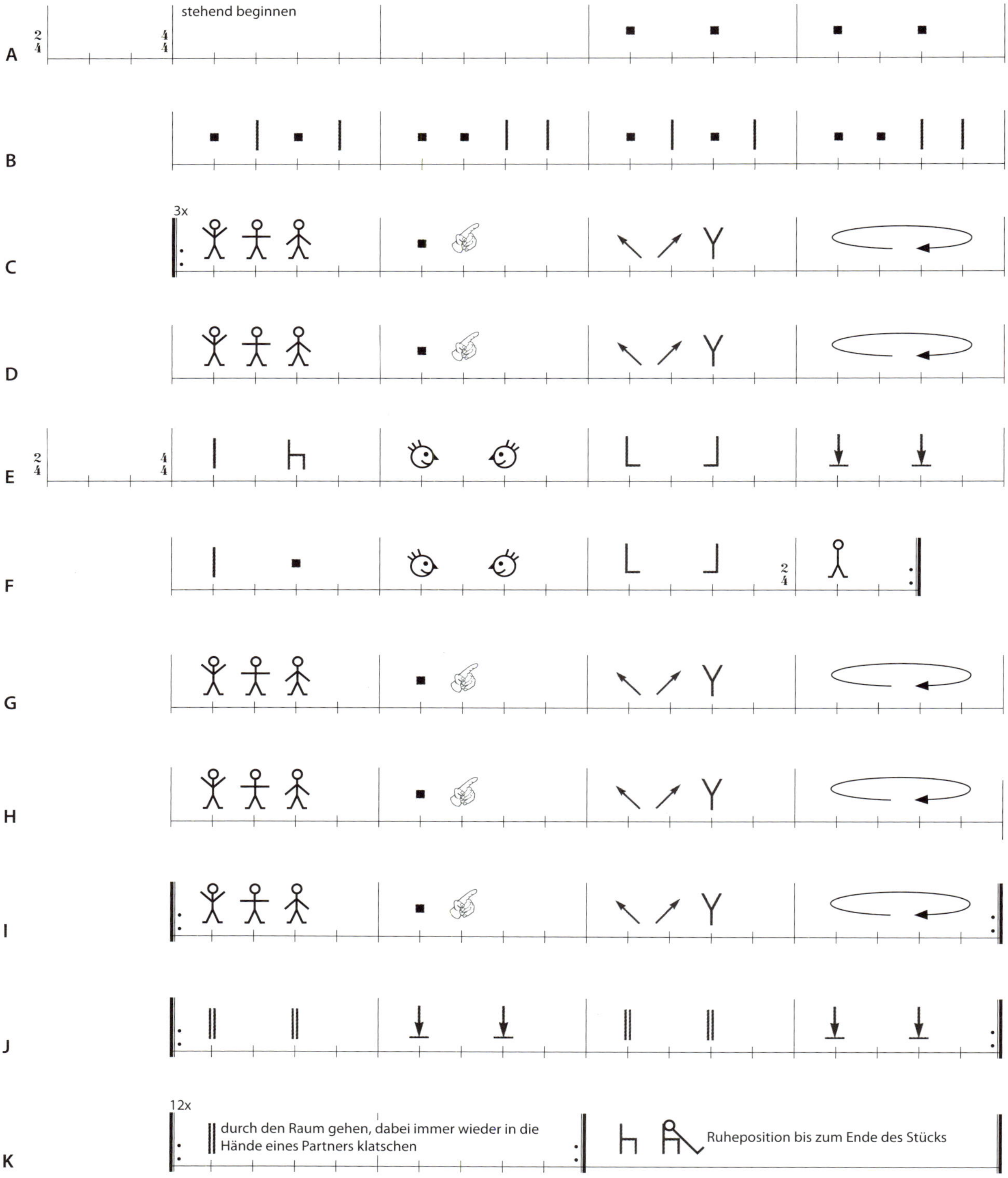

King of Pop: Michael Jackson

Der US-Amerikaner **Michael Jackson** (1958–2009 / 50 J.) startete seine musikalische Karriere bereits im Alter von sechs Jahren als Leadsänger in der Formation The Jackson Brothers (ab 1966 The Jackson Five). In seiner Solokarriere integrierte er geschickt Einflüsse anderer Popstile in seine Musik (z. B. Funk, Hip-Hop). 1982 veröffentlichte er zusammen mit dem Musiker, Komponisten und Arrangeur **Quincy Jones** (* 1933) das Album *Thriller,* das mit über 110 Millionen Exemplaren bis heute das meistverkaufte Album aller Zeiten ist. Das Musikvideo zum Titelsong gilt als Kultvideo.

Michael Jackson

Michael Jacksons bombastische Bühnenshows, seine Tanzeinlagen (Moonwalk) und seine auf absolute Perfektion ausgerichtete musikalische Arbeit machten ihn zum „King of Pop". Er erhielt unzählige Auszeichnungen der Musikbranche (z. B. 13 Grammys).

In den 1990er-Jahren erlebte seine Karriere, nicht zuletzt durch Kindesmissbrauchsvorwürfe, einen Knick. 2009 kündigte er seine große Abschiedstournee an, die aufgrund enormer Ticketnachfrage auf mehr als 40 Konzerte ausgedehnt werden musste. Sein überraschender Tod mitten in den Probenarbeiten verhinderte diese letzten Liveauftritte. Bis heute hat er mehr als 750 Millionen Alben verkauft.

Michael-Jackson-Medley: Beat it; Man in the mirror; I just can't stop loving you; Thriller – Ausschnitte

E5

▸ Gestaltet, nachdem ihr das Medley gehört habt, ein CD-Cover für eine imaginäre „In-memoriam-Michael-Jackson"-CD. Lasst euch dabei von den gehörten Songs inspirieren.

Funk

James Brown

nennt man eine Ende der 1960er-, Anfang der 1970er-Jahre aufgekommene Stilrichtung afroamerikanischer Popmusik. Sie basiert auf dem Rhythm and Blues und rückt den rhythmischen Aspekt in den Mittelpunkt: kurze rhythmisch–melodische Floskeln in allen Instrumenten mit markanten Bläsersätzen, springende Basslinien (mit der Slap-Bass-Technik wird der Bass rhythmisch-melodisch eigenständig), eine starke Betonung der Eins und eine soulige, oft auch perkussive Singweise sind charakteristische Merkmale des Funk. Aus dem Funk entwickelte sich in weiterer Folge der Discosound, der vorherrschende Tanzstil in den Diskotheken ab Mitte der 1970er-Jahre.

Vertreter/-innen: z. B. **James Brown**; **Sly & the Family Stone**; **Tower of Power**; **Earth, Wind & Fire**

Papa's got a brand new bag (James Brown) – Ausschnitt

E6

Reggae

Dieser Musikstil stammt aus Jamaika. Reggae ist sowohl Tanzmusik als auch rituelle Musik des Rastafari-Kults. Reggae ist aber auch musikalischer Ausdruck des sozialen Protests der schwarzen Bevölkerung. Karibische Musiktradition vermischt sich hier mit Rhythm and Blues-Elementen. Charakteristische Merkmale sind: Orgel statt Klavier, meist langsames Tempo, keine Bläser, oftmalige Wiederholungen der Textaussage, markante Betonung auf den Schlägen 2 und 4.

Vertreter: z. B. **Bob Marley**, **Peter Tosh**

Bob Marley

Zwei rhythmische Begleitostinati zum Hörbeispiel E7

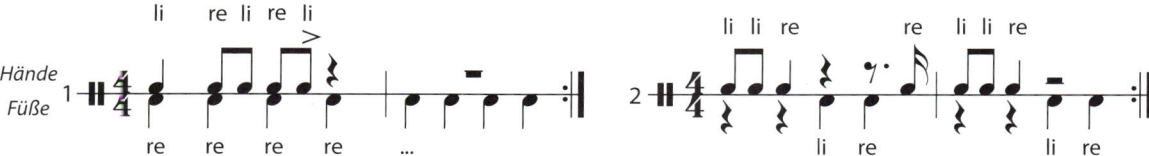

I shot the sheriff (Bob Marley) – Ausschnitt

▶ Führt die rhythmischen Begleitostinati zum Hörbeispiel E7 mit Händen/Füßen oder mit Rhythmusinstrumenten aus. Pausiert bei den zweieinhalbtaktigen instrumentalen Zwischenspielen des Songs.

Hip-Hop

bezeichnet einerseits eine Musikrichtung, andererseits eine ganze Jugendkultur, die sich Anfang der 1970er-Jahre entwickelte. DJing, Rap, Breakdance und Graffiti (künstlerische Gestaltung von Wänden etc. mit Sprühdosen) sind wesentliche Bestandteile dieser Kultur. Ihre Ursprünge liegen in den Block Partys (Feiern eines ganzen Stadtviertels) im hauptsächlich von Afroamerikanern bewohnten New Yorker Stadtteil Bronx: Ein sogenannter Master of Ceremony (kurz: MC) moderierte riesige Shows mit Musik und Tanz. Discjockeys (kurz: DJs) schufen dazu u. a. mit den Techniken Sampling (Verwendung schon bestehender Musik, die durch Wiederholung und Verzerrung verfremdet wird) und Scratching (rhythmisches Vor- und Rückwärtsbewegen einer Schallplatte bei aufliegender Nadel,

Grandmaster Flash

wodurch interessante rhythmische Geräusche entstehen) die Musik neu (= DJing). Ein Wegbereiter dieser Techniken war **Grandmaster Flash** (* 1958), daneben wurden auch **Kool DJ Herc** (* 1955) sowie **Afrika Bambaataa** (* 1957) als DJs bekannt.

Hip-Hop umfasst als Lebensphilosophie Begriffe wie Glaubwürdigkeit und Echtheit (realness), Wettbewerb (competition) und gegenseitige Achtung (respect). Neben einer eigenen Szenesprache, die sich in bestimmten Wörtern und Gesten offenbart, ist auch der spezielle Dress-Code bedeutsam: Baggy Pants, Cap, Sneakers und weite T-Shirts.

Die dreiköpfige Gruppe **Sugarhill Gang** veröffentlichte im Jahr 1979 mit *Rapper's delight* die erste Hip-Hop-Single, die Eingang in die Hitparaden fand. In diesem Song taucht auch der Begriff Hip-Hop auf.

Rapper's delight (Sugarhill Gang) – Ausschnitt

Text: Bernard Edwards, Nile Gregory Rodgers
© Bernard's Other Music, Sony/ATV Music Publishing

> **Rapper's delight**
>
> I said a hip hop a hippie to the hippie
> to the hip hip hop, you don't stop
> a rockin' to the bang bang boogy say upchuck the boogy,
> to the rhythm of the boogity beat …

Als Tanzstil wurde Hip-Hop vor allem in Musikvideos populär. In einer akrobatischen Form entstand der **Breakdance**, ursprünglich als B-Boying bezeichnet, bei dem sich die Tänzer im Stand, auf dem Boden, durch Rotieren auf einer Körperstelle oder entlang der Körperachse athletisch bewegen. Hip-Hop-Choreografien, die in Gruppen oder in Form einer sogenannten battle (konkurrierende Teams mit solistischen Einlagen) getanzt werden, zeichnen sich durch einen interessanten Wechsel von Beat- und Offbeat-Bewegungen aus.

Breakdance

Hip-Hop-Modelle

E9

▶ ▪ Führt zur Musik des Hörbeispiels E9 die unten beschriebenen Hip-Hop-Modelle aus.
  ▪ Erfindet auch eigene Bewegungsmodelle.
  ▪ Gestaltet zur gesamten Musik von Hörbeispiel E9 eine Choreografie. Stellt die vorgegebenen und die selbst erfundenen Hip-Hop-Modelle sinnvoll zusammen und reiht sie aneinander.

Bild 1

Modell 1

Ausgangsposition: Die Beine sind gegrätscht und durchgestreckt, die Arme hängen locker an beiden Seiten des Körpers nach unten.
Ausführung: Auf den Downbeats (Zählzeiten 1, 2, 3, 4, 5, 6, 7, 8) die Knie leicht beugen und die Arme leicht gebeugt mit nach oben gerichteten Handflächen heben. (Bild 1)
Auf den Offbeats (immer auf „und" zwischen den Zählzeiten) die Beine durchstrecken und die Arme leicht senken.

Bild 2

Modell 2

Ausgangsposition: Die Beine sind gegrätscht und durchgestreckt, die Arme hängen locker an beiden Seiten des Körpers nach unten.
Ausführung: Auf den Downbeats die Knie leicht beugen und die Arme leicht gebeugt und mit gekreuzten Handgelenken auf Brusthöhe anheben. Die Handflächen sind nach unten gerichtet. (Bild 2)
Auf den Offbeats die Beine durchstrecken und die Arme in gleichbleibender Position leicht senken.

Bild 3

Modell 3

Ausgangsposition: Die Beine sind geschlossen, die Ellbogen auf Schulterhöhe hochgezogen, die Unterarme eng angewinkelt, die Fäuste auf Brustbeinhöhe. (Bild 3)
Ausführung: Auf „1 und 2" mit drei kleinen Schritten nach vorne gehen (re, li, schließen). Gleichzeitig mit den Armen vor dem Körper auf Brusthöhe einen Kreis gegen den Uhrzeigersinn ziehen. Sobald das re Bein schließt, sind die Arme wieder in der Ausgangsposition.
Auf „3 und 4" mit drei kleinen Schritten nach hinten gehen (li, re, schließen). Mit den Armen den Kreis im Uhrzeigersinn ausführen.
Auf 5–8 Bewegungsablauf wiederholen.

Bild 4

Modell 4

Ausgangsposition: Die Beine sind gegrätscht und durchgestreckt, die Arme hängen locker an beiden Seiten des Körpers nach unten.
Ausführung: Auf den Offbeats die Beine durchstrecken, die li Hand ruht auf dem Oberschenkel, während der re Arm seitlich des Kopfs im rechten Winkel abgewinkelt wie zum Ballaufschlag ausholt. (Achtung: Der Bewegungsablauf beginnt auf dem Auftakt/Offbeat „und".) Auf den Downbeats die Knie leicht beugen und mit dem gehobenen Arm leicht nach unten schlagen. Der andere Arm ruht währenddessen weiterhin locker auf dem Oberschenkel. (Bild 4)

Rap

(= amerik. Slang quasseln) steht für die rhythmische Schnellsprechpraxis der DJs in der Hip-Hop-Musik, um damit eine zum Tanzen animierende Atmosphäre zu schaffen. Die Texte widmen sich oft Problemen der afroamerikanischen Bevölkerung in den großen Städten. In den USA wurden die Band **Run D.M.C** sowie die Rapper **50 Cent** (* 1975) und **Eminem** (* 1972) berühmt. Letzterer erhielt u. a. einen Oscar und elf Grammys.

Der österreichische Popkünstler **Falco** (Hans Hölzel, 1957–1998 / 40 J.) brachte 1985 mit dem Titel *Rock me Amadeus* einen Welthit heraus. Der Text bezieht sich auf W. A. Mozart und wird von Falco großteils nicht gesungen, sondern gerappt. Sein Rap-Stil stellt eine einzigartige Mischung aus deutscher Hochsprache, Wiener Dialekt und amerikanischem Slang dar. Der Song war drei Wochen lang an der Spitze der amerikanischen Charts, was bis dahin noch keinem deutschsprachigen Sänger gelungen war.

Falco

E10

Rock me Amadeus (Falco) – Ausschnitt

Text und Musik: Rob und Ferdi Bolland
© Falkenhorst / Nanada

Rock me Amadeus

Er war ein Punker, und er lebte in der großen Stadt.
Es war in Wien, war Vienna, wo er alles tat.
Er hatte Schulden, denn er trank, doch ihn liebten
   alle Frauen.
Und jede rief: Come and rock me Amadeus.
Er war Superstar. Er war populär.
Er war so exaltiert. Because er hatte Flair.
Er war ein Virtuose. War ein Rockidol.
Und alles rief: Come and rock me Amadeus.
Amadeus, Amadeus …

Es war um 1780, und es war in Wien.
No plastic money anymore, die Banken gegen ihn.
Woher die Schulden kamen, war wohl jedermann bekannt.
Er war ein Mann der Frauen, Frauen liebten seinen Punk.
Er war Superstar. Er war so populär.
Er war zu exaltiert. Genau das war sein Flair.
Er war ein Virtuose. War ein Rockidol.
Und alles ruft noch heute: Come and rock me Amadeus.
Amadeus, Amadeus …

Techno

bezeichnet eine Stilrichtung, die Ende der 1980er-Jahre zeitgleich in Europa und den USA (v. a. in Detroit) entstand. Beeinflusst wurde sie durch **House**, eine Stilrichtung der elektronischen Tanzmusik, die in den 1980er-Jahren in den USA entstand. Der Name House geht auf einen Club namens Warehouse in Chicago zurück.

Beide Stilrichtungen sind schwierig voneinander zu unterscheiden, und es gibt zahllose Spielarten von House (z. B. Acid House, Electro House).
Techno wurde in den frühen 1990er-Jahren zum dominierenden Dance-Floor-Sound. Es gibt hier keine Musikgruppen, die live spielen, die Nummern werden im Studio produziert. Die Klänge stammen fast ausschließlich aus dem Computer. Musikalisch markant sind ein stereotyp durchlaufender und hämmernder $^4/_4$-Beat, aufwendige Soundeffekte (synthetische Klänge) sowie spärliche Textpassagen. Anhänger dieser Musikrichtung treffen einander zu Veranstaltungen (sog. **Clubbings** oder **Rave-Partys**) in großen Tanzhallen oder im Freien. Dabei wird oft die ganze Nacht zu Technomusik getanzt, unterstützt von groß angelegten Lightshows.

E11

Maximum overdrive (2 Unlimited) – Ausschnitt

Quiz-Box Kapitel 36

- Wann entstand der Rock'n'Roll?
- Einer der berühmtesten Songs der britischen Rockband The Rolling Stones heißt *I can´t get no …*

- Wie heißt Michael Jacksons im Jahr 1983 veröffentlichtes Kultvideo zum gleichnamigen Album?
- Wie heißt ein akrobatischer Tanzstil der Hip-Hop-Kultur?

◆ **Mehr Fragen im MUSIKQUIZ**

In der Epoche der **Klassik** wurden Werke von überzeitlicher Vollkommenheit geschaffen, deren Kennzeichen Ausgewogenheit und Harmonie sind. Die bedeutendsten Klassiker der deutschen Literatur sind **Johann Wolfgang von Goethe** (1749–1832 / 82 J.) und **Friedrich Schiller** (1759–1805 / 45 J.).
Auf dem Gebiet der Musik wurde in dieser Zeit (1750–1820) Wien als musikalisches Zentrum Europas angesehen. Deshalb spricht man in der Musik vom Zeitalter der **Wiener Klassik**.
Komponiert wurde in erster Linie in folgenden musikalischen Formen:

- Sonate
- Sinfonie
- Streichquartett

- Konzert
- Oper
- Kunstlied

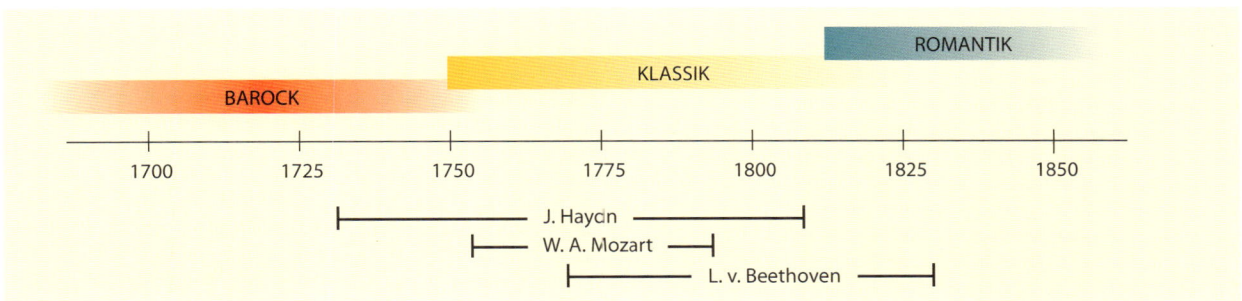

Joseph Haydn
(1732, Rohrau – 1809, Wien / 77 J.)

Haydn war den größten Teil seines Lebens im Dienste der Fürsten Esterházy in Eisenstadt. Er gilt als Vater des Streichquartetts und schrieb davon insgesamt 83. Außerdem schuf er über 100 Sinfonien, von denen viele einen Beinamen tragen (z. B. *Sinfonie mit dem Paukenschlag*). Bedeutend sind auch seine Oratorien *Die Schöpfung* und *Die Jahreszeiten*.

Ludwig van Beethoven
(1770, Bonn – 1827, Wien / 56 J.)

Beethoven war einer der ersten freischaffenden Komponisten.
Er stand zeitlebens in keinem Dienstverhältnis und lebte von seinen Kompositionen, von Privatunterricht und von finanziellen Zuwendungen seiner Mäzene (Gönner). Sein Hauptschaffen liegt auf dem Gebiet der Sinfonie. Einige seiner neun Sinfonien haben einen Beinamen:
3. = *Eroica,* 5. = *Schicksalssinfonie,*
6. = *Pastorale.*
In der 9. Sinfonie vertonte er im letzten Satz die *Ode an die Freude* von Friedrich Schiller. Berühmt sind auch seine 32 Klaviersonaten sowie seine einzige Oper *Fidelio*.

Wolfgang Amadeus Mozart
(1756, Salzburg – 1791, Wien / 35 J.)

Mozart, das Wunderkind aus Salzburg, hatte mit seinen Opern großen Erfolg *(Die Zauberflöte, Figaros Hochzeit, Die Entführung aus dem Serail, Don Giovanni).* Er schuf auch über 40 Sinfonien und zahlreiche kammermusikalische Werke (z. B. *Eine kleine Nachtmusik*).

Sinfonie

Die **Sinfonie** ist ein mehrsätziges Werk für Orchester (vgl. Sonate = mehrsätziges Werk, oft für nur ein Instrument). Meist besteht die Sinfonie aus vier Sätzen, die sich in Aufbau, Charakter und Tempo unterscheiden. Sie ist also ein längeres, geschlossenes Musikwerk, das von ca. 20 Minuten bis über eine Stunde dauern kann.

Sonatenhauptsatzform

Der erste Satz einer klassischen Sinfonie/Sonate steht zumeist in der sogenannten **Sonatenhauptsatzform**. Für den ersten Teil dieser Form, die Exposition, ist die Verwendung von zwei Themen charakteristisch, die man auch als Haupt- und Seitensatz bezeichnet.

E12–15

Beispiele zu Themenvergleiche

Arbeitsblatt *Sonatenhauptsatzform*

▶ In den Beispielen E12–15 hört ihr jeweils das 1. und 2. Thema aus berühmten Musikstücken. Schreibt nach dem Hören zutreffende Wörter für die einzelnen Themen in euer Heft, wie z.B. Dur, Moll, rhythmisch, melodiös, markant, fließend, dramatisch, lyrisch usw.

E12/13: L. v. Beethoven, Sinfonie Nr. 5, 1. Satz

    1. Thema: ?

    2. Thema: ?

E14/15: W. A. Mozart, Sinfonie Nr. 40, 1. Satz

    1. Thema: ?

    2. Thema: ?

Ein nach der Sonatenhauptsatzform gegliederter Satz besteht aus folgenden Teilen:

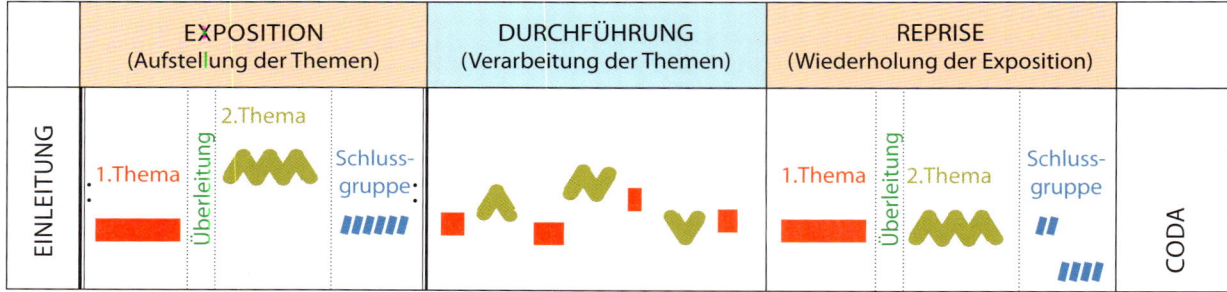

Der Komponist kann ein Stück in Sonatenhauptsatzform mit einer **Einleitung** beginnen.

Die **Exposition** weist zwei sich unterscheidende Themen auf, die durch eine Überleitung verbunden sind, und endet mit einer Schlussgruppe. Die Exposition wird meist wiederholt. Die beiden Themen sind nicht nur vom Charakter her anders, sie stehen auch in einer anderen Tonart.

In der **Durchführung** hat der Komponist die Gelegenheit, die beiden Themen zu verarbeiten. Das geschieht, indem er z.B. die Themen oder Themenausschnitte auf verschiedenen Tonhöhen schreibt, verschiedene Lautstärkegrade als Spannungselement einsetzt und abwechslungsreich instrumentiert.

Die **Reprise** ist die Wiederholung der Exposition, meist in leicht veränderter Form, wobei das 2. Thema nun aber in der gleichen Tonart wie das 1. Thema steht.

Coda (Anhang) nennt man den Schlussteil.

Schicksalssinfonie

Die *Schicksalssinfonie* ist die 5. Sinfonie von Ludwig van Beethoven
(1770–1827 / 56 J.) und hat ihren Namen von folgender Überlieferung:

Beethoven soll zur rhythmischen Figur, die während des
Stücks fast ununterbrochen in einer der Stimmen vorkommt, gemeint
haben: „So klopft das Schicksal an die Tür!" Er dachte dabei vielleicht
an seine beginnende Taubheit.

L. v. Beethoven

Exposition

Multimediale Hörpartitur L. v. Beethoven, Sinfonie Nr. 5, 1. Satz, Exposition

E16

▶ Hört das Beispiel E16, lest im Notentext unten mit und erkennt die einzelnen Teile der Exposition.

1. Satz gesamt

L. v. Beethoven,
Sinfonie Nr. 5, 1. Satz

E17

Multimediale Hörpartitur

Arbeitsblatt
Sonatenhauptsatzform

▶ Hört nun den ganzen ersten Satz dieser Sinfonie. An der Zeitleiste unten (Sekundeneinteilung) könnt ihr die Form bzw. Verwendung der Themen mitverfolgen.
Bei der Coda könnt ihr versuchen, die Verarbeitungen des thematischen Materials selbst zu erkennen. Übertragt die Zeitleiste der Coda in euer Heft und zeichnet die entsprechenden Symbole ein.

L. v. Beethoven, Sinfonie Nr. 5 – 1. Satz, Zeitleiste

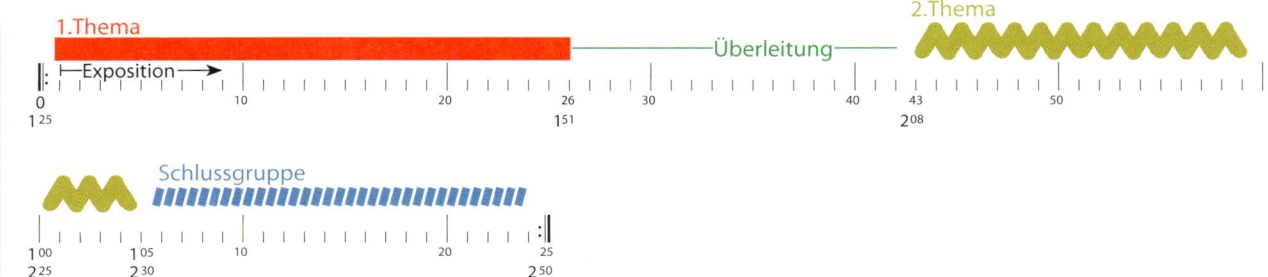

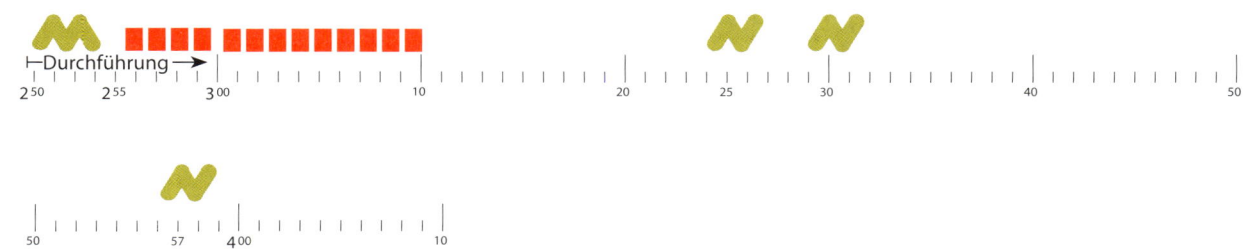

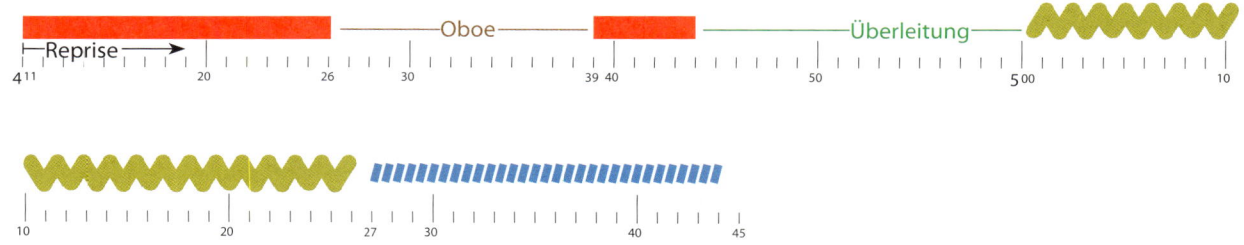

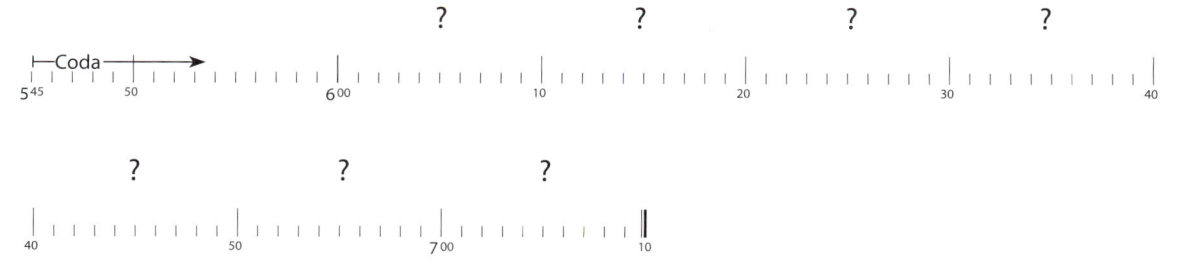

Sonatenhauptsatzform – selbst gemacht

▶ Gestaltet eine Sprech- und Klangkomposition in Sonatenhauptsatzform.
Die beiden Themen können vokal und/oder instrumental vertont werden.
Eine Einleitung und Coda kann nach Belieben gestaltet werden. Orientiert euch am Vorschlagsplan unten und übertragt ihn ohne Inhalt in euer Heft. Schreibt euer Konzept dann dort hinein. Führt die verschiedenen Pläne aus.

Vorschlagsplan   Arbeitsblatt *Sonatenhauptsatzform*

|: EXPOSITION :|	1. Formuliert einen Aussagesatz, der eine bestimmte Stimmung (Zustand/Gefühl) ausdrückt und vertont ihn. Das Ergebnis ist das **1. Thema**. (Z. B. Ich bin glücklich, weil die Sonne scheint.) 2. Formuliert einen weiteren Satz, der sich in der Stimmung (Zustand/Gefühl) deutlich vom ersten unterscheidet und vertont ihn. Das Ergebnis ist das **2. Thema**. (Z. B. Ich brauche eine Hose, deshalb gehe ich morgen einkaufen.) 3. Findet für die **Schlussgruppe** noch einen Satz, der die beiden ersten Sätze zusammenfasst, bestätigt … und vertont ihn.
DURCHFÜHRUNG	Gestaltet in diesem Teil Wörter/Silben der beiden „Themen" verschiedenartig: • abwechselnd hintereinander • auf verschiedenen Tonhöhen • in verschiedenen Lautstärken • Wiederholungen/Sequenzen von Ausschnitten
REPRISE	Wiederholung der Exposition

Quiz-Box Kapitel 37

- Aus wie vielen Sätzen besteht in der Regel eine klassische Sinfonie?
- Welche musikalische Form besteht aus den Teilen Exposition, Durchführung und Reprise?
- Welchen Beinamen trägt die 5. Sinfonie von Ludwig van Beethoven?

◆ **Mehr Fragen im MUSIKQUIZ**

◆ Waves of Tory

Der traditionelle irische Tanz ist eng mit einem nationalen Identitäts- und Selbstwertgefühl verbunden: Irland, das lange von England besetzt war, wollte seit dem Ende des 19. Jahrhunderts die keltische Tradition wiederbeleben. Dies äußerte sich nicht nur in Bestrebungen, die irische (gälische) Sprache und Literatur zu fördern, sondern weitete sich auch auf die Musik- und Tanztraditionen aus.

Der irische Tanz ist einerseits in den Formen der Céilí-(sprich: ke-i-li) und Set-Tänze ein Gesellschaftstanz, der bei unterschiedlichen Anlässen, vornehmlich bei Céilís (heute: Tanzveranstaltungen in größeren Tanzhallen mit Live-Musik) ausgeführt wird.

Andererseits ist der moderne irische Stepptanz, der in Shows wie *River Dance* oder *Lord of the Dance* zu sehen ist, ein athletischer Wettkampfsport, der strengen Regeln in Bezug auf Ausführung, Kleidung etc. unterliegt und jahrelanges Training erfordert.

Der Céilí-Tanz *Waves of Tory* ist ein Langtanz im Alla-breve-Takt (Reel). Er nimmt in einer seiner Bewegungsfolgen auf den rauen Wellengang Bezug, der bei der kleinen Insel Tory vor der Nordwestküste Irlands anzutreffen ist.

Mädchen in irischen Tanzkostümen

Waves of Tory

E18

Tanzbeschreibung zu *Waves of Tory*

Ausgangsstellung

Mädchen (li) und Jungen (re) in einer Gasse gegenüber, mit Blick zueinander, Arme hängen locker neben dem Körper herab

Einleitung (8 T.)

Takt 4:   re Fuß nach vorne gleiten lassen und auf der Fußspitze aufsetzen
Takt 7:   Hände in Kopfhöhe fassen (W-Position)

M   B

Teil A (16 T.)

Takt 9–16: Advance and retire – rechts

Takt 9/10:   Wechselschritt vor mit re (T. 9), dann mit li Fuß (T. 10) = advance
Takt 11/12:   Wechselschritt zurück mit re, dann mit li Fuß = retire
Takt 13–16:   Wiederholung der Takte 9–12

Takt 17–24: Right hand star (Stern zu viert)

Takt 17–20:   zwei Paare reichen einander die re Hände zu einem Stern und bewegen sich im Kreis (Bild 1)
4 Wechselschritte im Uhrzeiger: re, li, re, li, rasche halbe Drehung nach re, li Hände reichen
Takt 21–24:   3 Wechselschritte gegen den Uhrzeiger: re, li, re und Schlussschritt in Gassenposition

Bild 1

Teil B (16 T.)

Takt 25–32: Advance and retire – links
wie Takt 9–16, jedoch mit li beginnen

Takt 33–40: Left hand star (Stern zu viert)
wie Takt 17–24, jedoch zuerst li Hände reichen und gegen den Uhrzeiger mit li Fuß beginnen;
dann re Hände reichen und im Uhrzeiger mit li Fuß beginnen; Gassenposition

Teil C (32 T.)

Takt 41–56: Circuit (Rundkurs)
Mädchen (Viertel-Drehung nach re) und Jungen (Viertel-Drehung nach li) stehen nebeneinander
und reichen einander die Hände, Paar 1 geht re beginnend 16 Takte in einem Rundkurs nach li
wieder zur Ausgangsposition zurück, alle anderen Paare folgen; am Ende macht Paar 1 eine halbe
Drehung (Mädchen nach re, Jungen nach li), sodass es Paar 2 in die Augen schaut.

Takt 57–72: Waves (Wellen)
Paar 1 formt mit seinen Händen (Mädchen re, Jungen li) einen Bogen, unter dem Paar 2 im Wechselschritt durchgeht. Dann formt Paar 3 (wie Paar 1) einen Bogen, unter dem Paar 1 im Wechselschritt
durchgeht usw. (immer abwechselnd Welle oben und unten).
Die Paare, die am Ende der Gasse angekommen sind, drehen sich jeweils wie Paar 1 um und
gehen in die andere Richtung (ebenso Welle oben und unten).

Teil D (16 T.)

Takt 73–80: Cast off (auslassen)
Wenn Paar 1 wieder an der Ausgangsposition angekommen
ist, werden die Hände losgelassen, Mädchen dreht sich nach
re, Jungen nach li und beide gehen die Gasse außen ans
Ende der Gasse, die übrigen Paare folgen.

Takt 81–88: Pass through (unten durchgehen)
Paar 1 bildet am Ende der Gasse einen Bogen mit beiden
Händen (Bild 2), unter dem alle anderen Paare durchgehen
und sich unmittelbar danach wieder in der Gasse gegenüber aufstellen. Der Tanz beginnt von vorne.

Bild 2

Instrumente der traditionellen irischen Musik
sind Metallflöte (Tin Whistle), Akkordeon (in Irland bevorzugt man das Knopfakkordeon), Fiddle (Violine) sowie Gitarre und Bodhrán (irische Rahmentrommel).
Oftmals werden heute auch Banjo, Klavier und Schlagzeug in Céilí-Bands verwendet.

Tin Whistle

Irisches Akkordeon

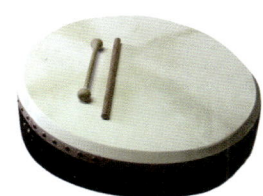

Bodhrán

Quiz-Box Kapitel 38

- Wie bezeichnet man in Irland Tanzveranstaltungen mit Live-Musik in größeren Tanzhallen?
- Zu den typischen Instrumenten der irischen Volksmusik zählen z. B. Tin Whistle, Fiddle und …

◆ **Mehr Fragen im MUSIKQUIZ**

39 Shosholoza

SHOSHOLOZA

E19/20

Shosholoza
Playback zu Shosholoza

Traditioneller Zulusong
Satz: Gerhard Wanker
© Helbling

Teil A Solo F ... Chor F

Sho - sho - lo - za, Sho - sho - lo - za, u - ya

B♭ ... C

kwe zon - ta - - - ba s'ti - me - la si - pum' Ro - de - sia.

Teil B Solo F ... Chor F

Wen ú - ya ba - le - ka, wen ú - ya ba - le, u - ya

B♭ ... C *D.C. al Fine* F *Fine*

kwe zon - ta - - - ba s'ti - me - la si - pum' Ro - de - sia. Sho!

Der Text des Lieds handelt von einem Zug, der die Arbeiter aus Rhodesien (heute Zimbabwe) in die südafrikanischen Bergbauminen transportierte. Heute wird *Shosholoza* in Südafrika vor allem bei Sportveranstaltungen gesungen. (Aussprache: sh = sch, z = stimmhaftes s, w = wie im engl. well)

- *Steht mit aufrechtem Oberkörper und leicht gebeugten Knien in einer Grätsche und verlagert das Gewicht abwechselnd von einem Fuß auf den anderen. Hebt dabei die Fußsohlen vom Boden ab und stellt sie wieder hin, sodass ihr einen guten Bodenkontakt habt. Ahmt gleichzeitig die Räder einer fahrenden Lokomotive nach, indem ihr die gebeugten Unterarme gleichzeitig oder hintereinander vor und zurück bewegt. Die Schultern hängen locker nach unten.*

- *Sprecht zu diesen Ausführungen deutlich abwechselnd ein sssst und ein scht. Bei richtiger Ausführung könnt ihr nach jedem Laut die reflektorische Atmung geschehen lassen.*

- *Singt zu den Ausführungen oben in verschiedenen Tonhöhen das Anfangsmotiv des Lieds in einem zweitaktigen Pattern. Einer singt vor, die anderen singen nach – die Tonhöhe wird vom Vorsänger gewechselt.*

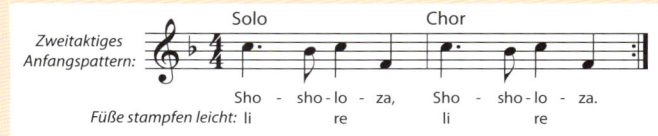

Zweitaktiges Anfangspattern: Solo Chor

Sho - sho - lo - za, Sho - sho - lo - za.

Füße stampfen leicht: li re li re

Begleitostinati zu *Shosholoza*

Die rhythmischen Begleitostinati und die Bewegungsostinati können einzeln, aber auch zusammen ausgeführt werden.

▶ Bildet vier Gruppen (5–7 Schüler). Jede Gruppe übernimmt ein Rhythmus- und das dazugehörige Bewegungsostinato. (Einer spielt den Rhythmus auf dem Instrument, die anderen führen die Bewegungen aus.) Verwendet dafür das Hörbeispiel E19.

Rhythmische Begleitostinati	**Bewegungsostinati**
 Bongos	**Aufstellung im Flankenkreis:** in Tanzrichtung vorwärts gehen, dann mit der Hand die „Notbremse" ziehen:  
Claves	**Aufstellung in einer Reihe nebeneinander:** Jeder hält mit beiden Händen einen „schweren Hammer" und führt im Clavesrhythmus Folgendes aus: ♩. „festhämmern": Hammer nach unten schwingen ♩. „festhämmern": Hammer nach unten schwingen ♩ „wischen": mit re Handrücken Schweiß von der Stirn wischen
Cowbell	**Aufstellung in einer Reihe nebeneinander:** auf zwei von li mit beiden Händen einen schweren Stein aufheben; auf 4 re wieder ablegen
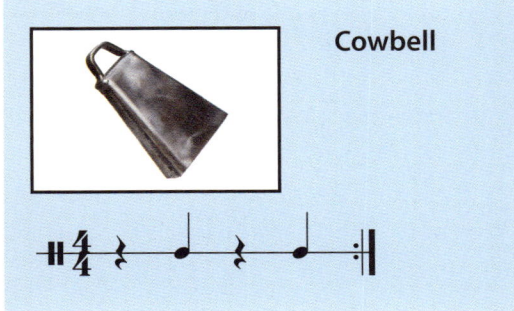 Congas	**Aufstellung paarweise einander gegenüber:** ♩ „Partner": re Handfläche auf re Handfläche des Partners patschen (taktweise li/re wechseln) ♩. „meine Hand": in die eigenen Hände klatschen ♩. „meine Hand": in die eigenen Hände klatschen

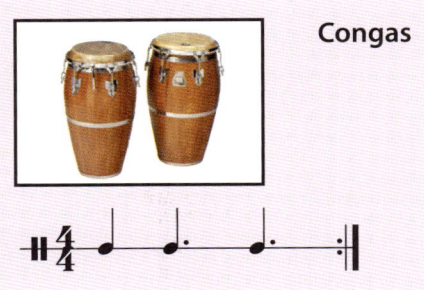

Hinweis: Die Rhythmen sollen zuerst gut geübt werden, damit die Bewegungen sicher ausgeführt werden können. Zur korrekten Ausführung der Rhythmen kann als Merkhilfe bzw. Unterstützung der angegebene Text mitgesprochen werden: z. B. Claves: „festhämmern, festhämmern, wischen"; Congas: „Partner, meine Hand, meine Hand".

Während für die Klassik die vernunftorientierte Aufklärung und die strenge Kunstform charakteristisch sind, werden im Zeitalter der Romantik das Gefühl und die Fantasie, das Volkstümliche und das Schwärmerische betont. Der Romantiker flüchtet aus dem realen Leben und sucht Zuflucht in einer blütenreichen Traumwelt (Symbol: Blaue Blume der Romantik) oder in fremden Ländern. Er liebt das Melancholische, das Dunkle, Verhangene, das Grausige und das Unheimliche. Diesem Weltschmerz und Lebenspessimismus ist es vielleicht zuzuschreiben, dass einige Künstler im Wahnsinn endeten (Dichter: Friedrich Hölderlin; Komponisten: Robert Schumann, Hugo Wolf; Dichterphilosoph: Friedrich Nietzsche).

Komponisten-Übersicht

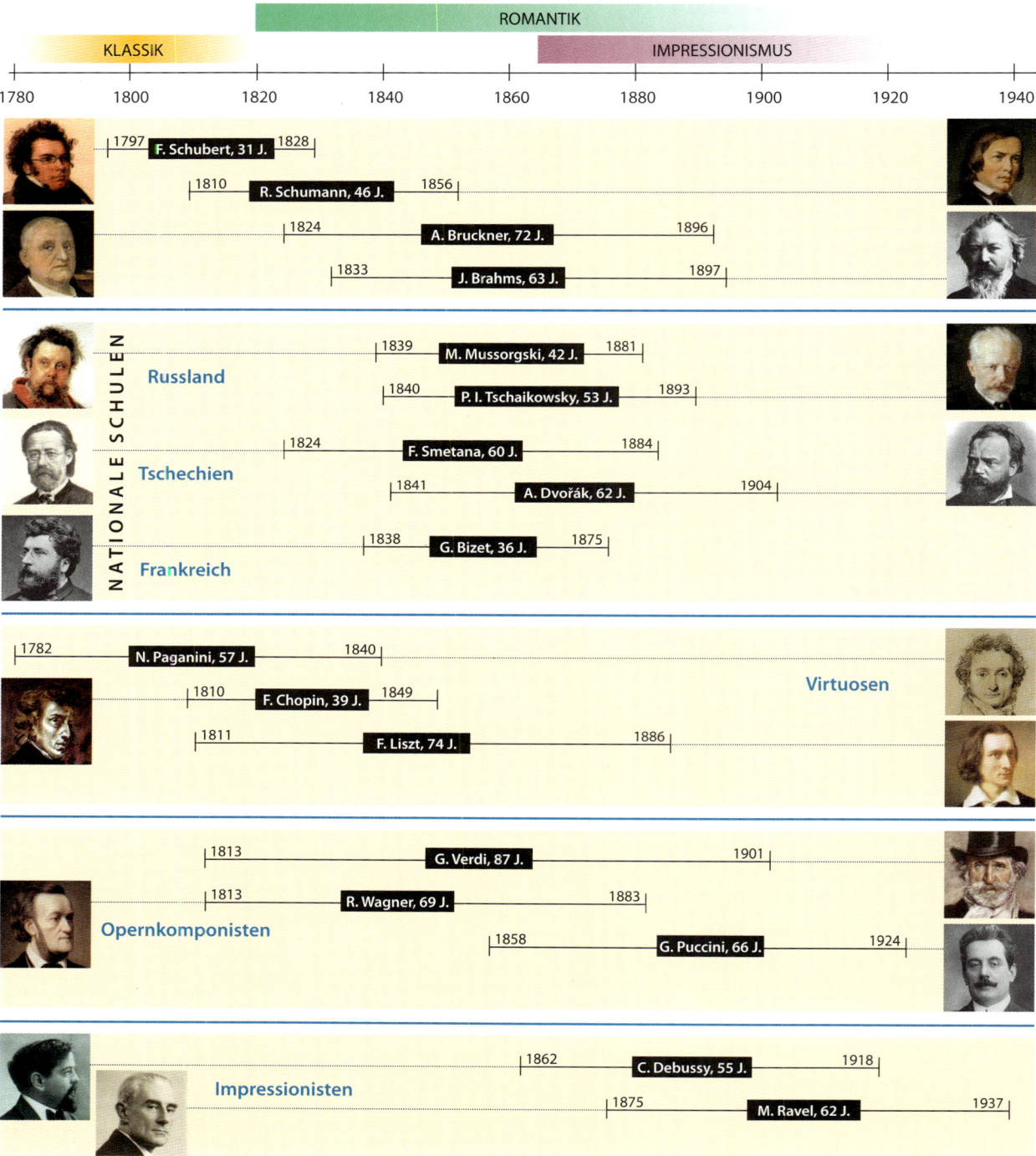

Erkenne die Melodie

Beispiele zu *Erkenne die Melodie*

E21–30

▶ In den Beispielen E21–30 hört ihr jeweils einen kurzen Ausschnitt aus einem Musikstück, das ihr aus CLUB MUSIK 1 oder 2 kennt. Entscheidet euch bei jedem Hörbeispiel für eine der beiden Möglichkeiten. Die richtigen Buchstaben aneinander gereiht ergeben den Namen eines berühmten Komponisten.

Hörbsp.	Komponist	Titel	Gattung
E21	Franz Schubert	F *Das Wandern* R *Der Lindenbaum*	Kunstlied
E22	R Johannes Brahms O Anton Bruckner	*Ungarischer Tanz* Nr. 5	Orchesterwerk
E23	Modest Mussorgski	*Ballett der Küchlein*	A Programmmusik B Vokalmusik
E24	N Peter I. Tschaikowsky E Johann Sebastian Bach	*Tanz der Rohrflöten*	Orchestersuite
E25	Z Friedrich Smetana R Johann Strauß (Sohn)	*Die Moldau* (Quellen)	Programmmusik
E26	Antonín Dvořák	*Slawischer Tanz* Nr. 8	L Orchesterstück T Klavierstück
E27	Georges Bizet	I Ouvertüre aus *Carmen* S Ouvertüre aus *Fidelio*	Oper
E28	Giuseppe Verdi	Triumphmarsch aus *Aida*	S Oper C Sinfonie
E29	Z Richard Wagner H Edvard Grieg	Ouvertüre aus *Die Meistersinger* *von Nürnberg*	Oper
E30	Maurice Ravel	T *Bolero* U *Feuerwerksmusik*	Orchesterstück

Gemalte Musik

Robert Schumann (1810–1856 / 46 J.) hatte alle Wesenszüge eines Romantikers in sich vereint: in sich gekehrt, sensibel, scheu, träumerisch, schwärmerisch, romantisch. Er liebte das Geheimnisvolle und Undeutliche.

Von ihm stammt das eindrucksvolle Klavierstück *Träumerei* aus dem Klavierzyklus *Kinderszenen* op. 15.

R. Schumann, *Träumerei*

E31

▶ Stellt die Musik bildnerisch dar.
- Jeder nimmt ein großes Blatt Papier und malt, ohne den Stift abzusetzen, ein Bild, indem er sich von der Melodie, vom Tempo und von der Stimmung des Stücks führen lässt.
- An der Tafel können zwei Schüler mit Kreide ein „Gemälde" entstehen lassen, wobei sie sich beim Malen immer abwechseln.

◆ Virtuosen im 19. Jahrhundert

In eleganten Salons wurden sie als Helden gefeiert, vom Publikum im Konzertsaal als Meister verehrt. Mit ihrem außergewöhnlichen Können und ihrer magischen Ausstrahlung waren die **Virtuosen** die „Superstars" ihres Zeitalters.

Niccolò Paganini (1782–1840 / 57 J.), geboren in Genua, brachte sich das Violinspielen großteils selbst bei und wurde der beste Violinvirtuose seiner Zeit. Im Alter von 45 Jahren ging er auf Tournee. Seine vierjährige Konzertreise führte ihn durch alle Hauptstädte Westeuropas. Die Virtuosität seines Spiels jedoch gab für Paganinis unglaublichen Publikumserfolg nicht allein den Ausschlag, sein nahezu gespenstisch wirkendes Äußeres faszinierte die Zuhörer beinahe ebenso sehr. Seine Kompositionen gehören heute noch zu den schwierigsten der Geigenliteratur.

Wenn Niccolò Paganini auf der Violine spielte, dann stand ihm – so sagten die Leute – der Teufel zur Seite. Dies trug ihm auch den Beinamen „Teufelsgeiger" ein.

Franz Liszt (1811–1886 / 74 J.), geboren in Raiding im Burgenland (heute Österreich, damals Ungarn), begann seine Musikstudien in Wien, später nahm er Unterricht in Paris. Als Klaviervirtuose war er unangefochten der beste seiner Zeit. In seinen Kompositionen führte er die virtuose Klaviertechnik auf einen noch nie dagewesenen Höhepunkt. Seine Hauptkompositionen für Klavier sind zwei Klavierkonzerte, die *Ungarischen Rhapsodien* und Konzertetüden. Liszt hat auch sinfonische Musik geschrieben und wurde der Wegbereiter der **sinfonischen Dichtung**.

Franz Liszt war von Paganinis Violinspiel so beeindruckt, dass er beschloss, Entsprechendes auf dem Klavier zu leisten.

Frédéric Chopin (1810–1849 / 39 J.), geboren bei Warschau, bekam in Warschau auch seine musikalische Ausbildung, zog aber mit 21 Jahren nach Paris und wurde von der dortigen Musik liebenden Gesellschaft begeistert aufgenommen. Er finanzierte seinen Lebensunterhalt durch Klavierunterricht und Konzertreisen. Seine Musik hat bis zum heutigen Tag nichts von ihrer Beliebtheit eingebüßt; anders als bei Liszt sind es nicht nur einige Kompositionen, die heute noch berühmt sind, sondern buchstäblich alle seine Werke. Chopin hat hauptsächlich für das Klavier geschrieben, u. a. zwei Klavierkonzerte, Fantasien, Polonaisen, Etüden, Mazurkas und Walzer.

Frédéric Chopin galt zu seiner Zeit als unübertroffen in der Improvisationskunst.

Spiel-mit-Satz zu *Moto Perpetuo*

N. Paganini, *Moto Perpetuo* op. 11 – gekürzte Fassung

E32

Der Spiel-mit-Satz ahmt die Klavierbegleitung (Einsatz der linken und rechten Hand) nach. Hört beim Mitspielen auf das Klavier.

▼ = mit li/re Mittelfinger auf den Tisch/Oberschenkel tippen

Multimedialer Spiel-mit-Satz

Einrichtung: Gerhard Wanker
© Helbling

Ungarische Rhapsodie Nr. 2

Franz Liszts schwierige Werke haben Pianisten aus unserer Zeit immer wieder herausgefordert, sie in Konzerten zu spielen und auf CD aufzunehmen.

Franz Liszt am Klavier. Die acht Arme sollen seine immense technische Virtuosität ausdrücken. Der kleine Heiligenschein ist eine Anspielung auf Liszts religiöse Neigung; er empfing mit 54 Jahren die niederen Weihen eines Weltgeistlichen und nannte sich fortan Abbé Liszt.

Eines der schwierigsten Beispiele der Liszt'schen Klavierliteratur ist die *Ungarische Rhapsodie* Nr. 2.

E33

F. Liszt, *Ungarische Rhapsodie* Nr. 2 – Schluss

▶ Stellt euch beim Hören den spielenden Pianisten vor. Welche Begriffe sind bei diesem Hörbeispiel zutreffend? Schreibt die Buchstaben in euer Heft.

(A)	rasend
(B)	perlend
(C)	leicht nachzusingen
(D)	Läufe
(E)	langsam
(F)	abgehackt
(G)	Triller
(H)	Fingerakrobatik

Etüde in Ges-Dur op. 10/5

Frédéric Chopins Etüden sind schwierige Werke der Klavierliteratur. Die Etüde in Ges-Dur op. 10/5 wird fast ausschließlich auf den schwarzen Tasten (oberen Tasten) des Klaviers gespielt und hat deshalb auch den Beinamen „Obertastenetüde" bzw. „Schwarze-Tasten-Etüde".

F. Chopin, Etüde in Ges-Dur op. 10/5

Das Notenbild zeigt den Beginn der Etüde.

Etüde in Ges-Dur op.10/5

▶ Lest zum Hörbeispiel E34 die ersten zwölf Takte im Notentext mit. Zeichnet dann bis zum Schluss des Stücks das Tempo durch Dirigierbewegungen nach. Reagiert dabei auf Tempoveränderungen.

Quiz-Box Kapitel 40

- Eine der bekanntesten Kompositionen Robert Schumanns aus den *Kinderszenen* heißt …
- Wie wurde Niccolò Paganini noch genannt?
- Wie heißt ein Wegbereiter der sinfonischen Dichtung?

- Die Etüde in Ges-Dur op. 10/5 von Frédéric Chopin hat aufgrund einer spieltechnischen Eigenart auch den Beinamen …

◆ **Mehr Fragen im MUSIKQUIZ**

Der **Blues** ist eine Musikgattung und zugleich eine vokale und instrumentale musikalische Form. Er entstand um 1900 in den ländlichen Gebieten der Südstaaten der USA und war in der afroamerikanischen Bevölkerung weit verbreitet. Das Wort „Blues" leitet sich von „I feel blue" („Ich bin traurig, deprimiert") ab. Bluestexte aus der Entstehungszeit beschreiben daher häufig Probleme aus dem Leben der Menschen, die diese durch das Singen mit dem *blues feeling* überwinden wollten. *Blues feeling* kommt einerseits dadurch zustande, dass sich die Menschen in den Texten wiederfinden. Andererseits äußert es sich musikalisch durch das Stilmittel der **dirty tones**.

Dirty tones sind unrein gesungene/gespielte Töne, die für den Blues charakteristisch sind. Besonders verschliffen werden die Terz, Quinte und Septime einer Tonleiter. Diese Töne werden als **blue notes** bezeichnet und kommen in der Bluestonleiter vor.

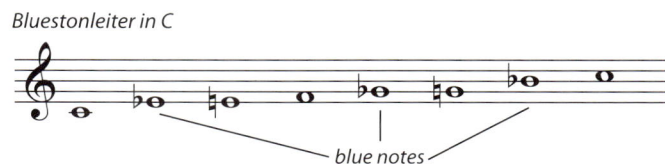

Bluestonleiter in C

blue notes

BACKWATER BLUES

Im *Backwater Blues* wird ein tagelanges Unwetter beschrieben, das für die ärmeren Leute, die nicht auf Anhöhen, sondern in den Tiefebenen in einfachen Hütten wohnten, eine Katastrophe bedeutete.

E35/36

Backwater Blues (Bessie Smith)
Playback zu *Backwater Blues*

Musik u. Text: Huddie Ledbetter
© Essex

When it rains five days and the sky turns dark as night.____

When it rains five days and the sky turns dark as night.____ There is

trou-ble ta-kin' place in the low-lands at night.____

2. I: I woke up this mornin', can't even get out of my door. :I
   There's enough trouble to make a poor girl wonder where she wanna go.

3. I: Then they rowed a little boat about five miles cross the pond. :I
   I packed all my clothes, throwed 'em in and they rowed me along.

4. I: When it thunders and lightnin' and the wind begins to blow. :I
   There's thousands of people ain't got no place to go.

5. I: And I went and stood up on some high old lonesome hill. :I
   Then looked down on the house were I used to live.

6. I: Backwater blues don't call me to pack my things and go. :I
   'Cause my house fell down and I can't live there no more.

▶ Hört den *Backwater Blues* im Original (Hörbeispiel E35), achtet besonders auf die Ausführung der *dirty tones* und setzt sie dann in eurer Interpretation um.

Bluesform

Der Blues besteht meist aus zwölf Takten mit einer bestimmten Akkordfolge.
In der einfachen Fassung werden nur die Dreiklänge
der **I. Stufe (Tonika)**,
der **IV. Stufe (Subdominante)** und der
V. Stufe (Dominante) der Tonleiter verwendet:

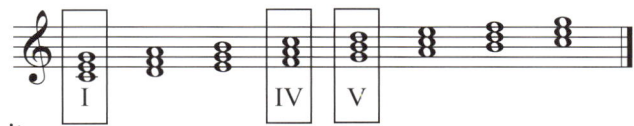

In der Ausführung werden die Dreiklänge häufig mit
der kleinen Septime gespielt (siehe Notat *C-Jam-Blues*).

DUKE'S PLACE (C-JAM-BLUES)

Dieser Blues im Swing-Stil ist in C-Dur und wurde 1942 für die Big Band (großes Jazzorchester) von
Duke Ellington (1899–1974 / 75 J.) geschrieben. „Jam" ist ein Slang-Ausdruck, bedeutet „Improvisation"
und bezeichnet das zwanglose Zusammenspiel verschiedener Musiker.

Duke Ellington and Louis Armstrong, Duke's Place

Musik: Duke Ellington
Text: Bill Katz, Ruth Roberts, Robert Thiele
© EMI

E37

2. Saxes do their tricks in Duke's place.
   Fellas swing their chicks in Duke's place.
   Come on get your kicks in Duke's place.

3. If you've never been to Duke's place.
   Take your tootsies into Duke's place.
   Life is in a spin in Duke's place.

▶ Hört den *C-Jam-Blues* und verfolgt dabei die 12-taktige Form. Führt beim zweiten Hören die Riffs 1
und 2 vokal oder instrumental während der Instrumentalchorusse aus.

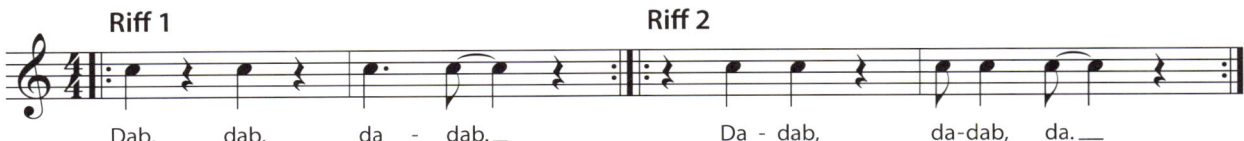

▶ Singt den *C-Jam-Blues* und spielt die Begleitakkorde rhythmisch frei gestaltet auf verschiedenen
Instrumenten (Stabspiele, Boomwhackers, Gitarre, Keyboard, usw.).

◆ Geschichte des Jazz – Meilensteine seiner Entwicklung

Der **Jazz** entstand zu Beginn des 20. Jahrhunderts in den USA, wobei die Stadt **New Orleans** als das eigentliche Zentrum gilt. Der Jazz war in seinen Anfangsjahren eine Musik der Schwarzen Nordamerikas, die in ihm die eigene musikalische Tradition ihrer Vorfahren aus Afrika (spezielle Sing- und Spielweisen, Rhythmik) mit der Musik der Weißen (z. B. Marsch- und Tanzmusik) verknüpften.
Im Lauf der Jahre entwickelten sich unterschiedliche Stile.
Die Begeisterung für diese Musikrichtung griff rasch auch auf die weiße Bevölkerung Amerikas über und breitete sich allmählich über die ganze Welt aus.

Zeitliche Übersicht

Spiritual / Worksong / Gospel

Eine der Wurzeln des Jazz ist das **Spiritual**. Darunter versteht man die geistlichen Gesänge der Schwarzen, die meist, von rhythmischem Händeklatschen und Fußstampfen begleitet, in den Kirchen gesungen werden.
Die emotionsgeladene, etwas unsaubere Tongebung (dirty tones) ist beim Gesang der Schwarzen charakteristisch und wird als Hot Intonation bezeichnet. Ebenso herausstechend ist das Vorsänger-Chor-Prinzip, das im Jazz Call and Response heißt.
Auch in den **Worksongs** (dt. Arbeitslieder), die von den Afroamerikanern während der oft schweren Arbeit auf den Baumwollfeldern in den Südstaaten der USA unbegleitet und zumeist improvisierend gesungen wurden, ist dieses Schema ein bedeutendes Formelement.

Gospelsong (engl. von gospel = Evangelium) ist eine Bezeichnung der geistlichen Gesänge der Schwarzen, die sich ab ca.1920 aus dem Spiritual herausbildeten. Einzelne Intepreten (z. B. Mahalia Jackson) und Gruppen (z. B. Golden Gate Quartet) machten Gospelsongs weltweit bekannt.

Golden Gate Quartet

Joshua fit the battle of Jericho (Golden Gate Quartet) – Ausschnitt

E38

LET MY LIGHT SHINE BRIGHT

Playback zu *Let my light shine bright*

E39

Spiritual
Satz: Gerhard Wanker
© Helbling

G   D   C

Refr.: Let   my   light   shine   bright   through   the   night, __   through   the   day,

G   D   G   *Fine* G   [2.] G

__   all   the   way __   for   you.   Let   my   1. When   I

1.

G   G   D

fall,   you   come   a - round __
down,   you're   al - ways   there __

When   I   fall   you   come   a - round __
When   I'm   down,   you're   al - ways   there __

D   C   C

to   pick   me   up __   from   of   the
to   pick   me   up, __   be - cause   you

to   pick   me   up __
to   pick   me   up, __

1.   G   G   **2.** G   G   *D.C. al Fine*

ground.   When   I'm   care.

from   of   the   ground.   be - cause   you   care.

2. People try, try to be free, but they are not, why can't they see,
   that you died, to set them free for all, for all eternity.

3. Try to live, live on my own, doing the good things, that you have shown;
   but I can't, without you, Lord, without your help, without your love.

- *Atmet in aufrechter Haltung durch den Mund aus, durch die Nase ein und stellt euch vor, dass ihr kräftig mit einem gezielten Atemstrom mehrere Kerzen ausblast. (Öfter wiederholen!)*
- *Schlüpft in die Rolle eines Schauspielers, der seinen Text übt. Deklamiert im Liedrhythmus: „Let my light shine bright!", „Through the night, through the day!"*

Ragtime (Blütezeit ca. 1890–1910)

ist ein Klavierstil, der in New Orleans entstand. Kennzeichnend ist die Stride-Technik der linken Hand (Bass und Akkorde werden abwechselnd gespielt) sowie ein synkopierter Rhythmus in den Melodien.

Vertreter: z. B. **Scott Joplin**

Scott Joplin

E40

S. Joplin, *Maple leaf rag*

Musik: Scott Joplin

Maple leaf rag – Teil A

▶ Lest beim Hören des *Maple leaf rag* den Teil A des Stücks im Notentext oben mit. Der *Maple leaf rag* besteht aus mehreren Teilen. Erkennt beim weiteren Hören die einzelnen Teile und schreibt die entsprechenden Formbuchstaben (A, B …) in euer Heft.

New Orleans Jazz (Blütezeit ca. 1900–1925)

In New Orleans musizierten vor allem Schwarze. In sogenannten Combos wurde zumeist in folgender Besetzung gespielt: Kornett oder Trompete, Posaune, Klarinette, Banjo/Gitarre oder Klavier, Kontrabass oder Tuba und Schlagzeug.
Dieser Jazz-Stil ist vor allem durch Solo- und Kollektivimprovisation (mehrere Musizierende improvisieren gleichzeitig) gekennzeichnet.
Die Nachahmung des New-Orleans-Stils durch Weiße wurde als **Dixieland** bezeichnet.

Louis Armstrong

Der berühmteste Vertreter des New Orleans Jazz ist **Louis Armstrong** (1901–1971 / 69 J.) mit seinen Hot Five und Hot Seven. Er wurde nicht nur als Trompeter, sondern auch als Sänger weltberühmt.

E41

Muskrat ramble (Louis Armstrong, Hot Five)

▶ Orientiert euch beim Hören des *Muskat ramble* am Formplan.

Muskrat ramble – Formplan

Thema				Improvisation Posaune		Improvisation Trompete		Improvisation Klarinette		Posaune / Trompete / Klarinette		Kollektiv-improvisation		Coda
a (Harmoniefolge)	a′	b	b′	b	b′	b	b′	b	b′	a′	a′	a	a′	
8 (Takte)	8	8	8	8	8	8	8	8	8	8	8	8	8	2

Swing (Blütezeit ca. 1930–1945)

Die Combos vergrößerten sich durch die Mehr-fachbesetzung (chorische Besetzung) von Instrumenten.

Es entstanden die Big Bands, die auch mit Show-elementen das Publikum mitrissen. Alle Instrumente wurden in Sätzen zusammengefasst (Trompetensatz, Posaunensatz, Saxofonsatz, Rhythmusgruppe).

New York wurde zum Zentrum der Swing-Ära. **Swing** bedeutet einerseits eine besonders schwingende Bewegungsart in der Melodie, die zumeist durch die geschickte Anwendung des Offbeat entsteht. Andererseits meint man damit auch eine Stilrichtung des Jazz.

Duke Ellington und seine Big Band

Berühmte Big-Band-Leader waren z. B. **Duke Ellington**, **Count Basie**, **Benny Goodmann**, **Glenn Miller** und **Stan Kenton**.

▶ Lest beim ersten Hören von *Swingin' the blues* im Formplan mit.

Swingin' the blues (Count Basie)

F1

Swingin' the blues – Formplan

	Takte	Kommentar
	8	Einleitung am Schlagzeug
1. Chorus	12	Saxofonsatz spielt das Thema, Klavier spielt Fill-In
2. Chorus	12	Saxofonsatz spielt das Thema, Klavier spielt Fill-In
3. Chorus	12	Thema in den Saxofonen und riffartige Melodie im Trompetensatz
4. Chorus	12	Posaunensatz spielt ein riffartiges Thema – dann Soloposaune
	4	Zwischenspiel mit rhythmisch unisono eingesetzten Bläserakkorden
5. Chorus	12	Tenorsaxsolo
6. Chorus	12	Saxofonsatz spielt das Thema, darüber Trompetensolo

	Takte	Kommentar
	6	Zwischenspiel, dabei Modulation um einen Halbton höher
7. Chorus	12	Tenorsaxsolo, einmal ein kompletter Bläserakzent in der Begleitung
8. Chorus	12	Riffs im Saxofonsatz und Begleitung im Blechbläsersatz
9. Chorus	12	Trompetensolo mit Saxofonsatzbegleitung
10. Chorus	12	Riffs im Saxofonsatz und Begleitung im Blechbläsersatz
11. Chorus	12	zweitaktig abwechselnd Big Band und Schlagzeugsolo
12. Chorus	12	Riff des gesamten Bläsersatzes
13. Chorus	12	Schlagzeugsolo und Ending

▶ Singt beim zweiten Hören das nebenstehende zweitaktige **Riff** (ostinate Figur) zu einzelnen **Chorussen** (Chorus = Teil eines Jazzstücks, der das Thema vorstellt und die harmonische Grundlage für Improvisationen bildet):

157

Bebop (Blütezeit ca. 1940–1955)

Dieser Stil entstand als Gegenreaktion auf den kommerziell sehr erfolgreichen Swing-Stil. Die Combo-Besetzung wurde wieder als Ideal gesehen. Kennzeichnend für den **Bebop** sind Nummern, die sich durch rasendes Tempo, kurze melodische „Fetzen" und einen insgesamt nervösen Gesamteindruck auszeichnen.

Vertreter: z. B. **Dizzy Gillespie** (Trompete), **Charlie Parker** (Saxofon)

Dizzy Gillespie · Charlie Parker

Klaunstance (Charlie Parker) – Ausschnitt

F2

Cool Jazz (Blütezeit ca. 1950–1960)

Cool Jazz versteht sich als Gegenreaktion auf den Bebop. An die Stelle der nervösen Unruhe des Bebop trat nunmehr Ruhe, Ausgeglichenheit und Überlegtheit. Kennzeichnend für diesen Stil sind gleitende Melodieimprovisationen, komplizierte Harmonik und ein introvertiert-kühler Ausdruck.

Vertreter: z. B. **Modern Jazz Quartet**

Django (Modern Jazz Quartet) – Ausschnitt

F3

Modern Jazz Quartet: Percy Heath (Bass), Kenny Clarke (Drums), John Lewis (Klavier), Milt Jackson (Vibrafon)

Three windows (Modern Jazz Quartet) – Ausschnitt

Free Jazz (Blütezeit ca.1960–1975)

Der **Free Jazz** zeichnet sich durch die Loslösung von herkömmlicher Harmonik und Form aus, durch neuartige Spieltechniken und ausgefallene Klangeffekte sowie durch spontanes Musizieren in Kollektivimprovisationen. Free Jazz wird meist in Combo-Besetzung gespielt.

Vertreter: z. B. **John Coltrane** (Saxofon), **Cecil Taylor** (Klavier), **Don Cherry** (Trompete)

John Coltrane · Cecil Taylor · Don Cherry

Free-Jazz-Medley: John Coltrane, *Ascension Part I*; Cecil Taylor, *In Florescence*; Don Cherry, *Compute* – Ausschnitte

F4

158

Fusion Music

nennt man die Verbindung von Stilmitteln aus Jazz- und Rockmusik. Diese Musik kam um 1969 in den USA auf. Richtungsweisend war das Doppelalbum *Bitches Brew* des Jazztrompeters **Miles Davis**.

Der amerikanische Pianist **Chick Corea** (* 1941) spielte mit seiner Elektric Band (Frank Gambale – Gitarre, Dave Weckl – Drums, Eric Marienthal – Sax, John Patitucci – Bass, Chick Corea – Keyboards) viele Nummern im sogenannten **Electric Jazz** oder **Rock Jazz** ein.
Kennzeichnend sind die durchgängige Elektrifizierung des (Jazz-)Instrumentariums, die Nutzung von Soundeffekten und das Verwenden rhythmischer Strukturen der Rockmusik.

Chick Corea

Got a match (Chick Corea Electric Band) – Ausschnitt

F5

▶ Wie oft kommt das Thema von *Got a match* im Hörbeispiel F5 vor? Lest dazu im Notentext mit.

Got a match – Thema

Musik und Text: Chick Corea
© Universal / MCA

Joe Zawinul

Joe Zawinul (1932–2007 / 75 J.) wurde in Wien geboren, seine große Karriere als Musiker machte er aber in den USA. Lange Zeit lebte er in Los Angeles, ab 1994 in New York. Er war eigentlich Jazzmusiker, hat aber auch Rockeinflüsse in seine Musik eingebaut.
Seinen ersten großen Erfolg hatte er mit der Nummer *Mercy, Mercy, Mercy*. Im Jahr 1977 nahm er mit seiner Gruppe **Weather Report** das Stück *Birdland* auf, das ein Welterfolg wurde. Benannt ist es nach dem New Yorker Jazzclub Birdland.

Birdland (Weather Report) – gekürzte Fassung

F6

159

Spiel (Sing)-mit-Satz zu *Birdland* (Hörbeispiel F6)

Musik: Joe Zawinul
Text: Jon Carl Hendricks
© Chrysalis / Bosworth / Hendricks Music Inc.
Satz: Gerhard Wanker
© Helbling

Multimedialer Spiel-mit-Satz

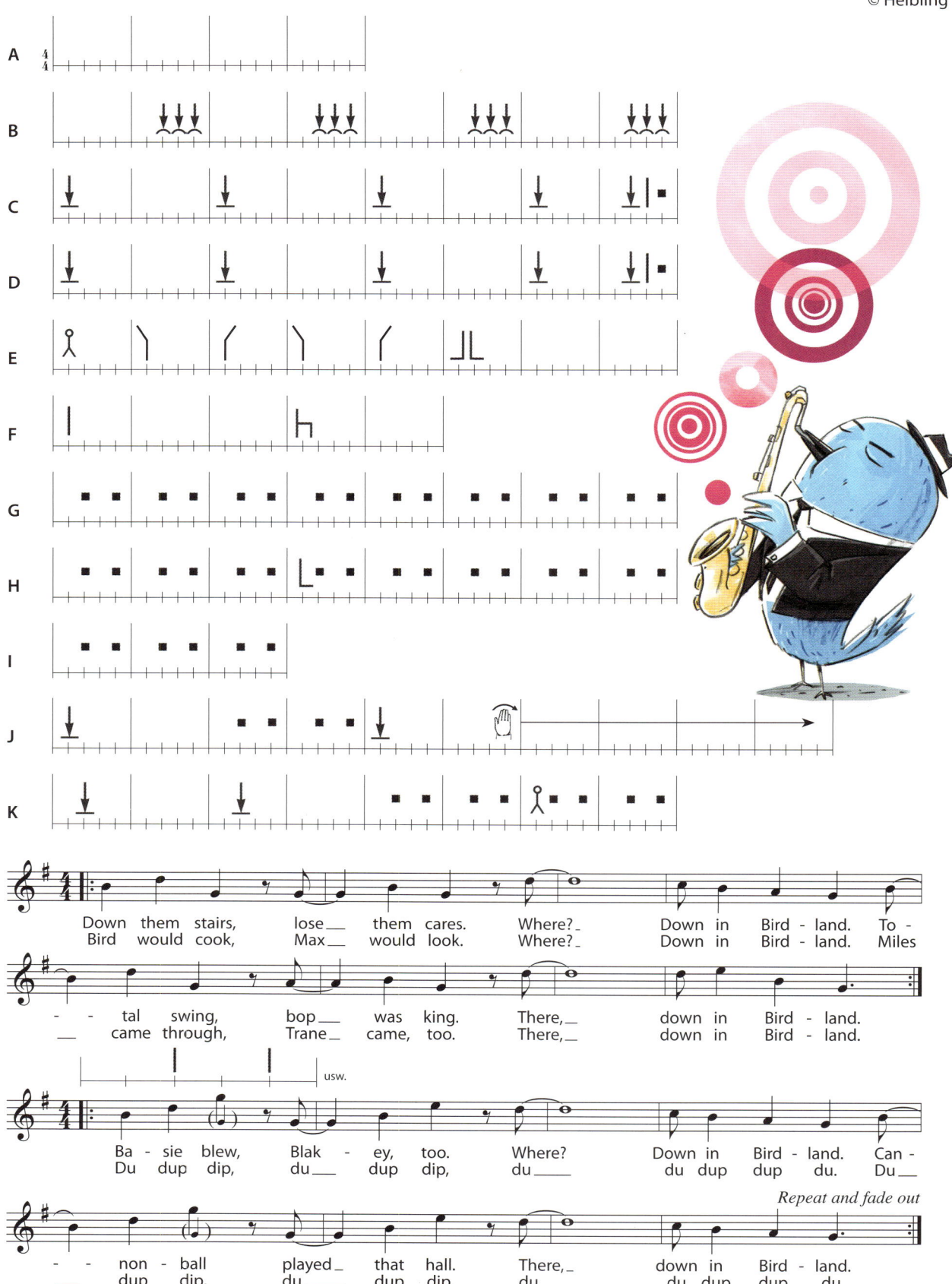

Down them stairs, lose＿ them cares. Where?＿ Down in Bird - land. To -
Bird would cook, Max＿ would look. Where?＿ Down in Bird - land. Miles

- - tal swing, bop＿ was king. There,＿ down in Bird - land.
＿ came through, Trane＿ came, too. There,＿ down in Bird - land.

usw.

Ba - sie blew, Blak - ey, too. Where? Down in Bird - land. Can -
Du dup dip, du＿ dup dip, du＿ du dup dup du. Du＿

Repeat and fade out

- - non - ball played＿ that hall. There,＿ down in Bird - land.
＿ dup dip, du＿ dup dip, du＿ du dup dup du.

Stilpluralismus (ab ca. 1975)

Seit ca. 1975 wird der Jazz nicht nur von der Rockmusik, sondern auch von anderen Kulturkreisen beeinflusst. Dafür hat sich der Begriff „Weltmusik" etabliert. Seit 1985 machen immer mehr Jazzmusiker von der stilistischen Vielfalt Gebrauch und versuchen, mit ihren Produktionen auch kommerziellen Erfolg zu haben. Der englische Gitarrist **John McLaughlin** (* 1942) baute z. B. Einflüsse aus der indischen Musik in seine Nummern ein.

Miles Davis

Joy (John McLaughlin) – Ausschnitt

F7

Der über mehrere Jahrzehnte dominierende und fast in jedem Stil spielende Jazztrompeter **Miles Davis** (1926–1991 / 65 J.) hat die Popnummer *Human nature* in seinem weltweit berühmt gewordenen, gläsern klingenden Trompetensound (Harmon-Mute-Dämpfer) in folgender Interpretation veröffentlicht:

Human nature (Miles Davis) – Ausschnitt

F8

Al Jarreau

Der Sänger **Al Jarreau** (* 1940) verwendet seine Stimme häufig als „Jazzinstrument". Seine Arrangements sind sowohl in der kleinen Combo- als auch in der Orchesterbesetzung stark jazzorientiert.

Roof garden (Al Jarreau) – Ausschnitt

F9

◆ Background and scat singing

Im Jazz werden häufig Akkordverbindungen verwendet, die innerhalb eines Stücks (z. B. als Intro oder als Übergang von einem Teil zu einem anderen) mehrmals wiederkehren.

Das Musterbeispiel einer solchen Harmoniefolge zeigt das Stück *Turn around*. Es hat, in Stufen aufgeschrieben, den folgenden Ablauf: I – VI – II(Dur) – V.

Playback zu *Turn around*

Bernhard Gritsch
© Helbling

F10

TURN AROUND

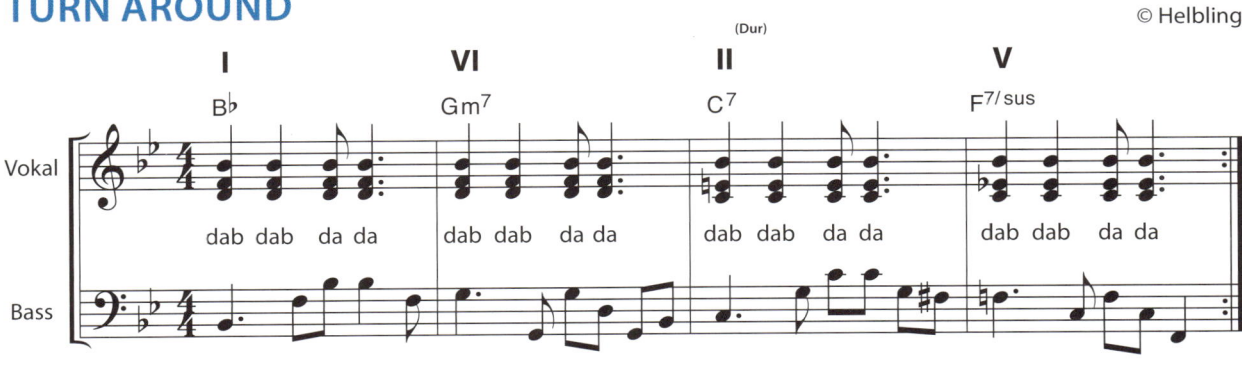

Backgroundchor

Viele Sänger in Jazz und Pop treten bei ihren Konzerten mit einem Vokalensemble auf, das sich zumeist im Hintergrund der Bühne befindet. Die Sänger dieses Ensembles bilden den Backgroundchor (engl. background vocals). Häufig sind sie mit aufeinander abgestimmten Bewegungen in die Bühnenshow eingebunden.

▶ Singt das Stück *Turn around* mehrmals als dreistimmigen Backgroundchor zu Hörbeispiel F10.

Vokale Soloimprovisation

Beim **Scatgesang** werden Silben ohne Bedeutung für das vokale Improvisieren verwendet. Ziel dieser Technik ist es u. a., mit der Stimme die Klänge verschiedener Instrumente zu imitieren.
Der Jazzmusiker Louis Armstrong war einer der Ersten, der diese Technik perfekt beherrschte. Nach ihm wurden auch **Ella Fitzgerald** (1918–1996 / 78 J.), **Sarah Vaughan** (1924–1990 / 66 J.) und **Dizzy Gillespie** (1917–1993 / 75 J.) als Scat-Sängerinnen/-Sänger bekannt.

Ella Fitzgerald

Sarah Vaughan

It don´t mean a thing (Ella Fitzgerald) – Ausschnitt

Jeder Scat-Sänger hat für seine Improvisationen ein eigenes Scat-Vokabular entwickelt. Folgende Silben kommen dabei immer wieder vor (in englischer Sprache notiert):
scoo, bee, doo, rip, du, ya, dit, dip, bah, ri, ti, dli, dla, bap, dee, dap, doop, shoop …
Die Silben tauchen in unterschiedlichen Kombinationen auf.

▶ Sprecht die folgenden Scat-Silben im angegebenen Rhythmus.

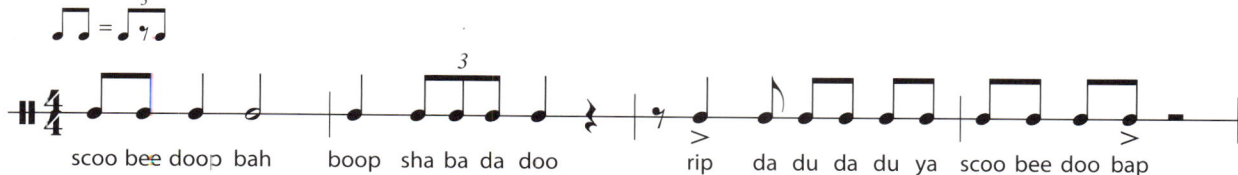

scoo bee doop bah   boop sha ba da doo   rip   da du da du ya scoo bee doo bap

▶ Unterlegt die folgende Rhythmuszeile sinnvoll mit Scat-Silben und schreibt diese in euer Heft. Sprecht sie dann in einem jazzigen Feeling.

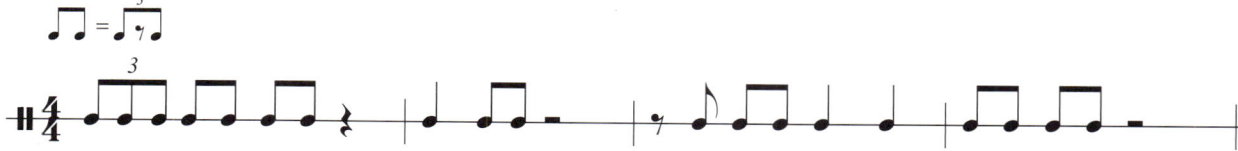

▶ Improvisiert zum Hörbeispiel F10.
Verwendet anfangs die folgenden vier eintaktigen Modelle, erfindet dann weitere und baut sie zu einer viertaktigen Improvisation zusammen. Imitiert beim Improvisieren das Spiel von Instrumenten (z. B. aggressive Trompete, lyrische Flöte, dumpfer Kontrabass) und spielt diese Instrumente auch gleichzeitig pantomimisch.

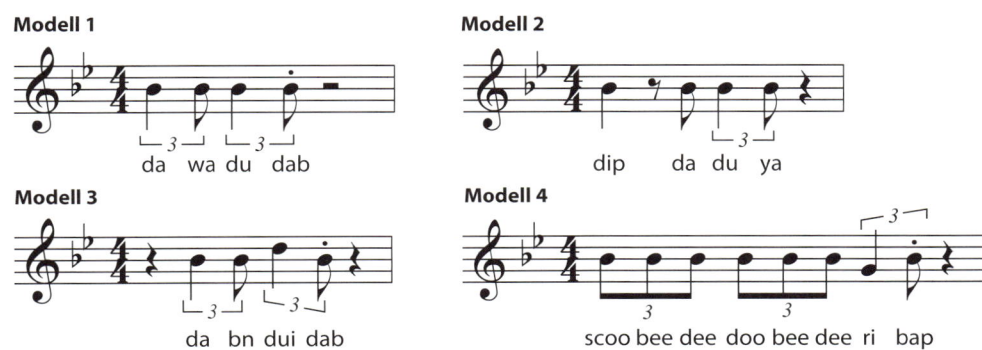

Hinweis

In den Modellen 1 und 2 wird nur der Ton b¹ verwendet. Er kommt in allen vier Akkorden des Stücks *Turn around* vor und ist daher immer „richtig". Für das Erfinden neuer Modelle ist es günstig, zunächst nur diesen Ton zu verwenden, ihn rhythmisch zu verändern und erst allmählich andere, zum Stück passende Töne (Modell 3 und Modell 4) zu ergänzen.

Spielformen

- Kollektivimprovisation: Alle bewegen sich frei im Raum und erfinden gleichzeitig verschiedene Modelle.
- Call and Response: Eintaktige Modelle werden von verschiedenen Solisten vorgesungen, die gesamte Klasse wiederholt diese unmittelbar darauf, wobei immer die jeweiligen Instrumente pantomimisch mitgespielt werden.
- Gruppenlösungen mit Bewegung: Gruppen zu 4–6 Schülern finden gemeinsam eine viertaktige Phrase und unterstützen diese mit dazupassenden Bewegungen.
- Soloimprovisation: Die gefundenen Lösungen werden einzeln vorgetragen.

Quiz-Box Kapitel 42

- Wie heißt die Geburtsstadt des Jazz?
- Welcher Musiker ist einer der berühmtesten Vertreter des Ragtime?
- Welches Instrument beherrschte Louis Armstrong meisterhaft?
- Welche Stilrichtung des Jazz hatte um 1935 ihre Blütezeit?
- Der Jazzmusiker Charlie Parker war ein Vertreter des …
- Welches Quartett war für den Cool Jazz von großer Bedeutung?

- Wie nennt man den Stil des Jazz, in dem die bis dahin übliche Harmonik und Form aufgegeben wird?
- Welcher Jazzpianist „elektrifizierte" das Jazzinstrumentarium und wurde wegweisend für die Fusion Music?
- Mit welcher Gruppe nahm Joe Zawinul 1977 das Stück *Birdland* auf?
- Wie nennt man den im Jazz üblichen Gesangsstil, bei dem lautmalerische Silben zur Improvisation verwendet werden?

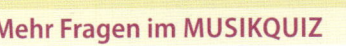 ◆ Mehr Fragen im MUSIKQUIZ

Die Musik des 20. und 21. Jahrhunderts zeichnet sich durch eine stilistische Vielfalt aus, wie sie bisher noch nie da gewesen ist. Es ist besonders durch die enorme technische Entwicklung in der elektronischen Tonerzeugung möglich geworden, mit neuen Klängen zu komponieren. Auch Geräusche werden selbstständig musikalisch verwendet. Durch Mikrointervalle und Cluster entstehen völlig neue Klangdimensionen. Das Experimentieren mit Klängen ist häufig Inhalt einer Komposition.
Durch die schnelle mediale Informationsvermittlung sind Kunst und Musik überall auf der Welt leichter zugänglich. Dadurch ist die Möglichkeit eines schnellen Kulturaustauschs gegeben und Neues kann sich rascher entwickeln.

◆ Impressionismus

(„Eindruckskunst") Der Begriff wurde aus der Malerei übernommen und bezeichnet eine Stilrichtung der französischen Musik um 1900. Der Komponist möchte besonders Eindrücke, Seelenregungen und Stimmungen musikalisch umsetzen.

Claude Debussy (1862–1918 / 55 J.) hat im Orchesterstück *Prélude à l'après-midi d'un faune* (Vorspiel zum Nachmittag eines Fauns) die Vorstellungen, die er durch das gleichnamige Gedicht von Stéphane Mallarmé gewonnen hatte, musikalisch ausgedrückt. Es geht dabei um einen Flöte spielenden Faun (halb Mensch, halb Tier), der träumt, zwei schlafende Nymphen (weibliche Naturgottheiten) zu verführen.

Claude Monet (1840–1926 / 86 J.), ‚Impression, soleil levant'

F11

C. Debussy, *Prélude à l'après-midi d'un faune*

▶ „Komponiert" während des Hörens von Beispiel F11 ein Seilbild aus mehreren Seilen. Legt eure Seile nacheinander auf den Boden, bis alle zusammen ein Bild ergeben. Lasst euch dabei von der Musik führen.

Seilbild

◆ Expressionismus

(„Ausdruckskunst") Im Gegensatz zum Impressionismus werden in der Malerei kraftvolle Farben und Verzerrungen der Naturformen bis zur Abstraktion verwendet. Wichtige Vertreter:
Egon Schiele, **Oskar Kokoschka**.
Der musikalische Expressionismus zog aus der Tonsprache der romantischen Musik die äußersten Konsequenzen. Die Dynamik reicht vom Geflüster bis zum Schrei. Die Klangfarbe wird emanzipiert, extreme Rhythmik gibt eine starke Reizwirkung und die Tonalität wird von der Atonalität abgelöst. Wichtige Vertreter:
Arnold Schönberg, **Alban Berg**, **Igor Strawinsky**.

Egon Schiele (1890–1918 / 28 J.), Selbstbildnis (1912)

Die Oper *Wozzeck* von **Alban Berg** (1885–1935 / 50 J.) gilt als eine der wichtigsten Opern des 20. Jahrhunderts. Der Text basiert auf dem Theaterstück *Woyzeck* von **Georg Büchner** (1813–1837 / 23 J.).
Die expressionistische Musik Bergs entspricht der psychologischen Personenführung der literarischen Grundlage.

▶ Hört einen Ausschnitt aus der Oper und lest im Text unten mit.

3. Akt, 4. Szene: Wozzeck, der seine Geliebte Marie aus Eifersucht mit einem Messer umgebracht hat, sucht nach einem kurzen Besuch in der Schenke nach der Mordwaffe am Tatort beim Waldweg am Teich.

Alban Berg

A. Berg, *Wozzeck*, 3. Akt, 4. Szene – Beginn

F12

Wozzeck:
Das Messer? Wo ist das Messer? Ich hab's dagelassen. Näher, noch näher. Mir graust, da regt sich was. Still! Alles still und tot. Mörder! Mörder! Ha! Da ruft´s. Nein ich selbst. Marie! Marie! Was hast du für eine rote Schnur um den Hals? Hast Dir das rote Halsband verdient, wie die Ohrringlein, mit Deiner Sünde! Was hängen Dir die schwarzen Haare so wild?! Mörder! Mörder! Sie werden nach mir suchen. Das Messer verrät mich! Da, da ist´s! So! Da hinunter! Es taucht ins dunkle Wasser wie ein Stein.

◆ Zwölftonmusik

Die **Zwölftonmusik** (Dodekafonie) ist eine Kompositionstechnik, die um 1920 u. a. vom Komponisten **Arnold Schönberg** (1874, Wien – 1951, Los Angeles / 76 J.) entwickelt wurde und durch bestimmte Kriterien definiert ist:

- Das kompositorische **Grundmaterial** ist eine **Reihe** aus den zwölf chromatischen Tönen einer Oktave. In dieser Reihe sind alle Töne gleichberechtigt, jeder Ton darf nur einmal vorkommen, bevor einer wiederholt wird, die Intervalle sollen verschieden sein.

- Bei der **kompositorischen Umsetzung** ist die rhythmische Auflösung frei, Tonwiederholungen sind möglich. Zusammenklänge sind keinem tonalen Zentrum (atonal) zuzuordnen.

Arnold Schönberg, Selbstbildnis (1910)

A. Schönberg, Variationen für Orchester op. 31 – Thema

F13

Schönberg verwendet in seinen Variationen für Orchester op. 31 folgendes Tonmaterial:

Grundmaterial: Chromatische Tonfolge innerhalb einer Oktave: H–C–Cis–D–Es–E–F–Fis–G–Gis–A–B

Reihe:

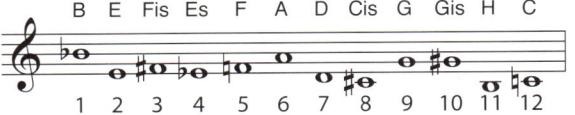

Kompositorische Umsetzung:

Im Hörbeispiel F13 ist zuerst das Thema im Violoncello (siehe Notat Kompositorische Umsetzung) zu hören, danach folgt die gesamte 1. Variation.

▶ Macht euch mit dieser atonalen Klangsprache durch mehrfaches Hören vertraut, gewinnt einen persönlichen Eindruck und tauscht euch darüber aus, wo Musik dieser Art heute auch außerhalb des Konzertsaals Verwendung findet.

◆ Elektronische Musik

Ihre Entwicklung begann um 1950, als es technisch möglich war, Musik auf einem Magnettonband zu speichern und Klänge sowie Geräusche mit elektronischen Geräten (Tongeneratoren) herzustellen und klanglich zu verändern. Eines der ersten elektronischen Studios in Europa entstand 1951 beim WDR (Westdeutscher Rundfunk) in Köln. Hier versuchte man, neben rein elektronisch erzeugten Klängen auch Sprachklänge durch Verformung für musikalische Kompositionen heranzuziehen.
Im Hörbeispiel F14 werden z. B. die Worte „Musik und Sprache" aus einer elektronischen Verfremdung immer deutlicher.

F14

Musik und Sprache – elektronische Verfremdungen

Karlheinz Stockhausen

Ein Meisterwerk in der Entwicklung der elektronischen Musik stellt das 1956 uraufgeführte Werk *Gesang der Jünglinge* (Hörbeispiel F15) des deutschen Komponisten **Karlheinz Stockhausen** (1928–2007 / 79 J.) dar. Er verbindet hier kunstvoll elektronische mit natürlich gesungenen, elektronisch nachbearbeiteten Klängen. Den Vokalpart sang damals ein 12-jähriger Knabe. Stockhausen hatte das Stück für fünf Kanäle konzipiert, als Tonaufnahmen noch einkanalig (mono) gemacht wurden. Bei der Aufführung waren fünf Lautsprechergruppen um das Publikum im Raum verteilt. Die dadurch entstandenen Raumbewegungen der Klänge waren damals revolutionär.

F15

K. Stockhausen, *Gesang der Jünglinge* – Ausschnitt

◆ Stilpluralismus

Vor allem ab den 1970er-Jahren setzt ein Trend zur Individualisierung ein. So verfeinern die Komponisten **György Ligeti** (1923–2006 / 83 J.) in Ungarn und **Krzysztof Penderecki** (* 1933) in Polen die **Mikropolyfonie** und die **Klangfarbenmusik**.

Die US-amerikanischen Komponisten **Steve Reich** (* 1936) und **Philip Glass** (* 1937) sind Vertreter der Minimal Music.

Minimal Music

Unter dem Begriff **Minimal Music** versteht man eine Kompositionstechnik, die in den USA in den 1960er- und 1970er-Jahren entstand und bewusst vereinfachte (minimale) rhythmische, harmonische und melodische Mittel einsetzt. Im rhythmischen Bereich werden beispielsweise kleine Figuren, auch „Patterns" genannt, mehrfach wiederholt und zeitlich verschoben, wodurch ein interessanter Klangeffekt entsteht.

Im Stück *Mini play* für drei Gruppen setzt ein gleichbleibendes Pattern jeweils um zwei Achtelnoten später ein.

MINI PLAY

Musik: Gerhard Wanker
© Helbling

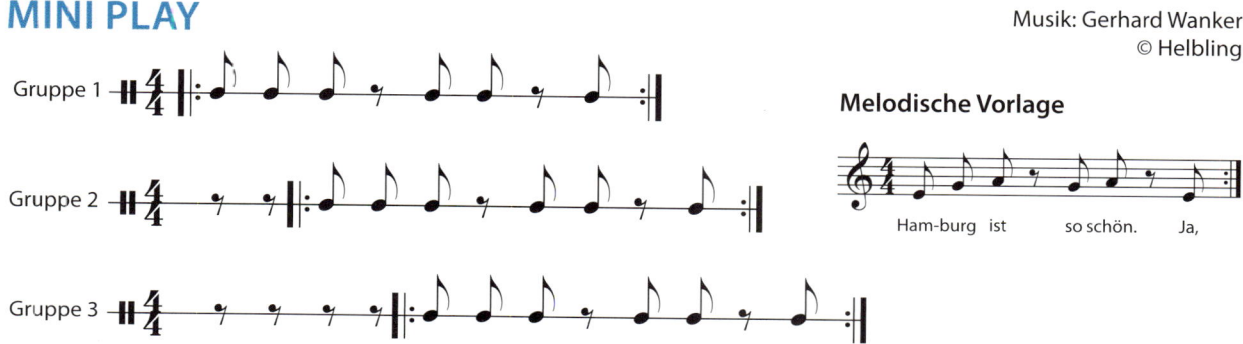

▶ Führt *Mini play* mit körpereigenen (klatschen, patschen) oder Percussioninstrumenten in drei Gruppen aus. Beginnt zunächst alle unisono (im Einklang) mit der Zeile für die Gruppe 1. Nach jeweils sechsmaliger Wiederholung setzen dann nacheinander die beiden anderen Gruppen mit ihren Zeilen ein. Spielt das Stück in verschiedenen Tempi.

▶ Vokale und/oder instrumentale Version: Führt die melodische Vorlage (Noten siehe S. 164) mit Melodieinstrumenten, Stabspielen und/oder der Stimme nach dem Muster von *Mini play* aus. Erfindet auch eigene Texte.

Clapping music – Beginn

Musik: Steve Reich
© Universal Edition

In seinem 1972 erschienenen Werk *Clapping music* für zwei Ausführende wendet Steve Reich die oben beschriebene Technik des Verschiebens, auch „Phasing" genannt, konsequent an:
Die rhythmische Figur des 1. Takts (siehe Notenbild) erklingt zunächst unisono, ab dann wird das Pattern jeweils um den Wert einer Achtelnote nach links verschoben.

▶ Vergleicht das Pattern von *Clapping music* mit dem Pattern von *Mini play*! Was fällt euch auf?

▶ Im Hörbeispiel F16 wird das Pattern sechs Mal unisono wiederholt, dann beginnt das Phasing. Achtet beim Hören bewusst auf diese Veränderung und ihren klanglichen Effekt.

Steve Reich

S. Reich, *Clapping music* – Beginn

F16

Experimentelle Poesie und Musik

Die folgenden Gedichte (siehe S. 168) stammen vom österreichischen Dichter **Ernst Jandl** (1925–2000 / 74 J.), einem einzigartigen Wortakrobaten, der das übliche Vokabular so veränderte, dass neue Sprachklänge entstanden. „Ziel meiner Arbeit sind funktionierende, lebendige, direkte Gedichte, gesteuert, von welchem Material immer sie ausgehen, in welcher Form immer sie hervortreten, von dem, was in mir ist an Richtung und Neigung, an Freude und Zorn. Was ich will sind Gedichte, die nicht kalt lassen." (Ernst Jandl)

Der Jazzmusiker, Komponist und Leiter der Big Band des NDR (= Norddeutscher Rundfunk), **Dieter Glawischnig** (*1938 in Graz), hat Teile aus dem Gedichtband *Laut und Luise* von Ernst Jandl für Sprecher und Big Band vertont (Hörbeispiele F17–22). Erstmals wurde das Werk im Jahr 1982 beim Hamburger Jazzfestival aufgeführt.

Quiz-Box Kapitel 43

- In welcher kunsthistorischen Epoche wirkte Egon Schiele?
- Wie heißt der Komponist der Oper *Wozzeck*?
- Wie heißt der „Erfinder" der Zwölftonmusik?
- Wann setzte die Entwicklung der Elektronischen Musik ein?

- Wie heißt die Musikrichtung, die mit permanenter Wiederholung und geringer Variation einfacher Struktur- und Formteile arbeitet?

◆ **Mehr Fragen im MUSIKQUIZ**

F17–22

D. Glawischnig/E. Jandl, *Laut und Luise* – Ausschnitte

▶ Verfolgt beim Hören der Beispiele F17–22 den Text der Gedichte.

1 talk	
blaablaablaablaa	bäbb
blaablaablaa	bäbb
blaablaablaablaa	bäbbbäb
blaablaablaa	blaablaablaa
bäbb	bäbäbbb
bäbb	bäbb
bäbbbäb	bäbb
bäbbbäbäb	bäbäbbb
bäbäbbb	bäbb
bäbb	bäbb
bäbb	bäbbbäb
bäbbbäb	bäbäbbb
bäbbbäb	blaablaablaablaa
bäbäbäbbb	bäbäbbb
blaablaablaablaa	

2 bericht über malmö			
l	lamm	ma	öl
m	mal	lö	lamm
ö	lamm	mal	mal
m	öl	am	am
a	lö	lamm	lamm
öl	lamm	mal	öl
m	mal	am	lö
öl	lamm	öl	m
mal	mal	mal	l
öl	öl	am	m
m	l	öl	ma
ma	m	mal	am
l	l	lamm	alm
lö	am	mal	…
öl	öm	am	

3 fragment

wenn die rett
es wird bal
übermor
bis die atombo
ja herr pfa

4 the flag

a fleck
on the flag
let's putzen

a riss
in the flag
let's nähen
where's the nadel

now
that's getan
let's throw it
werfen

into a dreck

that's
a zweck

5 privater marsch

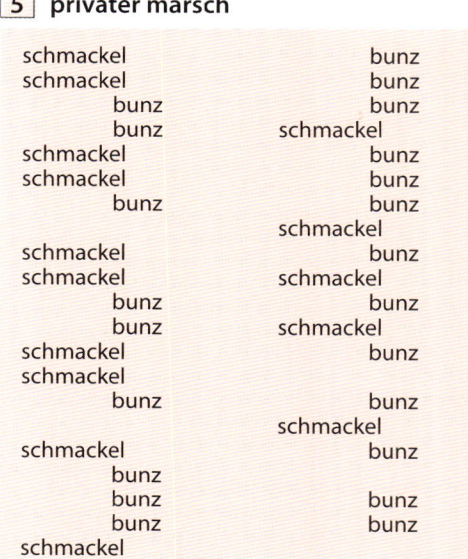

```
schmackel              bunz
schmackel              bunz
        bunz           bunz
        bunz   schmackel
schmackel              bunz
schmackel              bunz
        bunz           bunz
               schmackel
schmackel              bunz
schmackel      schmackel
        bunz           bunz
        bunz   schmackel
schmackel              bunz
schmackel
        bunz           bunz
               schmackel
schmackel              bunz
        bunz
        bunz           bunz
        bunz           bunz
schmackel
```

6 spruch mit kurzem o

ssso

Text: Ernst Jandl
© Luchterhand Literaturverlag
GmbH, München 1997

▶ Sprecht über die verschiedenen Möglichkeiten, wie Musik und Sprache bei den Hörbeispielen F17–22 verbunden werden. Benützt dabei die folgenden Beschreibungen und ordnet sie den Vertonungen der einzelnen Gedichte zu.

Ⓐ: Tusch am Ende, der in Applaus übergeht
Ⓑ: Schlagzeug wird vor und nach dem Gedicht eingesetzt.
Ⓒ: rhythmisches Sprechen über einem musikalischen Ostinato
Ⓓ: Zwiegespräch von Saxofon und Trompete

Ⓔ: Akkorde werden in den Sprechpausen von der ganzen Big Band gespielt.
Die Melodie der amerikanischen Hymne wird als musikalisches Zitat verwendet.
Ⓕ: Schlagzeug und Xylofon begleiten den Sprecher.

▶ Findet für eines der gehörten Jandl-Gedichte eine eigene musikalisch-szenische Gestaltung.

Für viele Künstler sind politische Ereignisse Anlass, sich mit der jeweiligen Situation auseinanderzusetzen. Besonders Kriege und deren Folgen inspirierten sie immer wieder dazu, aufmerksam zu machen, zu schockieren und vielleicht aufklärend und meinungsbildend zu wirken. Der spanische Maler **Pablo Picasso** (1881–1973 / 91 J.) stellt z. B. in seinem Gemälde *Massaker in Korea* (1951) schreckliche Kriegsszenen aus dem Koreakrieg dar.

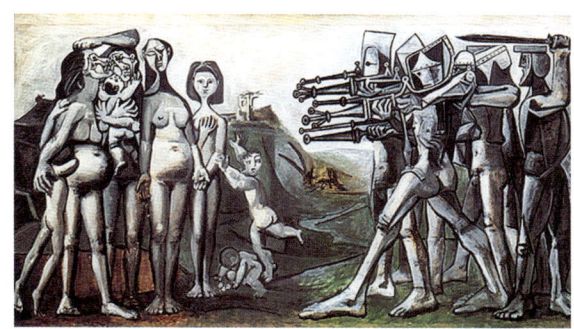

Pablo Picasso, ‚Massaker in Korea'

In der Zeit des Nationalsozialismus (Deutsches Reich von 1933 bis 1945) wurde der gesamte Kunstbereich in Deutschland zentralisiert und von der Reichskulturkammer kontrolliert. Künstler, die keine „arische" Abstammung nachweisen konnten (wie z. B. Juden), waren unerwünscht und erhielten Berufsverbot. Viele von ihnen mussten sogar ins Ausland flüchten, um ihr Leben zu retten.

Der Komponist **Arnold Schönberg**, der als Jude im Jahr 1933 noch rechtzeitig vor Ausbruch des 2. Weltkriegs in die USA auswanderte, reagierte auf die Judenverfolgung mit dem Werk *Ein Überlebender aus Warschau*.

Ein Überlebender aus Warschau op. 46

Das Melodram (Kombination von Sprechen und Musik) wurde im Frühjahr 1948 in New Mexico (USA) uraufgeführt. Es wurde zweimal hintereinander gespielt. Nach dem ersten Mal schwiegen die 1.500 Hörer erschüttert. Nach der Wiederholung donnerte laut Beschreibung eines amerikanischen Journalisten der Beifall durch den Saal.
Anlass zur Entstehung des Werks (1947) gab einer der Überlebenden aus dem Warschauer Getto.

A. Schönberg, *Ein Überlebender aus Warschau* – Ausschnitt

F23

Originaltext (Ausschnitt)

The day began as usual: Reveille when it still was dark. Get out! Whether you slept or whether worries kept you awake the whole night. You had been separated from your children, from your wife, from your parents; you don't know what happened to them – how could you sleep? The trumpets again – Get out! The sergeant will be furious! They came out; some very slowly, the old ones, the sick ones; some with nervous agility. They fear the sergeant. They hurry as much as they can. In vain! Much too much noise, much too much commotion – and not fast enough! The Feldwebel shouts: „Achtung! Still gestanden! Na wird's mal? Oder soll ich mit dem Jewehrkolben nachhelfen? Na jut; wenn ihr's durchaus haben wollt!"

Text: Arnold Schönberg
© Bomart/Schott

▶ Sprecht über euren Eindruck von diesem Werk. Welche Stimmung vermittelt diese Musik? Unterstreicht die Musik den Text?

Juden und SS-Männer im Warschauer Ghetto

169

Auch die Entstehungsgeschichte des Lieds *Dona, Dona* geht auf die Judenverfolgung im 2. Weltkrieg zurück.

DONA, DONA

F24

Playback zu *Dona, Dona*

Text: Sheldon Secunda, Arthur Kevess, Teddi Schwartz
Musik: Sholom Secunda
© EMI Music Publishing Germany

[Notenbild mit Text:]

1. On a wa-gon bound for mar-ket, there's a calf with a mourn-ful eye.

High a-bove him there's a swal-low wing-ing swift-ly through the sky.

How the winds are laugh-ing, they laugh with all their might,

laugh and laugh the whole day through, and half the sum-mer's night.

Do-na, Do-na, Do-na, Do-na. Do-na, Do-na, Do-na, don.

Do-na, Do-na, Do-na, Do-na. Do-na, Do-na, Do-na, don.

2. „Stop complaining", said the farmer, „Who told you a calf to be,
   why don't you have wings to fly with, like the swallow so proud and free?"
   How the winds …

3. Calves are easily bound and slaughtered, never knowing the reason why.
   But who ever treasures freedom, like the swallow has learned to fly.
   How the winds …

- *Streckt die Arme hoch und wiegt wie Bäume im Wind hin und her.*
  Lasst Kopf, Arme und Oberkörper nach vorne baumeln und atmet dabei kräftig aus.
  Richtet euch langsam wieder auf, lasst die Luft durch die Nase einströmen und stellt euch in gerader,
  aufrechter Haltung fest auf eure leicht gegrätschten Beine.
  Macht den pfeifenden Wind nach, indem ihr auf u-i-u-e … stimmlos ausatmet.

- *Singt die letzten acht Takte des Lieds und achtet auf einen schönen Vokalausgleich beim Wort Do-na.*

Das Lied *Dona, Dona,* das zwischen 1960 und 1970 als Folksong durch **Donovan** (* 1946) und **Joan Baez** (* 1941) populär wurde, geht auf das jüdische Lied *Dos Kelbl* zurück.

Zum Originaltext

„Donaj, donaj" ist jiddisch und bedeutet „mein Gott, mein Gott".

Das Lied handelt von einem Kalb, das auf einem Wagen angebunden auf den Markt geführt wird.

Der Bauer bedauert das Kalb und sagt, wenn es ein Vogel geworden wäre, könnte es jetzt wegfliegen.

Der Text des Lieds spiegelt symbolisch das Schicksal des jüdischen Volks wider, dessen Mitglieder im Lauf der Geschichte immer wieder verfolgt, vertrieben und ermordet wurden.

Vernichtungslager Auschwitz-Birkenau

jiddischer Text: Aaron Zeitlin
© EMI Music Publishing Germany

▶ Singt das Lied zum Playback F24 auch mit dem jiddischen Text.

Jiddischer Text	Deutsche Übersetzung
1. Oifn forel ligt a kelbl ligt gebundn mit a schtrik. Hojch in himl flit a fojgl, flit un dreijt sich hin un ts'rik. Lacht der wind im korn, lacht un lacht un lacht, lacht er op a tog, a gantsn, un a halbe nacht. donaj, donaj, donaj, donaj, donaj, donaj, donaj, doj …	1. Auf dem Wagen liegt ein Kälbchen, liegt gebunden mit einem Seil. Hoch am Himmel fliegt ein Vogel, fliegt und dreht sich hin und her. Lacht der Wind im Korn, lacht und lacht und lacht, lacht herab einen ganzen Tag und die halbe Nacht. Mein Gott, mein Gott …
2. Schrejt dos kelbl, sogt der pojer, wer ssche hejst dich sajn a kalb? Wolst gekent doch sajn a fojgl, wolst gekent doch sajn a schwalb. Lacht der wind …	2. Schreit das Kälbchen, sagt der Bauer: „Wer hat dir gesagt, du sollst ein Kalb sein? Wärest besser ein Vogel geworden, wärest besser eine Schwalbe geworden. Lacht der Wind …
3. Bidne kelblech tut en bindn, un men schlept sej un men schlecht. Wer's hot fligl, flit arojf tsu, is bej kejnem nischt ejn knecht. Lacht der wind …	3. Arme Kälbchen darf man binden, und man verschleppt sie und schlachtet sie. Wer Flügel hat, fliegt in die Höhe und ist niemandes Knecht. Lacht der Wind …

Quiz-Box Kapitel 44

- **Wo wurde das Melodram *Ein Überlebender aus Warschau* von Arnold Schönberg 1948 uraufgeführt?**

- **Auf welches historische Ereignis geht die Entstehung des Lieds *Dona, Dona* zurück?**

◆ **Mehr Fragen im MUSIKQUIZ**

◆ Cuepoints – Wörterfundus

Der Wörterfundus enthält einige Begriffe, mit denen der Charakter von Musik beschrieben werden kann.

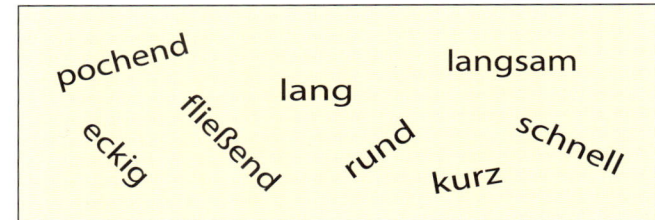

F25

Th. Wanker, *Cuepoints* – Charakter A

▶ Hört das Beispiel F25 und merkt euch die Wörter aus dem obigen Wörterfundus, die die Musik eurer Meinung nach am passendsten beschreiben. Schreibt eine Tabelle in euer Heft (Charakter A) und tragt eure Vorschläge ein. Findet auch weitere Adjektive und ergänzt den Wörterfundus.

Tabelle: Charakter A

1.	rund
2.	weich
3.	

F26

Th. Wanker, *Cuepoints* – Charakter B (2x)

▶ Hört das Beispiel F26 und überprüft, ob die im Wörterfundus übrig gebliebenen Wörter zur Musik passen. Tragt sie so in eine weitere Tabelle (Charakter B) in euer Heft ein, dass sie mit den entsprechend nummerierten Adjektiven aus der ersten Tabelle Gegensatzpaare bilden.

Tabelle: Charakter B

1.	eckig
2.	hart
3.	

F27

Th. Wanker, *Cuepoints* – Charaktere AB (4x)

▶ Setzt nun die gefundenen Wörter zum Hörbeispiel F27 in Bewegung um:
- im Stehen, im Sitzen, durch den Raum …
- einzeln, paarweise, in der Gruppe

Die nebenstehende Übersicht enthält Vorschläge in den drei Kategorien Körper, Raum, Energie, die euch bei der Umsetzung in Bewegung behilflich sein können.

A		B	
KÖRPER		**KÖRPER**	
Körperform:	rund, weich	Körperform:	eckig, hart
RAUM		**RAUM**	
Ebene:	tief	Ebene:	hoch
ENERGIE		**ENERGIE**	
Raumrichtung:	frei	Raumrichtung:	direkt
Zeit:	langsam, durchgehalten	Zeit:	schnell, unterbrochen
Kraft:	leicht, wenig Kraft	Kraft:	schwer, viel Kraft
Bewegungsfluss:	gleichmäßig, fließend, legato	Bewegungsfluss:	schlagartig, staccato

◆ Cuepoints – eine choreografische Auflösung

Das Stück *Cuepoints*, aus dem ihr bisher Teile gehört habt, ist die musikalische Vorlage, zu der eine Choreografie gefunden werden soll.

Th. Wanker, *Cuepoints*

F28

Arbeitsschritte

▶ ▪ Hört das Beispiel F28 und stellt euch vor, ihr sitzt im Zuschauerraum eines Theaters.
  - Was seht ihr auf der Bühne? Schließt eure Augen und lasst verschiedene Bilder in eurem Kopf entstehen.
  - Ordnet eure Bilder so, dass ein Handlungsablauf entsteht.
  - Gebt eurer Handlung einen Titel.
  ▪ Vergleicht eure Ergebnisse und entscheidet euch für eine Lösung, die ihr choreografiert.
  ▪ Hört nochmals das Beispiel F28 und lest dabei in der Zeitleiste unten (Sekundeneinteilung) mit.
  Die Zeitleiste kann für die Erstellung der Choreografie in zweierlei Hinsicht genutzt werden:
      - als Orientierungshilfe über den formalen und zeitlichen Ablauf von *Cuepoints* und
      - als Hilfsmittel, um die Handlung an den musikalischen Ablauf anzupassen.

Cuepoints – Zeitleiste

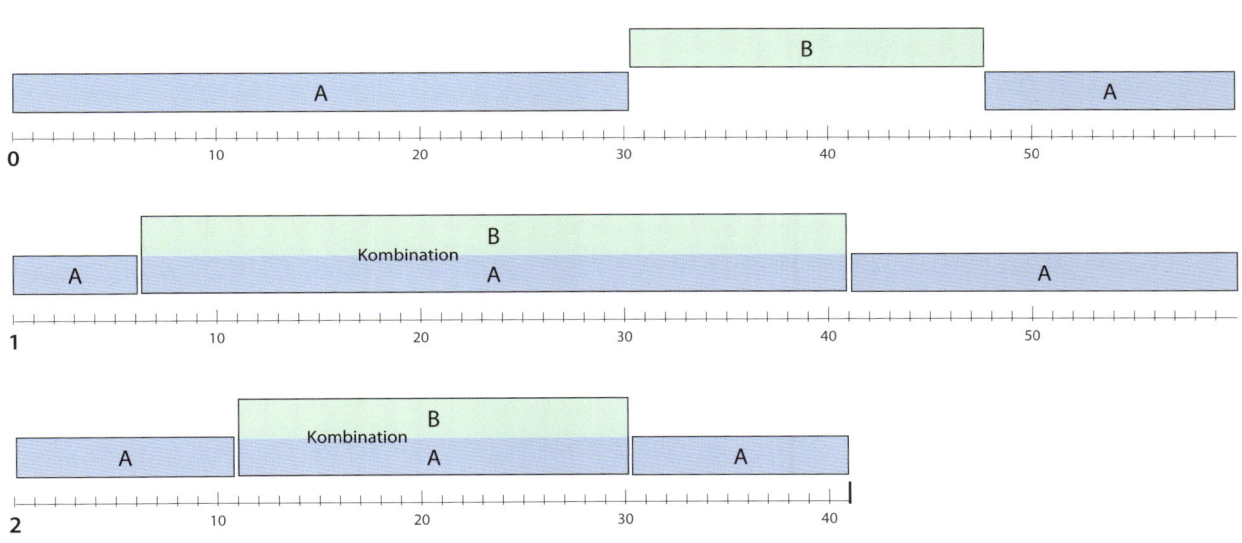

Hinweis

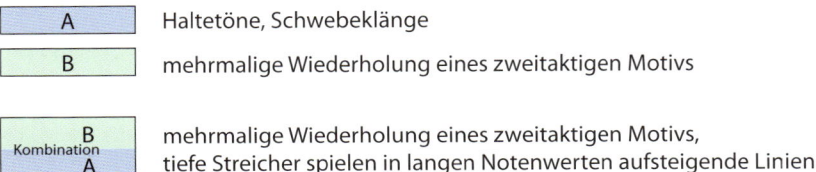

Erfindet in Gruppenarbeit (zwei Gruppen) eine Bewegungsgestaltung zu *Cuepoints*.
Eine Gruppe übernimmt A, die andere Gruppe B.
Nachdem beide Gruppen eine Bewegungsgestaltung gefunden haben, werden die Ergebnisse kombiniert und so aufeinander abgestimmt, dass die Choreografie zu *Cuepoints* von allen gemeinsam ausgeführt werden kann.

46 Musikalisches Summary

DU BIST MUSIK

F29/30

Du bist Musik
Playback zu *Du bist Musik*

Text und Musik: Klaus Peter Sattler
© Wien Melodie / Melodie der Welt

[Notenzeilen mit Akkordsymbolen und Liedtext]

Am · Am#7 · Am7 · Am6

1. Du bist Liszt, Cho - pin, De - bus - sy, Cou - pe - rin, du bist
2. Du bist ein Bal - lett, ein Kon - zert, Me - nu - ett, ein Ca -

F7 · Am · Am · Am#7

Mo - zart, Ge - su - al - do und Bou - lez. Du bist Gluck und Bach, Jo - hann
pric - cio, ei - ne Pol - ka, ein Du - ett. Du bist ein Chan - son, In - ter -

Am7 · Am6 · F7 · Am

Strauß, Of - fen - bach, du bist Schu - bert Gersh - win und Chá - vez.
mez - zo. Fas - sion, ein Re - frain, ei - ne Va - ri - a - tion.

Dm7 · G7 · C · Dm7 · G7

Du bist Mah - ler, Schu - mann, Mon - te - ver - di, Frank Mar - tin, Tschai - kows - ky, Jos -
Ei - ne Ba - ga - tel - le, Bal - la - de, ei - ne Ta - ran - tel - la, ei - ne

C · H°7 · E7 · Am · Am/G

quin. Du bist Pa - les - tri - na und Puc - ci - ni, Stra - wins - ky und Ros -
Suite. Hu - mo - res - ke, Wal - zer, Se - re - na - de, Ro - man - ze und Kan -

F · Esus4 · E7

si - ni, De Fal - la und Mess - iaen.
ta - te, So - na - te und mein Lied!

A · E/G# · C/G · D/F# · G/F · C/E

Du bist Mu - sik, Mu - sik, Mu - sik, bist mei - ne Har - mo - nie,

F · D/F# · G7 · G7 · C · Dm7 · C7/E · F

Me - lo - die, bist mei - ne Sym - pho - nie! Du bist Mu - sik!

C · Dm7 · C7/E · F · C · Dm7 · C/E · F · C/E · F · Dm7 · C

Du bist Mu - sik! Du bist Mu - sik! Mu - sik! Mu - sik!

174

- *Komponistenratespiel: Jeder denkt an den Namen eines Komponisten. Einer beginnt und spricht den betreffenden Namen, allerdings ohne Ton. Durch deutliche Mundbewegungen können die anderen den Namen erraten. Wer ihn weiß, soll ihn ebenfalls pantomimisch sprechen.*

- *Singt die letzten drei Takte des Lieds und achtet darauf, dass ihr bei den gleichen Tönen hintereinander die Tonhöhe haltet. Gute Atemführung, deutliche Artikulation und die Vorstellung „durch die Augen zu singen" können dabei helfen.*

In der ersten Strophe des Lieds *Du bist Musik* kommen viele Komponisten vor.

▶ Anhand der musikhistorischen Übersichtstabelle auf den nächsten beiden Seiten könnt ihr feststellen, wann sie gelebt haben.

In der zweiten Strophe des Lieds *Du bist Musik* kommen verschiedene musikalische Formen vor.

▶ Ordnet die unten angegebenen Formen den jeweiligen Erklärungen zu und schreibt die Anfangsbuchstaben in euer Heft. In der richtigen Reihenfolge ergeben sie einen Lösungssatz. Nehmt ein Lexikon zu Hilfe.

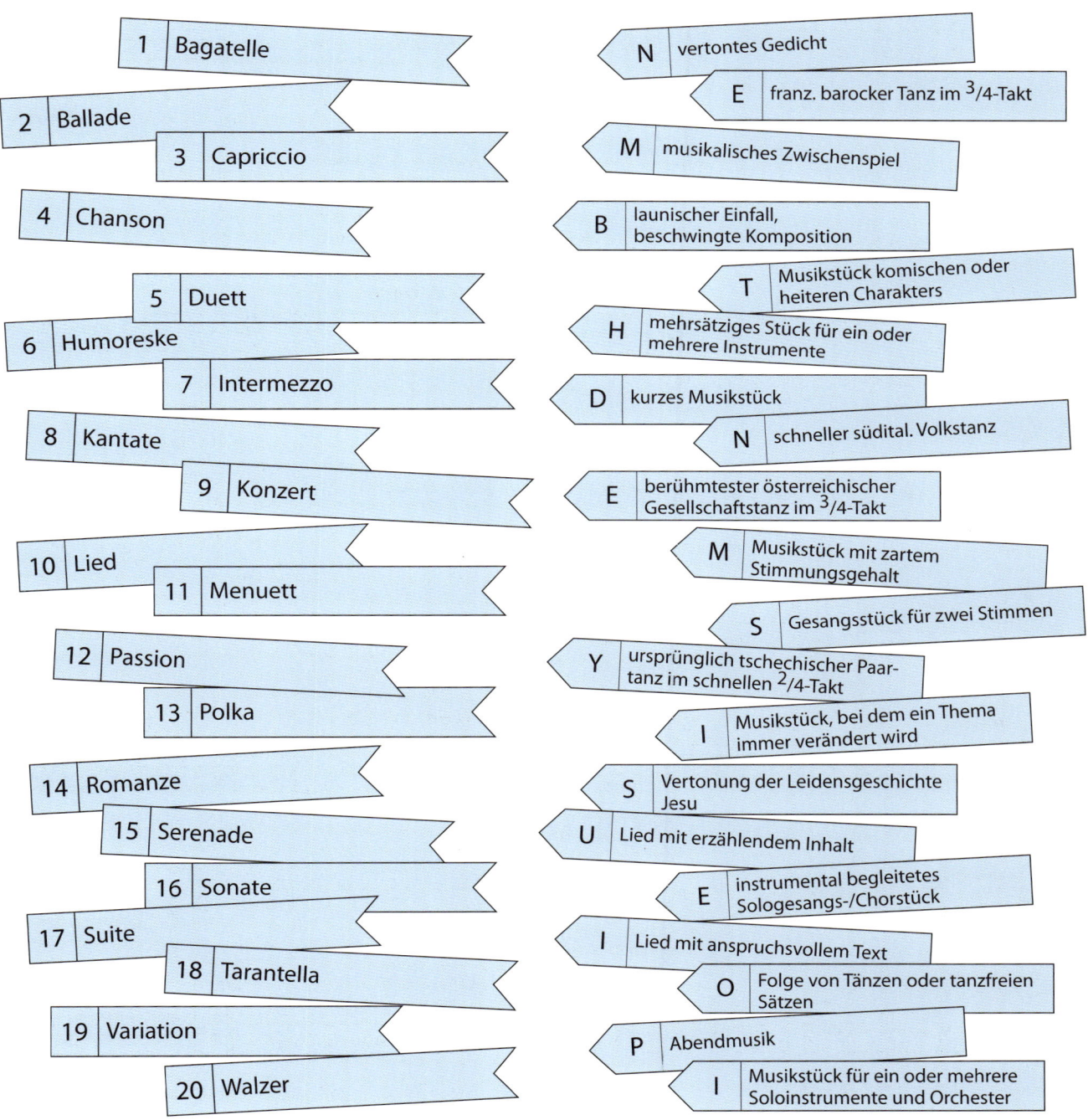

1 Bagatelle
2 Ballade
3 Capriccio
4 Chanson
5 Duett
6 Humoreske
7 Intermezzo
8 Kantate
9 Konzert
10 Lied
11 Menuett
12 Passion
13 Polka
14 Romanze
15 Serenade
16 Sonate
17 Suite
18 Tarantella
19 Variation
20 Walzer

N vertontes Gedicht
E franz. barocker Tanz im 3/4-Takt
M musikalisches Zwischenspiel
B launischer Einfall, beschwingte Komposition
T Musikstück komischen oder heiteren Charakters
H mehrsätziges Stück für ein oder mehrere Instrumente
D kurzes Musikstück
N schneller südital. Volkstanz
E berühmtester österreichischer Gesellschaftstanz im 3/4-Takt
M Musikstück mit zartem Stimmungsgehalt
S Gesangsstück für zwei Stimmen
Y ursprünglich tschechischer Paartanz im schnellen 2/4-Takt
I Musikstück, bei dem ein Thema immer verändert wird
S Vertonung der Leidensgeschichte Jesu
U Lied mit erzählendem Inhalt
E instrumental begleitetes Sologesangs-/Chorstück
I Lied mit anspruchsvollem Text
O Folge von Tänzen oder tanzfreien Sätzen
P Abendmusik
I Musikstück für ein oder mehrere Soloinstrumente und Orchester

◆ Musikhistorische Übersichtstabelle

In dieser Tabelle findet ihr alle Namen wichtiger Komponisten, die in CLUB MUSIK 1 und 2 vorkommen. Viele Namen sind auch im Lied *Du bist Musik* enthalten.

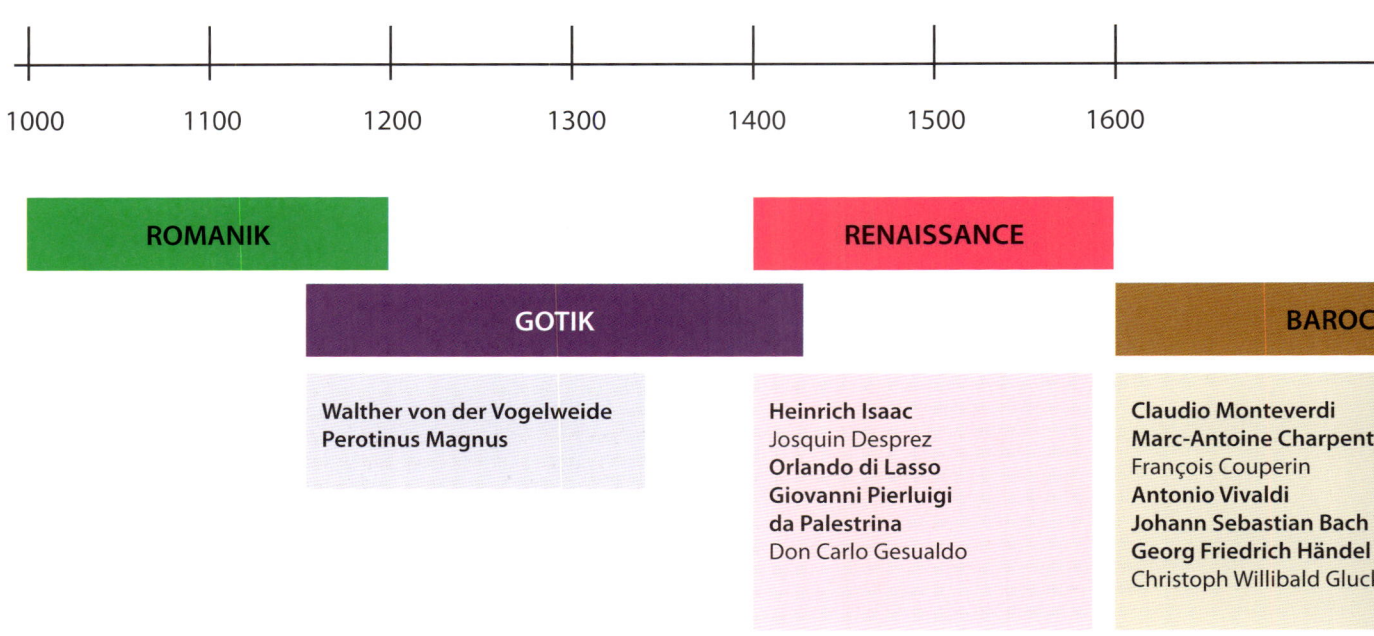

| 1000 | 1100 | 1200 | 1300 | 1400 | 1500 | 1600 | |

ROMANIK

RENAISSANCE

GOTIK

BAROCK

Walther von der Vogelweide
Perotinus Magnus

Heinrich Isaac
Josquin Desprez
Orlando di Lasso
**Giovanni Pierluigi
da Palestrina**
Don Carlo Gesualdo

Claudio Monteverdi
Marc-Antoine Charpenti
François Couperin
Antonio Vivaldi
Johann Sebastian Bach
Georg Friedrich Händel
Christoph Willibald Gluck

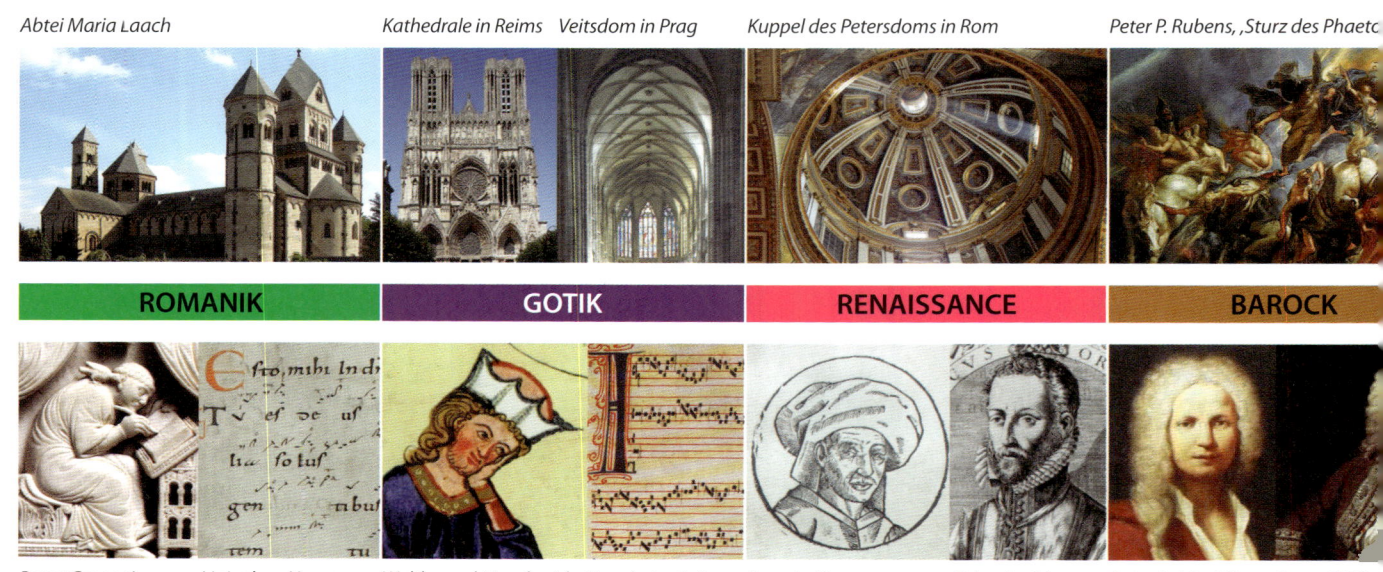

Abtei Maria Laach   *Kathedrale in Reims*   *Veitsdom in Prag*   *Kuppel des Petersdoms in Rom*   *Peter P. Rubens, ,Sturz des Phaetο*

ROMANIK   **GOTIK**   **RENAISSANCE**   **BAROCK**

Papst Gregor I.   *Linienlose Neumen*   *Walther v. d. Vogelweide*   *Quadratnotation*   *Josquin Desprez*   *Orlando di Lasso*   *Antonio Vivaldi*   *Georg F. Hän*

176

1800	1900	2000

KLASSIK

20./21. JAHRHUNDERT

ROMANTIK

Joseph Haydn
Wolfgang Amadeus Mozart
Ludwig van Beethoven

Franz Schubert
Niccolò Paganini
Felix Mendelssohn
  Bartholdy
Frédéric Chopin
Robert Schumann
Georges Bizet
Jacques Offenbach
Modest Mussorgski
Richard Wagner
Friedrich Smetana
Franz Liszt
Gioacchino Rossini
César Franck
P. I. Tschaikowsky

Anton Bruckner
Johannes Brahms
Johann Strauß
  (Sohn)
Giuseppe Verdi
Antonín Dvořák
Edvard Grieg
Nikolai Rimski-
  Korsakow
Gustav Mahler
Max Bruch
Camille Saint-Saëns
Giacomo Puccini
Richard Strauss

Alban Berg
George Gershwin
Manuel de Falla
Arnold Schönberg
Edgar Varèse
Igor Strawinsky
Frank Martin
Carlos Chávez
Carl Orff
Frederick Loewe
Leonard Bernstein
Olivier Messiaen
György Ligeti
Karlheinz Stockhausen
Pierre Boulez
Krzysztof Penderecki
Steve Reich
Philip Glass

IMPRESSIONISMUS

Claude Debussy
Maurice Ravel

Palais Pallavicini in Wien   *Claude Monet, ‚Impression, soleil levant'*   *Egon Schiele*   *Kunsthaus in Graz*

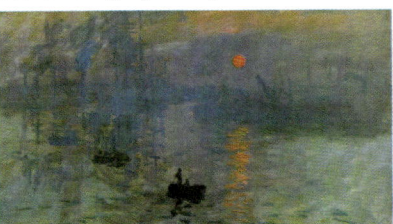
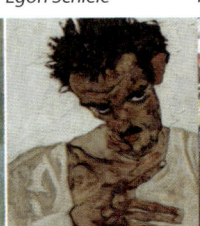

KLASSIK   **ROMANTIK**   **20./21. JAHRHUNDERT**

Joseph Haydn   *Franz Schubert*   *Johannes Brahms*   *George Gershwin*   *Arnold Schönberg*

Auftakt

Unvollständiger <mark>Anfangstakt</mark>, der sich mit dem <mark>Schlusstakt</mark> zu einem vollständigen Takt (Volltakt) ergänzt.

Blues

Musikgattung und vokale und instrumentale musikalische Form, die um 1900 in den ländlichen Gebieten der Südstaaten der USA entstand und in der afroamerikanischen Bevölkerung weit verbreitet war.

- Bluesschema:
  Meist ein 12-taktiges Harmonieschema mit einer bestimmten Akkordfolge, die sich in der einfachen Form auf die Dreiklänge der I., IV. und V. Stufe beschränkt.

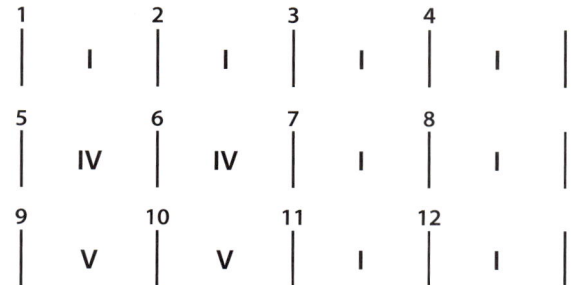

- Dirty tones:
  Unrein gesungene/gespielte Töne, die für den Blues charakteristisch sind. Besonders verschliffen werden die Terz, Quinte und Septime einer Tonleiter.

Bluestonleiter in C

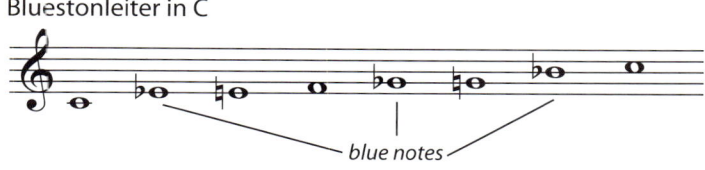

blue notes

Dreiklang

Zusammenklang von drei Tönen im Terzabstand; nach Zusammensetzung der Terzen (große und kleine) unterscheidet man:

Dur-Dreiklang	Moll-Dreiklang	verminderter Dreiklang	übermäßiger Dreiklang
<mark>3−</mark> kleine Terz <mark>3+</mark> große Terz	<mark>3+</mark> große Terz <mark>3−</mark> kleine Terz	<mark>3−</mark> kleine Terz <mark>3−</mark> kleine Terz	<mark>3+</mark> große Terz <mark>3+</mark> große Terz

Dur

Tongeschlecht, für das die große Terz (Durterz) als Intervall vom Grundton zum 3. Ton einer Tonleiter charakteristisch ist.

Dynamische Zeichen

Ausdrücke für die Lautstärke, werden meist in italienischer Sprache mit Abkürzungen angegeben.

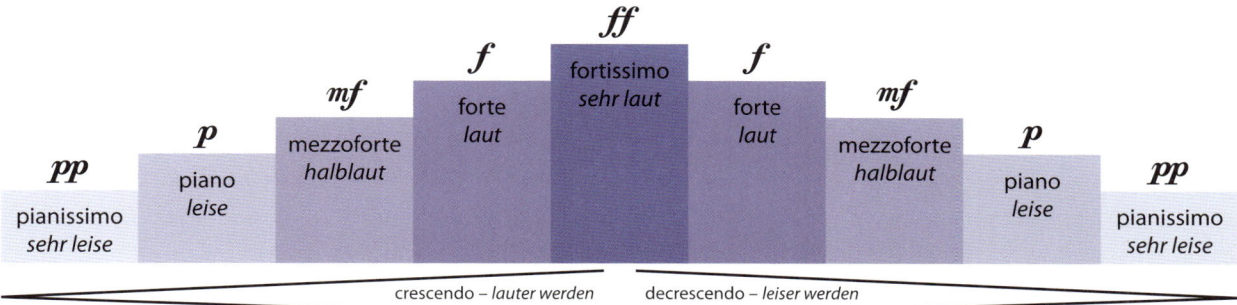

Intervall

Abstand von zwei Tönen.

Tabelle der wichtigsten Intervalle

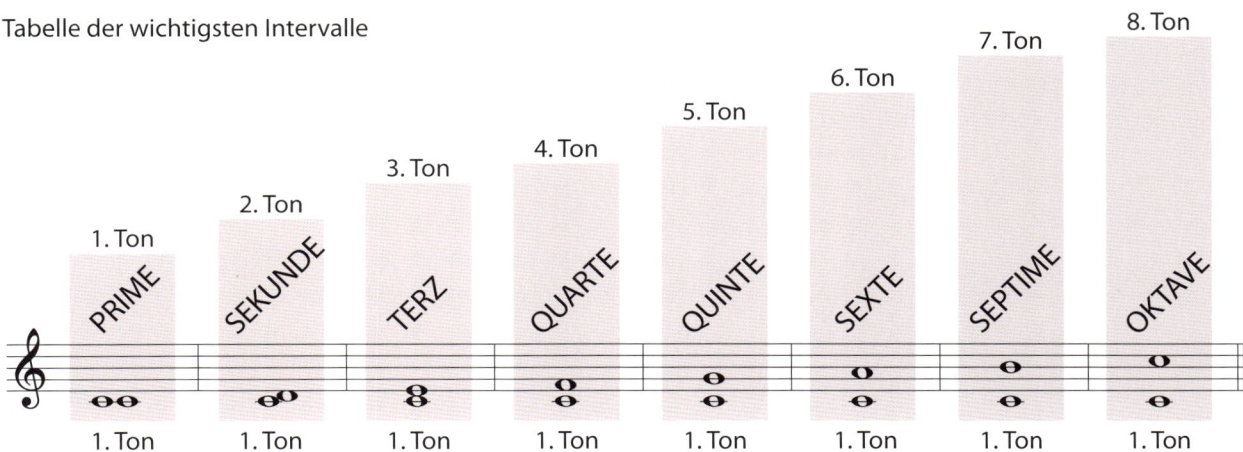

Konsonante Intervalle: Prime, Terz, Quarte, Quinte, Sexte, Oktave
Dissonante Intervalle: Sekunde, Septime

Kadenz

a) Bezeichnung für einen Soloteil in einem Instrumentalkonzert, bei dem der Solist seine Virtuosität zeigen kann.
b) Bezeichnung für eine bestimmte Abfolge von Akkorden, die meist im Grundakkord einer Tonart endet (z. B.: I-V-I, I-IV-V-I, I-VI-II-V-I).

Metrum

Gleichmäßige Schläge, die alle gleich betont sind.

Moll

Tongeschlecht, für das die kleine Terz (Mollterz) als Intervall vom Grundton zum 3. Ton einer Tonleiter charakteristisch ist.

Notenlinien

Es gibt fünf Notenlinien   und   vier Zwischenräume.

Die Tonhöhe einer Note ist aufgrund ihrer Position im 5-Liniensystem und mit Hilfe des Notenschlüssels (z. B. Violinschlüssel) bestimmbar.

Notenschlüssel

Notenschlüssel am Beginn einer Notenzeile, der das g1 angibt.

Am Beginn einer Notenzeile steht der **Violin- oder G-Schlüssel**.
Er gibt an, dass sich die Note g[1] auf der zweiten Notenlinie befindet.

Notenwerte und Pausen

NOTENWERTE					PAUSEN
1	2	3	4		
𝅝				Ganze	▬
𝅗𝅥		𝅗𝅥		Halbe	Hut ▬
𝅘𝅥	𝅘𝅥	𝅘𝅥	𝅘𝅥	Viertel	𝄽
𝅘𝅥𝅮𝅘𝅥𝅮	𝅘𝅥𝅮𝅘𝅥𝅮	𝅘𝅥𝅮 𝅘𝅥𝅮 𝅘𝅥𝅮 𝅘𝅥𝅮		Achtel	𝄾
𝅘𝅥𝅯𝅘𝅥𝅯𝅘𝅥𝅯𝅘𝅥𝅯	𝅘𝅥𝅯𝅘𝅥𝅯𝅘𝅥𝅯𝅘𝅥𝅯	𝅘𝅥𝅯𝅘𝅥𝅯𝅘𝅥𝅯𝅘𝅥𝅯𝅘𝅥𝅯𝅘𝅥𝅯𝅘𝅥𝅯𝅘𝅥𝅯		Sechzehntel	𝄿

Offbeat

Dt. „weg vom Grundschlag" (= rhythmische Akzentverschiebung von betontem auf unbetonten Schlag).

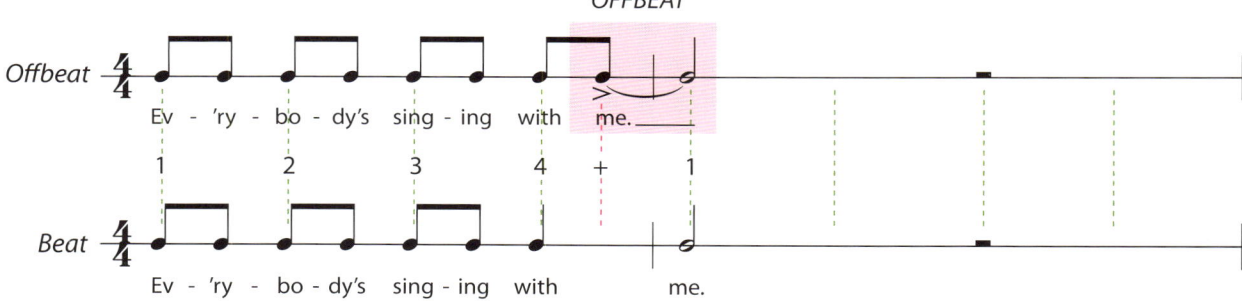

Takt

Gruppierung von Notenwerten zu einer Einheit

In einem $\frac{4}{4}$-Takt wird der Wert von vier Viertelnoten zusammengefasst.

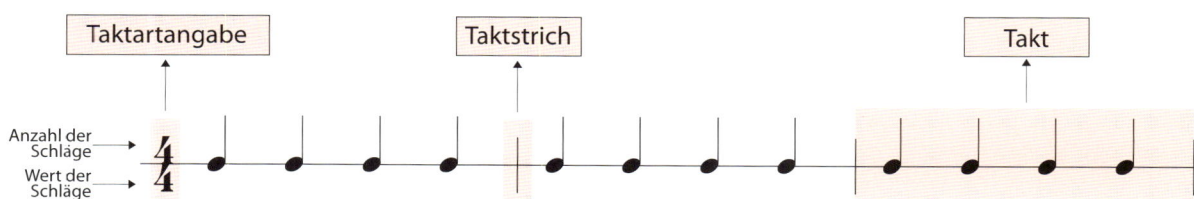

Tempobezeichnungen

Angabe für das Tempo eines Musikstücks, in der Musik meist in italienischer Sprache:

adagio	= sehr langsam		presto	= schnell
andante	= gehend		accelerando	= schneller werden
allegro	= mäßig schnell		ritardando	= langsamer werden

Tonleiter

Die gebräuchlichsten Tonleitern (**Dur-Tonleiter**, **Moll-Tonleiter**) bestehen aus 7 Tönen innerhalb einer Oktave, die sich durch die Stellung von Halb- (HT) und Ganztonschritten (GT) unterscheiden.

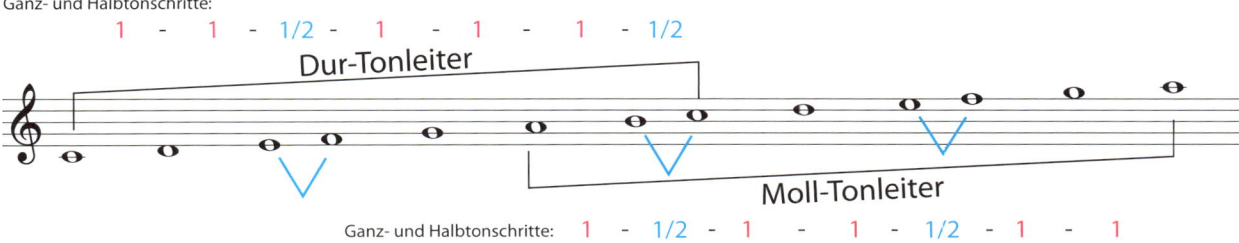

Die fünfstufige Tonleiter nennt man **Pentatonik**. Sie hat keine Halbtonschritte. Es gibt eine Dur-Pentatonik und eine Moll-Pentatonik:

Triole

Unterteilung eines Notenwerts in drei gleich lange Notenwerte.

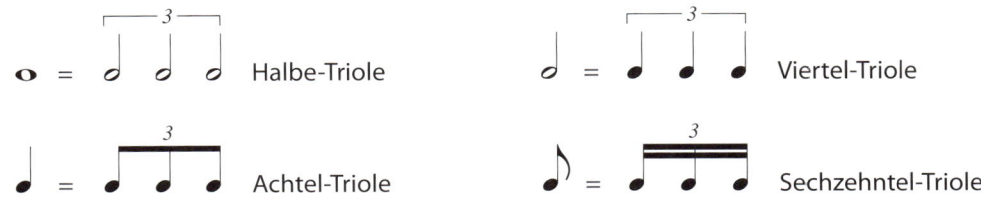

Versetzungszeichen

Zeichen, die die Tonhöhe verändern.

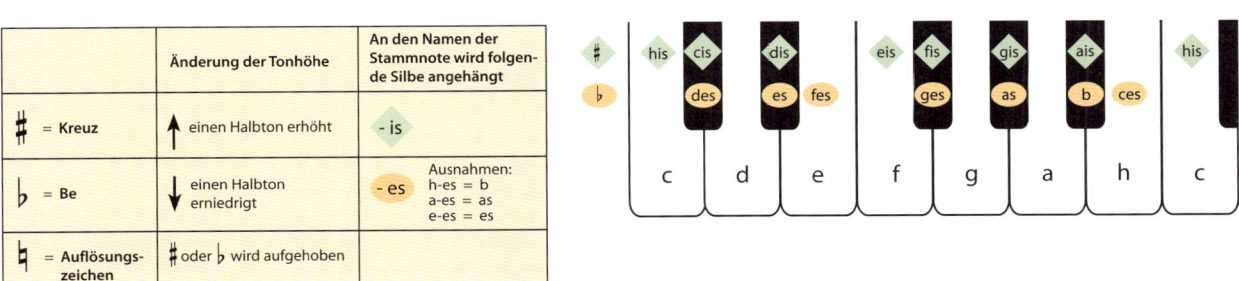

	Änderung der Tonhöhe	An den Namen der Stammnote wird folgende Silbe angehängt
♯ = Kreuz	↑ einen Halbton erhöht	- is
♭ = Be	↓ einen Halbton erniedrigt	- es Ausnahmen: h-es = b, a-es = as, e-es = es
♮ = Auflösungszeichen	♯ oder ♭ wird aufgehoben	

◆ Instrumente – Einteilung

Nach der Art der Tonerzeugung werden Musikinstrumente in fünf Gruppen unterteilt:

1	**Idiofone** (Selbstklinger)	mit unbestimmter Tonhöhe	Claves Kastagnetten Holzblock Tempelblock Becken Hi-Hat Zimbeln Tamtam Triangel Cowbell Maracas Cabasa Schüttelrohr Guiro	
		mit bestimmter Tonhöhe	Xylofon Marimbafon Metallofon Vibrafon Glockenspiel Celesta Gong Röhrenglocken	
2	**Membranofone** (Fellinstrumente)	mit unbestimmter Tonhöhe	Handtrommel Kleine Trommel Große Trommel Snare Drum Tom-Tom Bongos Conga Tamburin	
		mit bestimmter Tonhöhe	Pauke	
3	**Chordofone** (Saiteninstrumente)	gestrichene Saiteninstrumente	Violine Viola Violoncello Kontrabass	
		gezupfte Saiteninstrumente	Harfe Zither Mandoline Balalaika Bouzouki Gitarre E-Gitarre E-Bass Banjo	
		geschlagene Saiteninstrumente	Klavier Hackbrett	
4	**Aerofone** (Blasinstrumente)	Holzblasinstrumente	Instrumente mit Lippenpfeifen	Blockflöte Querflöte
			Instrumente mit einfachem Rohrblatt	Klarinette Saxofon
			Instrumente mit doppeltem Rohrblatt	Oboe Fagott
		Blechblasinstrumente	Trompete Horn Posaune Tenorhorn Tuba	
5	**Elektrofone** (elektrische Instrumente)		Synthesizer E-Piano E-Orgel E-Gitarre	

Verzeichnis der Hörbeispiele

◆ Multimedia-Verzeichnis

CD-ROM
Musikquiz (Das Musikquiz bezieht sich auf die Quizboxen am Ende jedes Kapitels und ist deshalb keiner bestimmten Seitenzahl zugeordnet.)

Multimediale Spiel-mit-Sätze

Multimediale Hörpartituren

Animationen

◆ Sachverzeichnis

◆ Personenverzeichnis

◆ Liedverzeichnis

◆ Quellenverzeichnis

Bilder:

Adrian Michael: 176 (Desprez, Lasso); **KG-Images:** 17 (u. r.); **Alan Sawyer:** 100 (m. l.); **Andreas F. Borchert:** 142 (u.); **Anirudh Koul:** 124 (o.); **Apple Inc.:** 20 (u.); **Archiv:** 72 (o.), 95 (u.), 100 (o. l. & u.), 104 (u. r.), 105 (u. r.), 143 (u. m), 146 (Smetana, Bizet), 150 (o.), 154 (o. l.), 165 (u.); **Arnold Schoenberg Center, Wien:** 165 (u.) © VG Bild-Kunst, Bonn 2012; **Benno Hagleitner:** 95 (u.); **Berthold Werner:** 100 (o. l.); **Bibliothèque nationale, Paris:** 100 (u.); **BPK – Bildarchiv Preußischer Kulturbesitz:** 52; **Bregenzer Festspiele/Karl Forster:** 96, 97; **Bridgeman Art Library:** 148 (m.); **Christian Records:** 136 (u.); **Cinetext:** 14 (o.), 44; **Corbis:** 24 (u.) (Bettmann), 66 (Robbie Jack), 70 (Bo Zaunders), 124 (u.) (Ochs Michael Archives), 125 (u. l.) (Henry Diltz),126 (Ochs Michael Archives), 127 (o.) (John A. Angelillo), 130 (u.) (David Turnley), 130 (r.) (Joe Giron), 133 (m.) (Jason Moore/ZUMA), 133 (o.) (Steve Azzara), 156 (o.) (Bettmann), 157 (Ochs Michael Archives); 162 (o. l.) (Hulton-Deutsch Collection); **Dänisches Nationalmuseum:** 98 (o. l.); **David Jones:** 100 (m. r.); **Delta Music:** 131 (o.); **Dena Flows:** 130 (u. l.); **Deutsches Bundesarchiv:** 171; **Dirk Goldhahn:** 111 (m. l.); **dpa Picture-Alliance:** 48 (u.), 79,122; **Dreamland Recording Studios:** 41 (u.); **EMI Music:** 129 (u. r.); **Flickr:** 24 (o.) (Dom Dara), 29 (o.) (Monique Wingard), 35 (o.) (Vaughan), 35 (u.) (Frickn51), 41 (m. l.) (Christophe Alary), 41 (m.m.) (Caesar Sebastian), 41 (m. r.) (MITO Settembre-Musica), 41 (u.) (Anirudh Koul), 73 (Simon Varwell), 77 (Luis Sarbaria), 167 (vansgirl12), 104 (u. m.) (G Crouch), 154 (o.3.v.r.) (Geert), 162 (o.rl) (SF Camerawork); **Florence Homolka:** 177 (Schönberg); **Gabriele Prantner:** 58 (u. l.), 59 (u.), 87 (u. l.), 88 (u.l & u. r.); **Gema:** 23 (o.); **Gerhard Wanker:** 29 (u.l & u. r.); **Getty Images:** 26 (u.) (Andrew H. Walker), 27 (Pierre Verdy / AFP), 28 (u.) (Don Arnold / Weirimage), 30 (l.) (Dave M. Benett), 30 (o.) Simon Fergusson, 68 (u.) (Beatriz Schiller / Time & Life Pictures), 69 (Redferns / Henrietta Butler), 133 (u.) (Tom Hill/WireImage), 136 (o.) (Ochs Michael Archives), 154 (u.) (Ochs Michael Archives); **Greg Del Sesto / Boston Lyric Opera:** 67; **Guillaume Laurent:** 161 (u.); **Hans Peter Schaefer:** 158 (u.m.); **Heinrich Klaffs:** 129 (l.); **Helbling:** 8 (o. l. & u. l. & u. m.), 9 (m. l. & o. r. & u. r.), 34 (o. l. & o. 2. v. l.), 46 (u.), 49 (u.), 50 (o.),116 (m. r.); **Instrumenten-DVD:** 8 (o.m. & m.m. & m. r. & u. r.), 9 (o. l. & o.m. & m. r. & u. l. & u.m.), 10, 34 (o. r. & o.2.vr. & u.), 46 (o.), 58 (u. r.), 86 (2.v.o.), 87 (2.v.o. & o.), 88 (o. l. & o.2. v. l. & o. r.), 89 (l.); **Interfoto:** 103, 125 (m. r.) (picturedesk.com / Friedrich); **Kathinka Pasveer:** 166; **Kerem Unterberger:** 5, 7, 14 (u.), 15, 32, 36 (o. & u.), 37 (o.), 41 (o.), 47, 48 (o.), 49 (o. r.), 50 (u.), 55, 57 (4x), 58 (o. & m.), 59 (o.), 60, 86 (l.), 87 (m. r.), 89 (r.), 91, 92 (l. & r.), 93, 108, 109, 116 (o. r.), 135, 143 (o.), 147; **Kevin Eng:** 105 (m. l.); **Küng Blockflöten GmbH:** 86 (r. u.); **Manuel Cernuda:** 143 (u. l.); **Manuel Rosa:** 105 (u. l.); **Marion Schneider:** 177 (Kunsthaus); **Martin Beek:** 111 (Rahmen); **Martin Kugi:** 37 (u.); **Mike McBride:** 142 (o.); **Musée du Louvre, Paris:** 105 (o. l.) ; **Musée Marmottan:** 177 (Monet) ; **Musée National Picasso, Paris:** 169 (o.) © Succes-sion Picasso / VG Bild-Kunst, Bonn 2012; **Nikolaus Holzapfel:** 164 (m.); **Patrícia Magalhães:** 154 (o. r.); **Paula Bailey:** 150 (u.); **Paulo Valdivieso:** 176 (Petersdom); **RCA:** 119 (o. l.); **Roberto Polillo:** 158 (u. l.); **Roland Godefroy:** 158 (o. l.), 159 (o.); **Ryan Woolies:** 133 (o.); **Sébastien Bertrand:** 98 (u. r.); **Sonor:** (8 m. l. & o. r.), 9 (m.m.), 145 (u.); **Sony Music:** 119 (o. r. & m. l.); **Stanislav Traykov:** 104 (u. l.); **Suisa:** 23 (u.); **The Yorck Project:** 105 (o. r.), 164 (u.), 177 (Gershwin & Schiele); **Thommy Maardo:** 80, 81 (o.), 116 (u. r.); **Tom O'Farrell:** 143 (u. r.); **United States Holocaust Memorial Museum:** 169 (u.); **United States Library of Congress:** 17 (o. r.), 26 (o.), 66 (o.), 124 (m.), 127 (u.), 146 (Puccini), 154 (o.3.v.l.), 156 (u.), 158 (o. r.); **Valentin Likyov:** 104 (o.); **VCH, Weinheim:** 99; **Vizzini Ned:** 161 (o.); **Walter Hochauer:** 110 (u. r.); **Warner Music:** 119 (u. l. & m. r.); **Wikipedia:** 17 (u. l.) (Holger Elgaard), 19 (o. r.) (Norman Bruderhofer), 20 (o.) (Arun Kulshreshtha), 28 (o.), 46 (m.) (Arent), 53 (The Yorck Project), 72 (u.), 81 (u.) (Andreas Thum), 82, 84 (Lofor), 95 (o.) (MatzeTrier), 98 (u. l.) (Schoen Collection), 98 (u.m), 100 (o. r.) (Sundar1), 101, 102, 107, 113, 139, 106 (o.), 110 (o. l.), 110 (o. r.) (Umbricht), 110 (u. l.) (Fb78), 111 (o. l. & o.m. & o. r.), 112 (o. r. & u. r.), 118 (m. l. & u.), 118 (o.) (Gakuro), 133 (u.) (boltron), 137 (o. l. & o. r. & u. l.), 146 (Schubert, Schumann, Bruckner, Brahms, Mussorgski, Tschaikowsky, Dvořák, Paganini, Chopin, Liszt, Verdi, Wagner, Debussy, Ravel), 148 (o. & u.), 154 (o.2.v.r.) (pixgremlin), 158 (u. r.) (myself), 159 (u.) (myself), 165 (o.), 176 (Maria Laach, Reims, Veitsdom, Phaeton, Gregor I., Neumen 1, Walther, Neumen 2, Vivaldi, Händel), 177 (Haydn, Schubert, Brahms), 177 (Pallavicini) (Gryffindor); **William P. Gottlieb:** 154 (o. 2. v. l.); **Yamaha:** 87 (u. r.), 88 (o. 2. v. r.)

Noten:

S. 12: Always look on the bright side of life © EMI Virgin Music Publishing Germany GmbH, Hamburg; **S. 19:** Mein kleiner grüner Kaktus © Wiener Bohème Verlag, München / Universal/MCA Music Publishing GmbH, Berlin; **S. 25 (o.):** The rain in Spain/Es grünt so grün © Chappel & Co GmbH & Co. KG, Hamburg; **S. 25 (u.):** I could have danced all night (Liedtext) © Chappel & Co GmbH & Co. KG, Hamburg; **S. 27:** America © Leonard Bernstein Music/Chappell-Co Inc. / Universal Music Publ. GmbH, Berlin / Chappell & Co. GmbH & Co. KG, Hamburg; **S. 28 (o. & u.), 29:** „Phantom der Oper" (Liedtexte) © The Really Useful Group Ltd. / Universal Music Publ. GmbH, Berlin; **S. 30:** Mamma mia © SWR - Union Songs AB / Universal Music Publ. GmbH, Berlin; **S. 68:** Summertime – Song © Chappell & Co. GmbH & Co. KG, Hamburg; **S. 78:** Ermutigung © 1991 by Wolf Biermann; **S. 80:** Das hat die Welt noch nicht gesehen (Liedtext) © Hanseatic Musikverlag GmbH & Co. KG, Hamburg / Universal Music Publ. GmbH, Berlin; **S. 102:** Uf dem anger © Schott Music GmbH & Co. KG Mainz; **S. 127:** I can't get no satisfaction © Abcko Music Inc. Westminster Music Ltd.; **S. 128:** She loves you © Sony/ATV Music Publishing (Germany) GmbH; **S. 136:** Rock me Amadeus (Liedtext) © Edition Flakenhorst, München by Nanada Music, Holland; **S. 152:** Backwater Blues © Essex Musikvertrieb GmbH, Hamburg; **S. 153:** Duke's Place (C-Jam-Blues) © EMI Partnership Musikverlag GmbH, Hamburg; **S. 159 (o.):** Got a match © Songs of Universal Inc. / Universal/MCA Music Publishing GmbH, Berlin; **S. 160:** Bird-land © Hendricks-Music Inc./Mulatto Music / Chrysalis Music Holdings GmbH, Berlin / Bosworth Music GmbH, Berlin; **S. 169:** Ein Überlebender aus Warschau (Liedtext) © 1949 by Bomart Music Publication, Inc.; © assigned 2011 to Schott Music GmbH & Co. KG; **S. 170:** Dona, Dona © EMI Music Publishing, Germany; **S. 171:** Dona, Dona (Dos Kelbl) © EMI Music Publishing Germany GmbH & Co. KG, Hamburg; **S. 174:** Du bist Musik © Wien Melodie Musikverlag GmbH / Melodie der Welt J. Michel GmbH & Co. KG Musikverlag, Frankfurt

© **Helbling:** S. 5, 6, 16, 22, 38, 51, 54, 56, 73, 77, 82, 91, 92, 93, 108, 120, 121, 123, 126, 132, 144, 149, 155, 160, 161

Impressum

Redaktion: Martin Kugi, Ralf Schilling
Layoutkonzeption: Schröder Design, Leipzig
Umschlaggestaltung: Kassler Grafik-Design, Leipzig
Illustration: Eike Marcus, Berlin
Notensatz: Maria-Elisabeth Birbin, Neumarkt/Wallersee; Silke Wittenberg, Bautzen
Satz: Heinz Hanuschka, Innsbruck; Roman Bold & Black, Köln
Druck: DZS GRAFIK, d.o.o., Ljubljana-Šentvid

ISBN 978-**3-86227-085**-9
1. Aufl. A1⁵ 2022
© 2012 HELBLING, Esslingen · Innsbuck · Bern-Belp